Uwe Schieferdecker

Geschichte der Stadt

Dresden

Wartberg Verlag

Bildnachweis:
Archiv Uwe Schieferdecker
Seite 5, Seite 7, Seite 8, Seite 9, Seite 19, Seite 23, Seite 24, Seite 26, Seite 27, Seite 32, Seite 33, Seite 34 unten, Seite 36, Seite 37, Seite 38, Seite 40, Seite 41, Seite 43, Seite 44, Seite 45, Seite 46 oben und unten, Seite 48 oben und unten, Seite 51, Seite 52, Seite 53, Seite 54, Seite 56, Seite 57, Seite 59, Seite 60, Seite 61 oben und unten, Seite 62, Seite 65, Seite 66, Seite 67, Seite 68, Seite 69, Seite 70, Seite 72, Seite 73, Seite 74, Seite 75, Seite 76, Seite 77, Seite 78 oben und unten, Seite 79, Seite 81, Seite 82, Seite 83, Seite 85, Seite 86, Seite 87, Seite 88, Seite 89, Seite 91 oben und unten, Seite 93 oben und unten, Seite 95 oben und unten, Seite 97, Seite 98 oben und unten, Seite 99, Seite 100, Seite 102, Seite 104, Seite 105 unten, Seite 106, Seite 107, Seite 108, Seite 109 oben und unten, Seite 111, Seite 114 unten, Seite 115, Seite 116, Seite 119 oben, Seite 123 oben, Seite 124, Seite 125, Seite 127, Seite 130, Seite 134, Seite 139,

Foto Uwe Schieferdecker
Seite 11, Seite 15, Seite 29 unten, Seite 117, Seite 129, Seite 143, Seite 144, Seite 145, Seite 146 oben und unten, Seite 147, Seite 153, Seite 154, Seite 155, Seite 156 oben und unten, Seite 158

Deutsche Fotothek Dresden
Seite 10, Seite 12, Seite 17, Seite 20, Seite 29 oben, Seite 30, Seite 34 oben, Seite 35, Seite 39, Seite 47, Seite 84, Seite 96, Seite 101, Seite 103, Seite 105 oben, Seite 112, Seite 114 oben, Seite 118, Seite 119 unten, Seite 121, Seite 122, Seite 123 unten, Seite 126, Seite 128, Seite 131, Seite 132, Seite 133, Seite 135, Seite 136 oben und unten, Seite 138, Seite 140, Seite 141, Seite 142, Seite 151, Seite 152,

Foto Adam
Seite 148

Foto Klaus Schieferdecker
Seite 157

1. Auflage 2003

Satz und Layout: Typographische Dienste U. Weiss, Borken (Hessen)
Druck: Thiele & Schwarz, Kassel
Buchbinderische Verarbeitung: Buchbinderei Büge, Celle

34281 Gudensberg-Gleichen, Im Wiesental 1
Telefon (0 56 03) 9 30 50
www.wartberg-verlag.de
ISBN 3-8313-1331-8

Vorwort

Der vorliegende Band spannt einen weiten Bogen von der Entstehung des Elbtals bis zu den Ereignissen der Gegenwart. Dresdens Platz in der Geschichte wird zumeist am unübertroffenen Glanz des Barockzeitalters gemessen. In Stein gegossen überlebte er in der weithin berühmten Silhouette, die zumindest in Deutschland ihresgleichen sucht. Zu berichten ist jedoch auch über mittelalterliche Blütezeiten oder ihre europäische Ausstrahlung im Renaissancezeitalter.

Herder rühmte die Stadt bereits im Jahr 1802 als „Deutsches Florenz". In der Ära der Aufklärung und Romantik trafen sich und wirkten in Dresden viele der namhaften Künstler des Kontinents. Doch schon seit dem 16. Jahrhundert ließen die Landesherren mit viel Sachverstand Schätze aus ganz Europa zusammentragen. In den zahlreichen Museen der Staatlichen Kunstsammlungen prägen sie noch heute die Ausstrahlung der Stadt.

Kreativität und Fleiß der Sachsen spiegeln sich auch in der wirtschaftlichen Entwicklung des Industriezeitalters wider. Die Menschen dieser Stadt bescherten der Welt so allerlei Schönes und Nützliches: Der Teebeutel, die Kondensmilch, die Milchschokolade und der Kaffeefilter traten von Dresden aus ihren Siegeszug um die Welt an ebenso wie die Spiegelreflexkamera oder die Zahnpasta. Bis zur Gegenwart spiegelt sich der einstige Bedarf des Hofes an Luxusgütern in einer hochspezialisierten Industriestruktur wider.

Seit dem Inferno am 13. Februar 1945 steht die Stadt leider in der Welt auch sinnbildlich für Schrecken und Tod. Dieser größte konventionelle Bombenangriff der Menschheitsgeschichte ist älteren Einwohnern noch tief in Erinnerung. Verdrängt und vergessen sind hingegen all die furchtbaren Stadtbrände, verheerenden Seuchen und barbarischen Kriegseinwirkungen der Jahrhunderte davor.

Durch den knapp gehaltenen Umfang des Buches kann es nicht den Anspruch erheben, neue und spektakuläre Erkenntnisse zu vermitteln. Statt dessen führt es den Leser auf unterhaltsame und populärwissenschaftliche Weise durch das Auf und Ab der mehr als acht Jahrhunderte währenden Geschichte dieser Stadt. Das wird bei so mancher der heftigen Diskussionen in der Gegenwart helfen, die Wurzeln der Dresdner Identität in der Vergangenheit zu erkennen und zu verstehen.

Uwe Schieferdecker

Das Elbtal vor der Stadtgründung

Die Entstehung des Elbtales

Als die ersten Menschen vor Tausenden von Jahren das Elbtal im Raum des heutigen Dresden erblickten, unterschied es sich deutlich von seinem heutigen Aussehen. Zwischen überschwemmungsfreien Hügeln und Kuppen wilderte der vielfach verzweigte Flusslauf der Elbe mit seinen zahlreichen Altarmen, befanden sich kleine Zuflüsse, Seen und Sümpfe. In seiner Grundform jedoch hatte der Elbtalkessel längst die heutige Gestalt. Seine landschaftliche Schönheit erklärt sich aus einer komplizierten und sehr weit in die Erdgeschichte zurückreichenden geologischen Entwicklung. Insofern würde sich Dresden sehr gut als Standort für ein Museum der Erdgeschichte eignen und die reichen mineralogischen Sammlungen haben hier durchaus ihre Berechtigung.

Vor etwa 350 Millionen Jahren, als weder an die Alpen noch an den Menschen zu denken war, entstand in unserem Raum ein Hochgebirge: das Variskische Gebirge. Bereits damals, also im Erdaltertum, existierte als Vorläufer des heutigen Elbtales das so genannte Elbtallineament. Darunter muss man sich eine Art Grabenbruch vorstellen, der mit dem Rheintalgraben vergleichbar ist. Die geologische Schwächezone des Elbtallineaments zieht sich nordwestwärts, heute überlagert von kilometerdicken Ablagerungen der Erdmittelzeit, des Tertiärs und der Eiszeiten, bis in den Hamburger Raum hinein.

Etwa 80 Millionen Jahre später war das gewaltige Hochgebirge abgetragen. Die Vorstellung, dass ein derartiger Gebirgskoloss entsteht und schließlich wieder von der Erdoberfläche verschwindet, mag verwundern. Die Natur brauchte dazu viele Millionen Jahre. Auf einen vergleichbaren Zeitraum bezogen, zum Beispiel den eines Jahrhunderts, sind die Folgen der menschlichen Tätigkeit in der Gegenwart ungleich gravierender.

Zum Ende der Erdaltzeit herrschten in Mitteleuropa feucht-warme Klimaverhältnisse, die neben den Erosionsprozessen auch die Entwicklung der Lebewesen förderten. Im Döhlener Becken (Freital) entstand im Ergebnis von Zersetzungsprozessen der reich anfallenden organischen Substanzen die Steinkohle. Der Rohstoff wurde hier bis in die 1960er Jahre abgebaut.

Die Epoche vor mehr als einhundert Millionen Jahren bezeichnet der Geologe als Kreidezeit. Zu jener Zeit entstanden die berühmten Kreidefelsen auf Rügen. Doch auch für das heutige Landschaftsbild im Dresdner Raum war die letzte Periode der Erdmittelzeit von großer Bedeutung. Es kam damals zu einer neuerlichen Absenkung der Elbtalzone. Sie wurde in mehreren Wellen von einem

Der Ratssteinbruch in Dresden-Plauen

aus dem Norden eindringenden Meer überflutet. Dieses dehnte sich zeitweise sogar bis nach Böhmen aus.
Im Kernbereich des Meeres lagerten sich kalkige Sedimente ab. In Dresden erhielt dieser dünnplattige Kalkmergel den so schön sächsisch klingenden Namen „Pläner". An den Randzonen des Meeres setzten sich hingegen sandige Steine ab. Im Elbtal markiert sich der Gesteinswechsel oberhalb von Pirna deutlich im Landschaftsbild. Der widerständige Sandstein zwang die Elbe im Raum der Böhmischen und Sächsischen Schweiz zur Herausbildung eines canyonartigen Tales.
Dementgegen ist der weichere Pläner des Dresdner Elbtalkessels heute weitgehend ausgewaschen. Am Ratssteinbruch in Dresden-Plauen und an so mancher Weinbergmauer ist das Gestein allerdings noch zu finden. Die ältesten steinernen Bauten der Stadt, deren Reste in der Tiefe um das heutige Schloss überdauerten, entstanden nämlich aus Pläner. Eigentlich aber ist er als Baustein nur schlecht einsetzbar. Wegen seines Kalkgehaltes wirkte sich der Pläner hingegen günstig auf die Bodenfruchtbarkeit aus, was für die Besiedlung des Elbtales von großer Bedeutung war.
Ab dem Ende der Kreidezeit, also vor etwa 75 Millionen Jahren, brachte die Entstehung der Alpen im wahrsten Sinne des Wortes Bewegung in die Landschaft. Von Nordosten her schoben sich zunächst im Zuge der so genannten Lausitzer Überschiebung wesentlich ältere Lausitzer Granite und Granodiorite über die jüngeren Sandsteine und Pläner des Elbtales. Später, vor etwa 30 Millionen Jahren im Tertiär, vollzog sich die Anhebung des Erzgebirges um bis zu 1 000 Meter. Sie erfolgte nicht gleichmäßig, sondern einseitig im Süden. Das sich daraus ergebende gleichmäßige Abfallen nach Norden konnten die Geographielehrer den Schülern am besten an ihrem schrägen Lehrerpult erklären: Wohl auf diese Weise entstand für die geneigte Fläche des Erzgebirges der Begriff Pultscholle. Im Verein mit der Anhebung war auch eine lebhafte vulkanische Tätigkeit zu verzeichnen.
Zwangsläufig folgten die Flüsse der Neigung des Reliefs von Norden nach Süden. Vor einer Million Jahren, geologisch gesehen ein kurzer Zeitraum, verließ der Vorgänger des Elbstroms den Dresdner Raum nicht wie heute in Richtung Nordwesten, sondern gen Norden. Das bezeugen nördlich der Stadt alte Hinterlassenschaften des Flusses in Gestalt von Schotterbänken.

Geologische Veränderungen

Zwei Ereignisse änderten das Landschaftsbild vor etwa 400 000 Jahren entscheidend. Einerseits kam es zu einer neuerlichen Aktivierung der Lausitzer Überschiebung. Dabei wurde der Nordflügel des heutigen Elbtalkessels um etwa 40 Meter herausgehoben. Andererseits drang in der Elstereiszeit das Inlandeis aus dem hohen Norden bis in den Raum südlich von Dresden vor. Der Eispanzer erreichte damit die Maximalausdehnung aller Kaltzeiten. Hebungsprozesse und Inlandeis sorgten für eine grundlegende Neuordnung des Flussnetzes. Auch die Elbe musste sich ein neues Bett suchen und verließ den Talkessel nunmehr in Richtung Nordwesten.

Die nachfolgende Eiszeit, Saalekaltzeit genannt, veränderte den Naturraum neuerlich. Zwar stoppte das Eis nördlich des heutigen Stadtgebietes und drang nicht unmittelbar bis in den Dresdner Raum vor. Doch lagerten sich hier umfangreiche Ausschwemmungen aus dem südlichen Eisrand ab und bildeten die Sandterrassen der Dresdner Heide und des Hellers. Die klimatischen Bedingungen der Eiszeit sorgten zudem außerhalb der Vereisungszone für intensive physikalische Verwitterungsprozesse. Wasserreiche Flüsse brachten Tone, Sande und Kies heran, die sich in einem Eisstaussee vor dem Eisrand sammelten und schließlich absetzten.
Die letzte Eiszeit, Weichselkaltzeit genannt, begann vor etwa 70 000 Jahren, um vor etwa 10 000 Jahren zu enden. Das Inlandeis drang dieses Mal nur bis in den Berliner Raum vor. Dennoch hinterließ auch die Weichseleiszeit ihre Spuren im Elbtalkessel. Wegen der Vegetationsarmut unter den herrschenden arktischen Klimabedingungen wurde der Wind zum vorherrschenden Gestalter. Sorgte er am Nordrand des Elbtalkessels für die Ablagerung von Treibsanden und die Bildung von Dünen, hinterließ er auf der Südseite fruchtbare Löße. Schließlich schleppte die Elbe wiederum Sedimente herbei und bildete über dem Talboden eine Schotterterrasse heraus.
Im Mittelalter trat der Mensch bereits als Landschaftsgestalter in Erscheinung. Die der Ostexpansion folgende Rodung und Besiedlung des Erzgebirgsvorlandes und des Gebirges selbst im 12. Jahrhundert sorgte für eine erste mitteleuropäische Umweltkatastrophe. Der Mensch nahm den Böden ihren Halt, nämlich die Vegetation. Insbesondere in exponierten und in Hanglagen erfolgte deren Abtragung durch Auswaschung und Winderosion. Die Elbe und ihre Nebenflüsse brachten Schwemmstoffe heran und lagerten im Dresdner Elbtal Auelehme in einer ein bis zwei Meter mächtigen Terrasse ab.

Die ersten Menschen im Elbtal

Der Mensch bestimmte in alter Zeit seinen Aufenthaltsort in erster Linie in Abhängigkeit von der Landesnatur. Er suchte die Nähe zum Wasser, bevorzugte die Klimagunst und offene, also waldarme Landschaften. Das Erzgebirge stellte schon in urgeschichtlicher Zeit eine Barriere dar. Einige Übergänge vermittelten jedoch kulturelle und ethnische Impulse aus Südosteuropa, seltener in der Gegenrichtung.
Das Dresdner Elbtal zeichnete sich in dreierlei Hinsicht aus: durch seine klimatischen Vorzüge, seine Fruchtbarkeit und schließlich als ein Hauptübergang in das Gebiet südlich des Gebirges. Den ältesten Hinweis auf die Anwesenheit von Menschen gibt uns die Fundstelle eines Rastplatzes in Dresden-Plauen, der vor mehr als 40 000 Jahren eingerichtet wurde. Die altsteinzeitlichen Geräte und Knochen stammten von einer durchziehenden Jägerhorde.
Längerfristige Siedlungen entstanden erst, als der Mensch vom Jagen, Sammeln und Fischen zu Ackerbau und Viehzucht überging. Die Impulse für diese Fortentwicklung kamen aus dem Süden. In Dresden-Nickern wurde eine 6 000 Jahre alte Fundstelle der Kultur der Bandkeramik ergraben: Entdeckt wurden u. a. ein Totenhaus, Pfostenhäuser sowie Reste von Kulturpflanzen.

Dreieckiger Dolch aus der Bronzezeit, 1900 in Briesnitz gefunden

Der Dresdner Archäologe Reinhard Spehr datiert auch die Besiedlung des Frauenkirchenhügels in diese Zeit zurück. Neue Funde bestätigen die Existenz einer altsteinzeitlichen Siedlung. Allerdings stellte das überschwemmungsgefährdete Elbtal für die jungsteinzeitlichen Siedler eine Bedrohung dar. Vor 4 500 Jahren wurde am Südrand des Elbtales Rinderzucht betrieben. Zwischen 2000 und 1800 vor unserer Zeitrechnung setzte sich im Raum des heutigen Dresdens die Verwendung von Bronze durch.
Einen besonderen Höhepunkt der Besiedlung stellt die Heidenschanze auf einem Felssporn über der Weißeritz dar. Der Ausbau des umfangreichen Befestigungsystems begann vor etwa 3 400 Jahren. Die Burganlage wurde zunächst, möglicherweise mit Unterbrechungen, etwa ein Jahrtausend genutzt. In den Blockhäusern lebten u. a. Handwerker, die Bronze schmolzen und gossen sowie Knochen bearbeiteten. Die lange Nutzung der Heidenschanze spiegelt sich in einer meterdicken Kulturschicht wider. Vor 3 000 Jahren war die Wehrsiedlung nicht allein die bedeutendste Siedlung im Dresdner Raum, sondern bildete auch eine wesentliche Brücke zwischen Mitteldeutschland und Böhmen. Mit Bronzefunden lassen sich weitreichende Handelsbeziehungen bis auf den Balkan und zur Ostseeküste nachweisen.

Völkerwanderung

In den ersten Jahrhunderten unserer Zeitrechnung, möglicherweise jedoch auch schon vor der Zeitenwende, erfolgte eine germanische Besiedlung des Elbtals. Durchziehende Langobarden und Burgunder hinterließen u.a. in Dobritz und Nickern ihre Spuren. Aus welchen Gründen die Germanen in der späten Völkerwanderungszeit in der Mitte des 6. Jahrhunderts das Territorium verließen, ist ungeklärt. Um 600 zogen Slawen über die Osterzgebirgspässe und besiedelten friedlich das zwischenzeitlich menschenleere Elbtal. Die ältesten Überbleibsel der slawischen Stämme wurden in Stetzsch, Mockritz, Leuben und Strehlen gefunden. Spätestens im 9. Jahrhundert besetzten die Slawen die strategisch wichtige Heidenschanze und bauten sie zu einer wichtigen Burg aus. Reste slawischer Wehranlagen sind jedoch auch in Lockwitz, Niederwartha, Pillnitz und Briesnitz überkommen. Den allgegenwärtigen Hinweis auf die Slawen aber bieten die zahlreichen Ortskerne sorbischen Ursprungs einschließlich ihrer Namen im Stadtgebiet von Dresden. Sie sind ein Zeugnis des jahrhundertelangen kulturellen Austauschs zwischen Deutschen und Slawen.
Bis über die Jahrtausendwende hinaus bringen ausschließlich archäologische Funde Licht in das Dunkel der Geschichte des Dresdner Elbtalkessels. Schriftliche

Blick über den Plauenschen Grund auf die Heidenschanze

Zeugnisse entstanden erst, als die Region ab dem zehnten Jahrhundert ins Visier des deutschen Feudaladels geriet. Im Zuge der Ostexpansion gründete König Heinrich I. schon 929 mitten im Slawenland die Burg Meißen. Mit der Entstehung des gleichnamigen Bistums im Jahre 968 wurde auch die Christianisierung des mittelelbischen Gebietes betrieben. Anfangs war Meißen kaum mehr als ein umkämpfter Außenposten. Schrittweise aber wurde von hier aus ein deutsches Stützpunktsystem geschaffen. Mitunter lehnte es sich, etwa in Briesnitz und Pesterwitz, an slawische Wallanlagen an. Im 11. Jahrhundert war das von slawischen Bauern, Handwerkern und Fischern besiedelte Land noch überwiegend waldbedeckt. Von ihren Burgwarden aus trieben die deutschen Besatzer Zins und den Zehnten ein. Darüber hinaus wurde die ansässige Bevölkerung zu Frondiensten gezwungen.

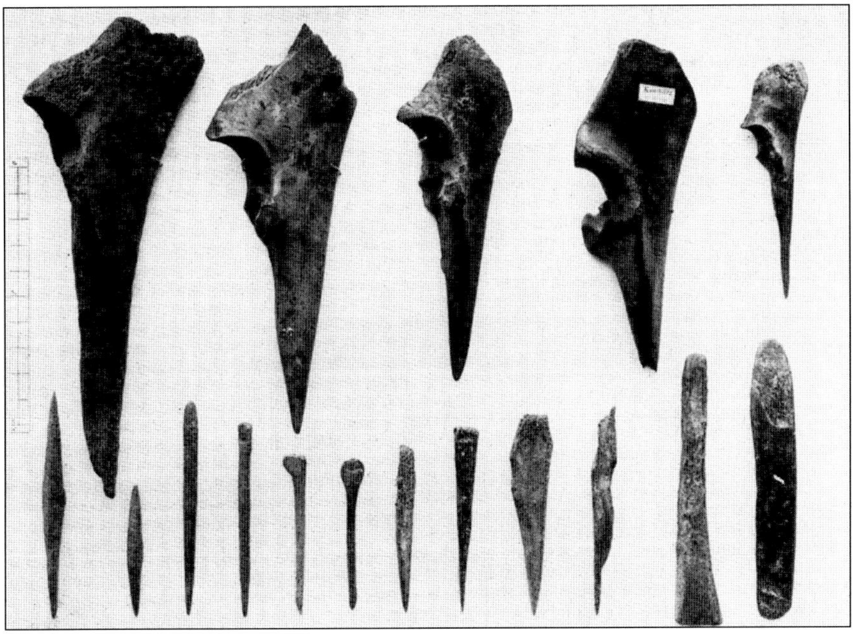

Slawische Werkzeuge aus Knochen

In der strategisch günstigen Position von Briesnitz bestand um das Jahr 1000 n. Chr. eine Wallanlage, die möglicherweise nach einiger Zeit unterging. Nach ihrer Wiederbelebung entstand im 11. Jahrhundert auf dem Plateau über der Elbe eine frühchristliche steinerne Burgkirche mit einer Begräbnisstätte. 1089 sicherten sich die Wettiner den Besitz der Markgrafschaft Meißen. Das Elbtal war unter Heinrich IV. an den Böhmenherzog Vratislav gefallen und gelangte 1084 als Heiratsgut zu Wiprecht von Groitzsch. Noch vor 1144 kam es dauerhaft an die Mark Meißen.

Von den Wettinern zur Sicherung der eigenen Herrschaft gefördert, strömten im 12. und 13. Jahrhundert Bauern, Handwerker und Kaufleute aus Thüringen und Ostfranken in das Elbtal. Die Landnahme und Anlage von deutschen Siedlungen verlief weitgehend friedlich. Die Zuwanderer fanden in ihrer neuen Heimat geringeren Zins und Zehnt sowie bessere Besitz- und persönliche

Rechte vor. Der slawischen Bevölkerung blieben diese Privilegien vorenthalten. Zunehmend assimilierte sie sich, wobei sich ihre Bräuche noch lange erhielten. Das sächsische Bauerntum konnte sich seine besondere soziale und rechtliche Situation bewahren. Ein vorherrschendes Leibeigentum wie in Preußen oder Mecklenburg setzte sich hier nicht durch. Das starke Mittelbauerntum stellte – im Zusammenhang mit den fruchtbaren Böden – einen wichtigen Motor für die gute wirtschaftliche Entwicklung Sachsens dar.
Gegen Ende des 12. Jahrhunderts änderten sich die wirtschaftlichen Gegebenheiten. Bis dahin herrschte im Elbtal im Rahmen der Naturalwirtschaft der Tauschverkehr vor. Von Oberitalien ausgehend hielt nunmehr der Handel durch Austausch von Ware mit Geld Einzug. Die Geldwirtschaft stellte die Voraussetzung für die Ausbildung des Handwerks dar. Zahlreiche Handelswege entstanden, auf denen vorrangig landwirtschaftliche und bergbauliche Erzeugnisse transportiert wurden. Das führte notwendigerweise zur Bildung von Verkehrsstützpunkten, deren Abstand die Tagesdistanz der schwerfälligen Fuhrwerke vorgab. Damit entstand um 1200 fast gleichzeitig ein Städtenetz in Sachsen. Nicht zufällig wird der seinerzeit herrschende Markgraf von Meißen, Dietrich der Bedrängte, auch als der Städtegründer bezeichnet.

Die Entstehung der Stadt

Die Anfänge der Stadt liegen im Dunkel der Geschichte

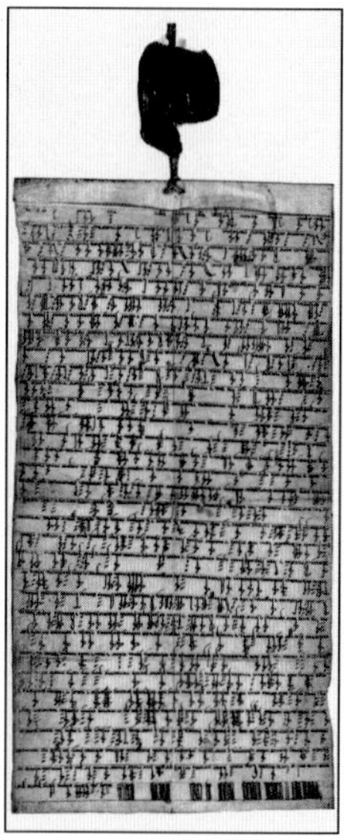

Die Ersterwähnung Dresdens erfolgte in einer Urkunde vom 31. März 1206

Ginge es allein nach der Aktenlage, so wäre der Ursprung Dresdens klar zu datieren. Am 31. März 1206 wurde „Dresdene" im Zusammenhang mit einem Schiedsspruch des Markgrafen von Meißen erstmals genannt. Zehn Jahre später wird ein anderer Rechtsakt durch den Landesherren „in civitate nostra Dresden" vollzogen. Damit erfolgte die erste Nennung Dresdens als Stadt. Eine Gründungsurkunde existiert somit nicht. Ebenso wenig geht aus der Aktenlage hervor, dass die Jahre zwischen 1206 und 1216 eine entscheidende Rolle für die Stadtwerdung gespielt haben müssen. Immerhin macht die Ortswahl des Markgrafen deutlich, dass Dresden schon damals eine gewisse Bedeutung hatte: Die Urkunde vom März 1206 führt 77 Personen auf, die bei der Rechtshandlung anwesend waren!
Im vorangegangenen Kapitel erfuhren wir, dass die Anwesenheit des Menschen im Elbtal bereits in urgeschichtlicher Zeit nachweisbar ist. Im Jahr 1004 erschien der slawische Gau Nisani im Tafelgüterverzeichnis des deutschen Königs. Diese Landschaftsbezeichnung gilt eigentlich den Siedlern zwischen Meißen und Pirna: Nisani – Bewohner der Niederung. Es existierte wohl auch ein sagenhafter Ort gleichen Namens im Elbtal, vermutlich sogar im Stadtgebiet von Dresden. In Nisani bestand möglicherweise ein Königshof. Der genaue Standort konnte bis dato weder archäologisch noch anhand von Urkunden bestimmt werden. Historiker vermuten diesen im Umfeld der heutigen Frauenkirche. Nach der Niederschrift des Merseburger Chronisten Bischof Thietmar soll König Heinrich II. im Jahr 1004 – im Elbhafen des Ortes Nisani – Schiffe

zusammengezogen haben. Ist es jenes Becken, welches bis ins 16. Jahrhundert nördlich der Frauenkirche existierte?

Eine Elbbrücke wird gebaut

Jüngere Grabungen belegen, dass die Stadt Dresden in Anlehnung an den Elbübergang entstand und nicht dem Bau einer Burg folgte. Im 12. Jahrhundert kreuzten sich nahe dem Schlossplatz der Schifffahrtsweg auf der Elbe mit dem Fahrweg von Meißen über Pirna nach Böhmen sowie der bedeutenden Frankenstraße. Letztere führte am Fuße der Mittelgebirge von Nürnberg über das Zentrum des Silbererzbergbaus Freiberg nach Krakau. Die geographischen Voraussetzungen für deren Führung über Dresden waren günstig: Von Südwesten her fällt die Freiberger Straße sanft in das Elbtal hinab, auf der anderen Seite erleichterte der stufenweise Anstieg der Heideterrassen die Erreichbarkeit der Lausitzer Hochfläche.

In Dresden selbst passierte die Frankenstraße den Elbstrom wohl zunächst in einer Furt wenige Meter oberhalb der Augustusbrücke. Möglicherweise ab Mitte des 12. Jahrhunderts existierte hier eine Holzbrücke. Sie wurde 1170/90 bis etwa 1220 durch eine spätromanische Steinbrücke ersetzt. Auf dem linkselbischen Brückenkopf erhob sich ein Turm mit vorgelagerter Zugbrücke.

Der Brückenbau war für seine Zeit sowohl ingenieurtechnisch wie hinsichtlich seiner wirtschaftlichen Anforderungen eine herausragende Leistung. Die Mittel für den Brückenbau wurden von den Fernhändlern selbst erbracht. Die neue Brücke war in der Folge auch „deren“ Nikolaikirche zugeordnet.

Im letzten Viertel des 12. Jahrhunderts entstanden in der heutigen Schloßstrasse kleinere Wohnhäuser. Sie wurden zum Teil aus Stein errichtet, was einen entsprechenden Wohlstand beweist. Vermutlich wohnten dort die Bauarbeiter, die Dresdens erste Elbbrücke erbauten. Um 1220 fielen diese Gebäude einem Stadtbrand zum Opfer. Eine Urkunde aus der Zeit um 1230 verweist auf die Reparatur der Brücke nach einer schweren Überschwemmung und belegt somit indirekt die frühe Erbauungszeit der Brücke.

Das Brückenmännchen an der Augustusbrücke soll den Erbauer der ersten steinernen Elbbrücke Matthäus Focius darstellen

Die Stadt wird planmäßig angelegt

Die Markgrafen von Meißen förderten die Entstehung und Entwicklung von Städten. Sie wollten damit ihre Macht sichern und die Wirtschaft anregen. Ein wohlhabendes Land verhieß auch eigene Einnahmen. Die eigentliche Stadtgründung von Dresden erfolgte wohl nach 1173, also nach derzeitigem Kenntnisstand nicht wesentlich vor der ersten urkundlichen Erwähnung im frühen 13. Jahrhundert. Möglicherweise geht der Gründungsakt auf Kaiser Friedrich Barbarossa zurück. Ob und in welchem Zusammenhang die Stadtwerdung mit dem sagenhaften Ort Nisani steht, bleibt ungeklärt.

Im Gegensatz zu der vieler anderer Städte vollzog sich Dresdens Stadtwerdung nicht allmählich. Vielmehr wurde sie in einer abgesteckten Größe von 23 Hektar angelegt. An der Planung der Stadt waren Fachleute beteiligt, die für ihre Zeit modernste städtebauliche Prinzipien verfolgten. Sie wählten ein sich leicht über das Umland erhebendes, überschwemmungsfreies Plateau mit einer Höhe von rund 111 Metern über dem Meeresspiegel aus. Hier entstand ein planmäßiges Straßengitter für etwa 600 Häuser. Den Ansiedlern wurde der abgesteckte Bauplatz erblich überlassen. Bis zu seiner Ablösung im 16. Jahrhundert waren die Bürger zur Zahlung des so genannten Wurfzinses verpflichtet.

Vermutlich existierte im Bereich der Stadtanlage des späten 12. Jahrhunderts nördlich oder östlich des heutigen Altmarktes bereits eine deutsche Kaufmannssiedlung. Der unregelmäßige Verlauf des mittelalterlichen Stadtgrundrisses längs der Großen Brüdergasse, der Rosmaringasse und der Kleinen und Großen Frauengasse wird von Blaschke mit dem alten Verlauf der Fernstraße Meißen-Pirna begründet. Ansonsten entstand in historisch kurzer Frist eine für damalige Verhältnisse große Stadt. Ab dem dritten Viertel des 12. Jahrhunderts war Dresden über Jahrzehnte gleichsam eine Großbaustelle. Der Zustrom von Menschen, die Anfuhr von Baustoffen und Lebensmitteln sowie die Bereitstellung von viel Geld zeugen von einer regelrechten Aufbruchstimmung.

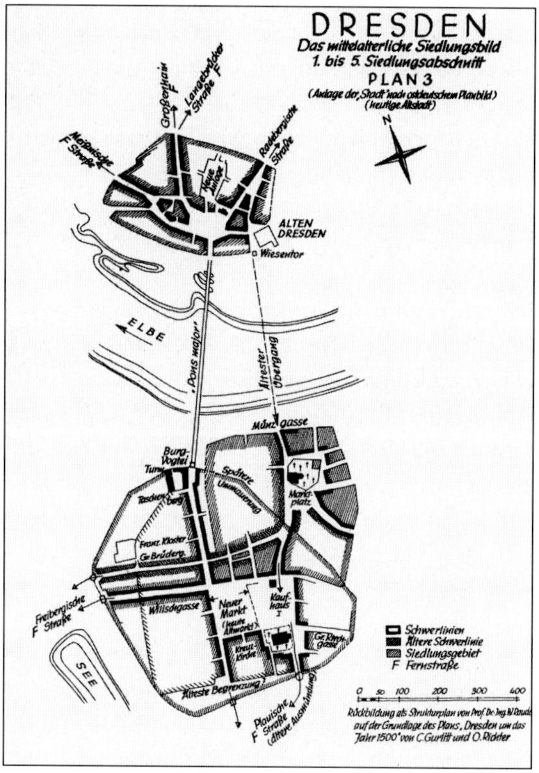

Das mittelalterliche Dresden nach W. Rauda

Parallel zur planmäßigen Stadtanlage wurde ein Befestigungsring errichtet. Er bestand anfänglich aus einem Wall mit Palisaden und einem vorgelagerten Stadtgraben. Eine feste Mauer wurde erstmals 1299 als muri civitatis erwähnt. Sie bestand aus Pläner und Lehm. In der zweiten Hälfte des 14. Jahrhunderts wurden Dresdens Befestigungsanlagen weiter verstärkt.

Die Stadt konnte über vier mit Wehranlagen versehene Stadttore erreicht oder verlassen werden. Vom Marktplatz nach Osten führte die Wilische Gasse zum Wilischen Tor, nach

Süden gelangte man über die Seegasse zum Seetor und nach Norden über die Elbgasse zum Elbtor, welches auch Brückentor oder Wassertor genannt wurde. Nur im Osten wichen die Planer von ihrem klaren Schema ab. Stattdessen führte das Frauentor im Nordosten direkt zur Siedlung an der Frauenkirche. Der Marktplatz aber konnte aus dieser Richtung nur über einen Umweg erreicht werden. Erst mit dem Durchbruch der König-Johann-Straße im späten 19. Jahrhundert entstand in der Dresdner Altstadt eine durchgängige Straße Richtung Osten. Die Schwereachse der Stadt blieb bis ins neunzehnte Jahrhundert hinein der Straßenzug der heutigen westlichen Wilsdruffer Straße/Schloßstraße. Letztere wurde bereits 1403 als Elbgasse genannt.
Im Westen und Süden wurde das Stadtgebiet von wasserführenden Rinnen natürlich begrenzt. Hier legten die Bürger drei Stauseen an. Im ausgehenden Mittelalter wurden die vorgefundenen Niederungen zur Anlage von Festungsgräben genutzt. Der Kaitzbach flankierte das Stadtgebiet im Osten. Er mündete im Norden, wenige Meter unterhalb der Elbbrücke, in die Elbe. 1410 verlegten die Bürger den Bach in westlicher Richtung. Der Kaitzbach floss fortan in einem offenen, gemauerten Gerinne quer durch die Gassen, auf der Süd- und Westseite über den Marktplatz und diente der Kanalisation. Frischwasser bezogen die Bürger wohl quartiersweise aus Brunnen. Abfälle wurden auf dem hinteren Teil der Grundstücke in Latrinen entsorgt.
Lange gingen die Historiker von einem slawischen Ursprung Dresdens aus. Doch die Deutung des Stadtnamens als „drezdany“, Ort der Sumpflandbewohner, ist heute überholt. Die erste Nennung in dieser Weise erfolgte erst 1432 im Stadtbuch von Brüx als „Drazdan“. In den beiden Jahrhunderten zuvor gab es vielfache Nennungen als „Dresden, Dreseden, Dresdene“. Tatsächlich bezeugt der regelmäßige Stadtgrundriss mit dem rechteckigen Altmarkt die geplante – deutsche – Stadtanlage. Reinhard Spehr verweist auf die schon im 16. und 17. Jahrhundert aufgekommene Hypothese, wonach sich der Ortsname Dresden aus „Drei-Seen“ entwickelt haben könnte.

Der repräsentative Marktplatz

Der gleichzeitig mit der Stadtanlage abgesteckte Marktplatz zeigte als regelmäßiges Viereck mit 103 Meter langen Seiten schon von seiner Größe den repräsentativen Anspruch der Stadt. Hier befanden sich die Grundstücke der Handelsherren, also der bürgerlichen Oberschicht. Die Parzellen der Fernhändler fielen doppelt bis dreimal so groß aus wie die Grundstücke der sozial schwächeren Handwerker im übrigen Stadtgebiet.
Jüngere Ausgrabungen bezeugen, dass schon im 13. Jahrhundert zweigeschossige steinerne Gebäude am heutigen Altmarkt entstanden. Sie dienten vorzugsweise als brandsichere Warenlager. Pläner fand hier als Baustein Verwendung. Lange aber überwogen im Stadtbild Bauten aus Holz und Lehm, die von Strohdächern gedeckt wurden. Obwohl der Pläner im Umfeld gebrochen werden konnte, war die Errichtung massiver Bauten nach damaligen Technologien wesentlich aufwändiger als der Fachwerkbau. Die Giebel der Häuser standen von Beginn an in einer Flucht zum Marktplatz bzw. zu den Gassen,

doch befanden sich die Gebäude noch zurückgesetzt auf den Grundstücken. Ende des 13. Jahrhunderts wandelte sich das Bild: Die ursprünglichen Häuser wurden abgebrochen und in der Straßen- und Platzflucht neu errichtet.
1370 erfolgte die erste Erwähnung des Marktes als „circulus“, 1400 als „Margt“. Die heutige Bezeichnung entstand eineinhalb Jahrhunderte später, als die Siedlung um die Frauenkirche in das Stadtgebiet einbezogen wurde. Zur Unterscheidung vom Neumarkt bezeichneten die Dresdner den Stadtmarkt nunmehr als den „Alten Markt“.
Anfänglich mussten die Dresdner an den Landesherren Marktzoll entrichten. Gegen eine Zahlung von zehn Mark Silber an den Landesherren für den Klosterbau in Seußlitz, zum Gedenken an dessen Frau Agnes, erwarben die vornehmen Geschlechter der Stadt 1271 das Zollrecht. Nunmehr verblieben die Einnahmen aus dem Marktbetrieb in Dresden, das inzwischen etwa 4 000 Einwohner zählte.
Das Rathaus stand seit dem späten 13. Jahrhundert an der Einmündung der Elbgasse frei auf dem Marktplatz. Es diente anfänglich überwiegend als Kaufhaus und beherbergte die Fleisch-, Brot-, Schuh- und Gewandbänke. Mit dem Erstarken der Stadt nahmen die Verwaltungsaufgaben zu. 1380 wurde das Gebäude erstmals Rathaus genannt und diente inzwischen überwiegend Ratszwecken. 1407 wurde eine Kapelle angebaut. Das anfänglich flache Gebäude wurde 1473 und 1564 im Stil der Renaissance umgebaut und vergrößert.
Wie in anderen sächsischen Städten errichteten die Bürger hinter dem Marktplatz ihre Pfarrkirche. Sie wurde dem heiligen Nikolaus geweiht – dem Schutzpatron der Kaufleute. Doch bald soll durch die Gattin Heinrich des Erlauchten ein Splitter vom Heiligen Kreuze in eine Kapelle der Nikolaikirche gelangt sein. Er ließ den Sakralbau schnell zur Wallfahrtskirche werden, die 1388 das Patrozinium wechselte. Die verehrte Reliquie führte so zum heutigen Namen Kreuzkirche.

Die alte Frauenkirche außerhalb der Stadt

Vermutlich schon seit dem elften Jahrhundert thronte auf einer Hügelkuppe im Bereich der heutigen Frauenkirche eine Kirche. Der hölzerne Sakralbau stand im Mittelpunkt der slawischen Siedlung. Jüngere Grabungen am Neumarkt bewiesen die Existenz einer steinzeitlichen Siedlung vor 6 000 Jahren. Doch die weitere Entwicklung bis ins frühe Mittelalter blieb ungeklärt. St. Mariä war seinerzeit eine der wenigen Kirchen im weiten Umfeld. Sie unterstand dem Bischof von Meißen und diente der Missionierung der Elbtalbewohner und damit der Gewährleistung der kirchlichen Macht. Zur materiellen Sicherung wurde der Frauenkirche das Dorf „Poppitz“ zugeordnet, welches ungefähr im Bereich des heutigen Sternplatzes lag.
Im zwölften Jahrhundert wich die Holzkirche einer aus Stein gebauten romanischen Basilika. Der 21 Meter breite Sakralbau St. Marien gilt neben der Briesnitzer Burgwardkirche als älteste Steinkirche im Dresdner Raum. Um 1350 entstand über der alten Basilika eine gotische Hallenkirche. Mit mehreren Veränderungen überstand sie die Zeiten bis ins 18. Jahrhundert. Spehr

vermutet, dass bis zur Fertigstellung des Neubaus im Vorgängerbau weiter Gottesdienste abgehalten wurden.

Bei Ausgrabungsarbeiten kamen Reste der mittelalterlichen Stadtbefestigungsanlage zwischen der Frauenkirchsiedlung (rechts) und der Stadt Dresden (links) zum Vorschein

Die deutsche Stadt Dresden und die anfänglich sorbische Siedlung um die Frauenkirche existierten bis ins 16. Jahrhundert nebeneinander fort. Auch letztere hatte städtischen Charakter. Die slawische Bevölkerung im Ort wie in der Elbtalweitung überhaupt musste sich jedoch zwangsweise assimilieren. Das reichte von der Christianisierung bis zum Verbot der sorbischen Sprache Anfang des 14. Jahrhunderts.

Das Burgareal am linkselbischen Brückenkopf

Mit dem Bau der steinernen Strombrücke wuchs die strategische Bedeutung des linkselbischen Brückenkopfes spürbar an. Die Befestigungsanlagen ließen hier ein weites Terrain für eine Burganlage frei. Bis ins dritte Jahrzehnt des 13. Jahrhunderts ist von einer lockeren Bebauung dieses Areals auszugehen. Irgendwo hier stand wohl jenes Gebäude, in welchem Markgraf Dietrich von Meißen am 31. März 1206 die vielen wichtigen Herren zum Gerichtsentscheid über den Abbruch der Burg „Torun" unweit von Pesterwitz vereinte. Wo genau, wissen wir jedoch nicht. Das ist sehr bedauerlich, brachte die Urkunde doch „nebenbei" die erste Erwähnung unserer Stadt mit sich. Vielleicht könnte der Stadtboden das Geheimnis lüften. Doch wer wollte diesen zwischen und unter dem Zwinger, Taschenbergpalais, Residenzschloss, Hofkirche und Stallhof schon flächendeckend umpflügen?
Anfang des 13. Jahrhunderts besaßen die Reichsgrafen von Dohna die Befestigungs- und Gerichtshoheit über Dresden. Direkt neben dem linkselbischen Stadttor auf dem Brückenkopf errichteten sie um 1230 über den etwa 1220 abgebrannten Häusern der Brückenerbauer eine Burg. Auf einer Grundfläche

von etwa 40 x 35 Metern entstanden zwei Wohnbauten, die von fünf Türmen überragt wurden. Teile des heutigen Nord- und Ostflügels des Residenzschlosses stehen auf den romanischen Grundmauern dieses Kastells. Im Machtvakuum zwischen der Mark Meißen und Böhmen versuchten die Reichsgrafen eine eigene Territorialherrschaft aufzubauen. Nach einer siebenjährigen Fehde mussten sie sich 1402 den Wettinern endgültig geschlagen geben.
In räumlicher Nähe zur Burganlage der Reichsgrafen von Dohna – etwa an der Ecke der Sempergalerie zur Sophienstraße – errichtete Markgraf Heinrich der Erlauchte um 1260/70 einen frühgotischen Palast. Mit einer Länge von 34 Metern und einer Breite von mehr als 15 Metern war er zur Erbauungszeit das mächtigste Gebäude im Burgareal. Es sollten mehr als einhundert Jahre ins Land gehen, ehe sein Nachfahre Wilhelm von Meißen vom Markgrafenpalast auf dem Taschenberg in die nahe gelegene Burg der besiegten Dohnaer Reichsgrafen übersiedeln konnte. Der neue Nutzer ließ die bisherige Anlage um 1400 völlig umgestalten und erweitern. In markanter Lage zum Elbbogen entstand östlich des Hausmannsturms ein repräsentativer gotischer Wohn- und Saalbau. Die übrigen Bauteile der burggräflichen Burganlage wurden im Verlauf des 15. Jahrhunderts bei weiteren Baumaßnahmen weitgehend abgebrochen. Der markgräfliche Palast aus dem dreizehnten Jahrhundert fiel hingegen erst 1719 einer Verbesserung der Platzverhältnisse am neuen Taschenbergpalais zum Opfer.

Das Mittelalter

Das Erstarken der städtischen Selbstverwaltung

Im 13. Jahrhundert erfolgte die Verwaltung der Stadt Dresden durch einen vom Markgrafen eingesetzten Beamten, der Schultheiß oder Richter genannt wurde. Die Befugnisse der geschworenen Bürger als städtische Vertreter nahmen jedoch schrittweise zu. Hinter den Geschworenen verbargen sich die Vertreter der wirtschaftlich starken Geschlechter. Ein Privileg von 1260 (nach Spehr 1266) des Markgrafen Heinrich des Erlauchten (1221–1288) gestattete der Stadt Dresden, Schuldner ihrer Bürger so lange festzuhalten, bis deren Schuld getilgt war. Die Vertreter des Landesherren waren zur Unterstützung verpflichtet. 1284 erlaubte der Markgraf den Geschworenen, Ortsgesetze zu erlassen, Preise festzusetzen und Steuern zu erheben. Die Bürger waren gezwungen, die Festlegungen strikt zu befolgen. Es ist anzunehmen, dass auch im Mittelalter regelmäßig Konflikte zwischen den Interessen der bestimmenden Patrizier und der übrigen Bürgerschaft auftraten.
Die Unterstützung des Landesherren für die reichen Geschlechter erfolgte durchaus nicht uneigennützig. Gern und oft erbat sich der angesehene wettinische Markgraf deren finanzielle Unterstützung. Dresden spielte schon damals eine besondere Rolle innerhalb der Markgrafschaft. Heinrich der Erlauchte zeichnete sich durch eine glanzvolle Hofhaltung aus, die alle übrigen deutschen Fürstenhöfe übertraf. Ab 1274 hielt er sich vorzugsweise in Dresden auf. Wahr-

scheinlich residierte er in einem Palais nordwestlich des Taschenbergpalais. Der Markgraf galt in seiner Zeit als bedeutender Dichter, Minnesänger und Komponist.
Nach dem Tod Heinrich des Erlauchten schwand Dresdens Bedeutung. Die Stadt wechselte ab 1288 in rascher Folge den Besitzer, bevor sie 1309 wieder an den Meißner Markgrafen – Friedrich der Freidige (der „Gebissene") – fiel. Die Kämpfe um die Schaffung einer Hausmacht der deutschen Könige stürzten das Land in Not und Elend. So sah sich der Markgraf 1291 gezwungen, die Bede genannte Jahressteuer Dresdens von 100 auf 60 Mark Silber zu reduzieren. Sehr zum Nachteil Dresdens sprach der Bischof von Meißen 1292 das Niederlagerecht der ihm gehörenden Stadt Pirna zu. Es verpflichtete alle durchreisenden Kaufleute, am Ort zu pausieren und ihre Waren zum Verkauf anzubieten.
Immerhin konnten die Dresdner in dieser wirren Zeit ihre Unabhängigkeit vom jeweiligen Landesherren stärken und die Eigenverwaltung ausbauen. 1292 bildete sich die selbstständige Stadtverwaltung heraus. An deren Spitze stand der Bürgermeister, magister civium oder magister consulum genannt. Erster Amtsinhaber war Hermannus de Blankenwalde. 1299 zählte der Rat zwölf Mitglieder, die sich Geschworene oder einfach Bürger nannten.
In zunehmendem Maße ging die Rechtshoheit vom markgräflichen Richter auf die Stadt über. 1299 wurde dem Statthalter des Landesherren untersagt, eigenmächtig Dresdner Bürger vorzuladen oder ohne Beteiligung der städtischen Geschworenen über sie Gericht zu halten. Am 28. Januar 1412 erhielt Dresden die niedere Gerichtsbarkeit übertragen. Parallel konnte die Stadt über die Gerichtseinkünfte verfügen. In dieser Zeit wurde das Sorbische als Gerichtssprache aufgehoben. Daraus lässt sich das fortgeschrittene Stadium der Assimilation der slawischen Bevölkerung im Elbtal erkennen. Bis 1484 verblieb die Obergerichtsbarkeit, das so genannte Halsgericht, beim Statthalter des Markgrafen.

Ältestes erhaltenes Ratssiegel von 1309

Klöster und Hospitale am Rande der Stadt

Als Vorläufer der 1945 kriegszerstörten und 1962/63 abgerissenen gotischen Sophienkirche entstand vor 1265 unweit des Schlosses das Franziskanerkloster. Die Kleine Brüdergasse hinter dem Taschenbergpalais erinnert noch heute an den Orden. Dem Bettelorden war zunächst jeglicher Erwerb von Eigentum verboten. Entsprechend verfügte die Klosterkirche anfänglich nur über einen Dachreiter, da ihr ein volles Geläut versagt blieb. Die angesehene Ratsfamilie Busmann ließ die gleichnamige Kapelle errichten. Neben der Abnahme der Beichte und Predigten waren die Mönche für die Begräbnisse verantwortlich. Die Menschen aus den zugeordneten, zumeist linkselbischen Dörfern erinnerten sich mit der Stiftung von Gedächtnismessen über lange

Zeit ihrer Verstorbenen. Die Klostergebäude wurden nach der Säkularisation im Zuge der Reformation im späten 16. Jahrhundert überwiegend abgebrochen. Die Kirche bestand jedoch als Begräbnisstätte für den Hof, den Adel und vornehme Familien fort.

Nach einer Urkunde von 1287 hat Heinrich der Erlauchte das Maternihospital gegründet. Das Spital gehörte anfangs zum Seußlitzer Klarissenkloster und gelangte 1329 in die Hände des Rates der Stadt. Das ursprünglich an der Elbe gelegene Spital zählt somit zu den ältesten städtischen Einrichtungen. Das über Jahrhunderte den Frauen vorbehaltene Maternihospital besaß umfangreiche Besitztümer – neben den Dörfern Plauen, Oberhermsdorf und Gohlis mehrere Vorwerke und zwei Weinberge in Kötzschenbroda. Etwa zeitgleich entstand vor dem Wilsdruffer Tor das Bartholomäushospital.

1404 bestätigte Papst Innozenz VII. die vom Markgrafen Wilhelm I. vorgenommene Gründung eines Augustiner-Eremitenklosters im rechtselbischen Altendresden. Der Klosterkomplex entstand unweit des heutigen Neustädter Bahnhofs. Während der Hussitenkriege wurde das Kloster vernichtet und nach und nach wieder aufgebaut. Unter Mithilfe der Bürger der Stadt Altendresden errichteten die Mönche eine Wasserleitung von der Heide. Mehrfach besuchte Martin Luther das Kloster, welches im Ergebnis der Reformation aufgelöst wurde. Die Gebäude mussten 1552 dem Ausbau der Festung unter Kurfürst Moritz weichen.

Die Kreuzschule

Im Jahr 1370 erfolgte die erste Erwähnung der Kreuzschule, wobei eine Urkunde des Burggrafen von Dohna bereits 1300 einen Dresdner Schulmeister erwähnt. Die Bildungsstätte geht vermutlich auf die Ausbildung von Chor- und Messknaben zurück. Die Kreuzschule stand in enger Beziehung und räumlicher Nähe zur Kreuzkirche. Nach der Schulordnung von 1413 hatten sich die in Haufen organisierten Schüler in der ersten Klasse der lateinischen Grammatik zu widmen. Dem folgte die Beschäftigung mit der lateinischen Spachlehre und Logik. In der dritten Klasse standen Rhetorik, Philosophie und Mathematik auf dem Lehrplan. Bis zur Gründung der Universität Leipzig 1409 gingen die Söhne der wohlhabenden Bürger nach deren Abschluss zum Studium an die Prager Universität. Die dortigen Immatrikulationslisten verzeichnen Vertreter fast aller Dresdner Patrizierfamilien.

Soziale Gegensätze

Auch im Mittelalter kennzeichneten große soziale Unterschiede das Leben der Dresdner. Der Tuch- und übrige Fernhandel, einschließlich der Einnahmen aus dem Elbverkehr bildete die wesentliche Einnahmequelle der reichen Geschlechter, die zugleich im Rat vertreten waren. Ihnen folgten in der städtischen Hierarchie die Handwerker, die auch die größte Bevölkerungsgruppe bildeten. Zu erwähnen wären die Tuchmacher, die Schuster, die Fleischer und Schneider sowie die Schmiede und Bäcker. Oft betrieben

sie neben ihrem Handwerk etwas Landwirtschaft oder besaßen Vieh. Geringer fielen die Einkünfte der Ackerbürger aus. Unter ihnen standen schließlich noch die Hilfskräfte und Dienstboten.
Die Tuchmacher hatten sich bereits im 14. Jahrhundert zu einer Zunft zusammengeschlossen. Um 1370 ist ihre Innungsordnung nachweisbar. In dieser waren die Aufnahmebedingungen, die Bestrafung wegen Fehlverhaltens oder schlechten Materials und schließlich die Ausbildung des Nachwuchses fixiert.
Die erstarkende Schicht der Handwerker rebellierte gegen die angestammte Vorherrschaft der Patrizier. Im Jahr 1345 musste sogar der Landesherr in die Auseinandersetzung zwischen den Tuchmachern und den Kaufleuten eingreifen, um die Rechte letzterer zu schützen. Doch schon 1352 erzwang die Handwerkerzunft von den Gewandschneidern das Recht, Tuche in allen Farben und zu jedem Preis herzustellen. Ab 1368 durften die Tuchmacher Stoffe verschiedener Farben, mit Ausnahme gemusterter Tuche, selbst veräußern. Damit war ein erstes Monopol der reichen Geschlechter gebrochen. Auf dem wirtschaftlichen Höhepunkt betrieb die Zunft der Tuchmacher eine gemeinsame Walkmühle.

Gotischer Erker am Markt, Ecke Schloßstraße

Hochwasser und Eisgang zerstören die Elbbrücke

Die sehr früh entstandene Dresdner Brücke über die Elbe war in vieler Hinsicht entscheidend für die Entstehung und Entwicklung der Stadt. Das Brückenamt war der Kreuzkirche zugeordnet, die Aufsicht über alle Arbeiten oblag dem Rat. Auf der Brücke selbst stand die Kapelle zum heiligen Leichnam. Zuwendungen für diesen heiligen Ort flossen großenteils in den Erhalt der Elbbrücke.
In alter Zeit gab es weder Flutrinnen noch Talsperren zur Regulierung des Wasserlaufes der Elbe und ihrer Zuflüsse. Zudem änderte sich im Zuge der Ostkolonisation die Wasserführung der Flüsse durch die flächige Waldrodung bis in die Gebirge hinein. So war die Elbbrücke Zeit ihres Bestehens wohl eine Einnahmequelle, deren weitere Sicherung jedoch stets mit aufwändigen Baumaßnahmen verknüpft war. Nicht zufällig weist die älteste urkundliche Erwähnung der Brücke im Jahr 1230 auf ihre Reparatur nach einer Überschwemmung hin. Die überregionale Bedeutung des Brückenschlages wird auch darin deutlich, dass Papst Johann XXII. nach dem schweren Hochwasser von 1318 einen vierzigtägigen Ablass zugunsten ihres Wiederaufbaus ausschrieb. Bereits 1343 zerstörte Eisgang das aus 24 Pfeilern und 23 Bögen bestehende Bauwerk erneut schwer.

Altendresden

Jenseits der Elbbrücke bestand an Stelle eines alten Siedelplatzes ein Dorf fort. Im Lehnbuch Friedrich des Strengen wurde es 1350 als selbstständige Siedlung „Antiqua Dressdin“ genannt. Im Dezember 1403 erhielt der armselige Ackerbürgerort „Alden Dresden“ vom Markgrafen Wilhelm I. ein

beschränktes Stadtrecht verliehen. Nennenswert ist die Gründung des Augustiner-Eremitenklosters 1404. Im Jahr 1421 wurde die Dreikönigskirche erstmals erwähnt. Als Vorläufer der Dreikönigsschule entstand in Altendresden vor 1465 eine Schule.
Neben der Abhängigkeit vom linkselbischen Dresden, die häufig Anlass zu Streitigkeiten bot, blieb auch die Pflicht zu Hofdiensten bestehen. Altendresden war nicht von Mauern und Türmen umgeben, sondern wenig durch einen Stadtgraben und einen Wall geschützt. Folglich musste das Städtchen häufig unter Kriegsfolgen leiden. Wie die anderen Dresdner Vorstädte wurde es bei den Hussiteneinfällen 1429 und 1430 schwer verwüstet.

Der schwarze Tod und Judenverfolgungen

Neben Kriegen, Stadtbränden und Hungersnöten griffen regelmäßig Seuchen schicksalhaft in das Leben der mittelalterlichen Stadt ein. Die hygienischen Bedingungen spotteten aus heutiger Sicht jeder Beschreibung. Bis ins 16. Jahrhundert hinein stapelte sich auf den Straßen Mist und Unrat. Aus den Fäkalgruben der Hinterhöfe gelangten Abwässer in das Grundwasser. Kranke Dresdner mussten sich auf Jahrmärkten nach Okulisten und Zahnreißern umschauen. Einzige Orte der Hygiene waren die Badehäuser, in denen der wohlhabende Bürger damals gesellige Stunden verbrachte. Erst 1467 gelang es dem Rat, in Dresden einen Arzt anzusiedeln. Im Juni des Jahres gründete der aus Leipzig kommende Apotheker Johannes Huffener am Altmarkt die Marien-Apotheke.
So ist es leider nicht sehr verwunderlich, dass die 1311 erstmals und bis 1680 regelmäßig auftretende Pest jeweils bis zu einem Drittel der Stadtbevölkerung hinwegraffte. Allein im 15. Jahrhundert verzeichneten die Chronisten vier schlimme Pestepidemien in Dresden. Wegen der drohenden Ansteckungsgefahr durften Begräbnisse nicht mehr begleitet werden, Fremden wurde der Zutritt in die Stadt verwehrt. Jahrhunderte später fielen der verheerenden Epidemie von 1680 in Dresden mehr als 11 500 Menschen zum Opfer. Das Ausmaß des Schreckens wird umso deutlicher, wenn man die Zahl der Toten mit der Gesamtbevölkerung von 21 300 im Jahr 1698 vergleicht.
Angsterfüllt und abergläubisch suchte das Volk nach einem Schuldigen. Ein religiöses Urteil machte die Juden für die 1348/49 auftretende Pest verantwortlich. Der Vorwurf der Brunnenvergiftung mündete in eine regelrechte Judenverfolgung: „In dem 49. Jahre worden die Juden gebrannt zu Vaßnacht." Die Scheiterhaufen befanden sich auf dem Altmarkt.
Die Juden wohnten im mittelalterlichen Dresden vornehmlich in der Großen und Kleinen Judengasse, d.h. der späteren Schössergasse (heute vom Kulturpalast überbaut) bzw. der Galeriestraße. Ihnen war der Erwerb des Bürgerrechts und damit die Ausübung eines Handwerks untersagt. Nach dem Judenpogrom von 1349 suchten die Landesherren durch die Gewährung gewisser Rechte die Neuansiedlung zu fördern. Das geschah keineswegs uneigennützig, mussten die Juden doch den hohen „Judenzins" entrichten. 1375 ist am Jüdenhof wieder eine jüdische Gemeinde nachweisbar. Doch schon 1411 und 1430 wur-

den die Juden wieder ihres Besitzes und Vermögens beraubt. Den jüdischen Grundbesitz eignete sich der Landgraf an. Als Resultat der erbarmungslosen Verfolgung verzeichneten die städtischen Register nach 1430 keine Juden mehr in Dresden.

Der Ausbau der Stadtbefestigung

Wichtig für eine wohlhabende Stadt war ihr Schutz nach außen. Gewaltsam ausgetragene feudale Streitigkeiten und Fehden kennzeichneten das Dasein der Menschen im Mittelalter. So prägte schon mit der Stadtanlage eine für damalige Verhältnisse mächtige Befestigungsanlage das Bild Dresdens für den Ankommenden.
Die Hussitenkriege gaben den Anlass für weitere Schutzmaßnahmen. In einem Abstand von etwa 15 Meter setzten die Bürger um 1427 vor die ursprüngliche Stadtmauer eine weitere, etwa 1,8 Meter breite Mauer mit 15 Türmen: Das Zwingersystem war geboren. In dem so bezeichneten Zwischenraum lagerten die Geschütze und fanden im Angriffsfall die Armbrust- und Büchsenschützen ihren Platz. Die Bürger hatten für den Ausbau ein Zwingergeld zu entrichten. Den Stadtgraben vor der äußeren Mauer speiste der Kaitzbach.

Das mittelalterliche Modell von Dresden zeigt die mächtige Befestigungsanlage

Hussitenbewegung

Im Januar 1409 hatte der böhmische König Wenzel mit dem Kuttenberger Dekret das bislang gleiche Stimmrecht der vier Nationen an der Prager Karlsuniversität zugunsten der böhmischen Nation verändert. Unter den Professoren und Studenten, die die Stadt daraufhin unter Protest verließen, war vielleicht Meister Peter, auch Peter von Dresden genannt. Bis 1411 hatte er das Rektoramt der Dresdner Kreuzschule inne. Das schnelle Ende seiner Amtszeit hing mit dem Edikt des Meißner Bischofs vom 18. Oktober d.J. zusammen, das nach freizü-

gigen theologischen Diskussionen die Behandlung der Bibel an der Dresdner Stadtschule verboten hatte. Über Zittau kam die Gruppe um Peter 1412 nach Prag. Im „Haus zur schwarzen Rose" entstand eine „Dresdner Schule". Hier wirkte auch der führende Ideologe der Hussiten, Nicolaus von Dresden.
Das anti-römische Gedankengut der Hussiten fand über die neu gegründete Universität Leipzig und die Dresdner Kreuzschule rasche Verbreitung in Sachsen. Die katholische Kirche ging im Inneren und nach außen hart gegen die Ketzer vor. Die religiösen Dissidenten mussten fliehen oder wurden vor Inquisitionsgerichte gestellt. Sie fanden den Tod auf dem Scheiterhaufen oder wurden in der Elbe ertränkt.
Markgraf Friedrich der Streitbare beteiligte sich 1420 in der Schlacht vor Prag und 1421 bei Brüx besonders erfolgreich am Kampf gegen die Hussiten. Als Dank erhielt er 1423 von König Sigismund das Herzogtum Sachsen und die Kurwürde. Die Dresdner stellten für die Kriegszüge 1420 und 1426 nicht allein bewaffnete Bürger, auch die Stadt wurde durch erhebliche finanzielle Forderungen zur Kasse gebeten.
Grausame Feldzüge führten die hussitischen Heere 1424 bis 1434 in die Oberlausitz. Angesichts der latenten Bedrohung wurden die Dresdner Festungswerke 1427 eilig verstärkt. Tatsächlich drangen die Hussiten unter ihrem Führer Prokop im Oktober und Dezember 1429 bis nach Dresden vor. Sie verwüsteten neben Altendresden die Vorstädte. U. a. wurden das Maternihospital und die Kapelle St. Laurentius zu Kaditz niedergebrannt. Anzunehmen ist, dass die 1430 vom Kurfürsten angeordnete Enteignung und Verfolgung der Juden den Zweck hatte, die durch die Hussitenkriege erschöpfte Landeskasse aufzubessern.
Ab 1431 verringerte nachlassende Disziplin die Schlagkraft der hussitischen Heere. 1433 kam es zum Friedensschluss zwischen den Wettinern und den Hussiten. Mit dem Sieg Kurfürst Friedrich des Sanftmütigen bei Brüx 1438 fanden die Hussitenkriege schließlich ihr Ende.

Dresden als ständige Residenz der Wettiner

Dresden blieb bis ins 16. Jahrhundert hinein eine für sächsische Verhältnisse relativ kleine Stadt. Seuchen, Kriege und Stadtbrände ließen die Bevölkerung zwischen 2 500 und 4 000 Einwohnern stagnieren. Es stand nach seiner Einwohnerzahl und Wirtschaftskraft weit hinter Annaberg, Freiberg oder Leipzig zurück. Ungeachtet dessen diente die Stadt den Wettinern im Mittelalter phasenweise als Residenz. Bereits Heinrich der Erlauchte hielt sich ab 1274 vorzugsweise in Dresden auf.
Im Zuge der Chemnitzer Teilung übernahm Markgraf Wilhelm I. im Jahr 1382 die Mark Meißen. Bis zu seinem Tod 1407 bestimmte er Dresden zu seinem ständigen Aufenthaltsort. Durch Landgewinne im Süden gelang es ihm, die Stadt aus ihrer unmittelbaren Grenzlage zu befreien: Dort hatten von alters her die Burggrafen von Dohna das Sagen. Deren Herrschaft war den Wettinern schon lange ein Dorn im Auge. 1385 erwuchs aus einem Zwischenfall während des alljährlichen Adelstanzes im Dresdner Rathaus die „Dohnaer Fehde". Nach

mancherlei Zwistigkeiten ging der Markgraf 1401/02 militärisch gegen die Burggrafen vor. Die Burgen Dohna, Weesenstein und Königstein fielen nach monatelanger Belagerung in die Hände Wilhelms I. Am 19. Juni 1403 wurde die Burggrafschaft markgräfliches Gebiet. Im Jahr darauf erwarb der Markgraf vom böhmischen König die Stadt Pirna, 1405 auch Gottleuba.
Wilhelm I. ließ nach dem Ende der Dohnaer Burggrafen deren kastellartigen Hof am Brückenkopf der Dresdner Elbbrücke völlig umgestalten. Der heute noch erhaltene Ostteil des Nordflügels und der Hausmannsturm wurden errichtet.
Nach dem Tod Wilhelm I. und neuerlicher Teilung der Mark Meißen sank das Interesse der Wettiner an Dresden. Vorübergehend gehörte die Stadt dem Landgrafen von Thüringen, aus dessen Händen sie Kurfürst Friedrich II. für 15 000 Rheinische Gulden kaufte. Danach konnte Dresden binnen weniger Jahre seine Position innerhalb von Kursachsen ausbauen. Noch gehörte die Stadt nicht zu den bevorzugten Residenzorten des Kurfürsten, erfreute sich aber seiner besonderen Förderung.
Nach dem Tode des Kurfürsten Friedrich II. übernahmen dessen Söhne Kurfürst Ernst und Herzog Albrecht 1464 gemeinsam die Regierung Kursachsens. Im Folgejahr huldigte Dresden den beiden Regenten, die die Stadt alsbald zum ständigen Aufenthaltsort erkoren. Der sich mit der Herausbildung des Ständestaates entwickelnde Verwaltungsapparat siedelte sich in der Residenz an. Als das Erzgebirge in den 1460er Jahren von einem zweiten Berggeschrei erfasst wurde, brachte der Silberreichtum dem Land weiteren Reichtum.
1474 wurde Dresden zur kursächsischen Hauptresidenz bestimmt. Sein endgültiger Aufstieg zur ersten Stadt im Lande und zu einer der führenden deutschen Residenzen war eingeläutet. Die Einnahmen aus dem Bergbau und das Zurückfallen Thüringens nach dem Tode des kinderlosen Wilhelm III. an das Kurfürstentum im Jahr 1482 führten zu einem Höhepunkt sächsischer Machtentfaltung. Kursachsen war ein beinahe geschlossener Flächenstaat, der sich zwischen Main, Werra, dem Erzgebirge bis nahe Berlin erstreckte. Unangefochten sahen sich die Wettiner in der Rolle des wichtigsten Fürsten neben dem Kaiser im Reich.
Zwischen 1469 und 1480 ließen sie – zeitgleich zum Bau der Albrechtsburg in Meißen – die Dresdner Burganlage zu einer großzügigen, spätgotischen Vierflügelanlage umbauen. Die regelmäßige, repräsentative Fassade markierte bereits äußerlich den Übergang von der mittelalterlichen Burg zur Schlossarchitektur. Zum Charakteristikum wurden die zahlreichen Türme.

Ältestes Modell der Burg Dresden

Ausgerechnet auf dem Höhepunkt der Macht zerbrach die gemeinsame Regentschaft der Brüder. Herzog Albrecht zog 1482 mit seiner Familie nach Torgau. Vergeblich widersetzte er sich dem Drängen des älteren Bruders auf eine Teilung des Landes. Im November 1485 setzte Kurfürst Ernst die Leipziger Teilung durch. Nach altem sächsischen Brauch hatte er den Teilungsvorschlag zu erstellen, während der jüngere Bruder

das Recht der Wahl hatte. Zum Leidwesen des Kurfürsten entschied sich Albrecht für den meißnisch-osterländischen Teil mit Dresden und Leipzig. Beim älteren Bruder verblieb neben dem Kurkreis um Wittenberg der thüringische Raum. Das silberreiche Schneeberger Revier wurde weiterhin gemeinsam verwaltet.
Das Haus Wettin setzte sich in zwei Linien fort: Herzog Albrecht verlagerte seinen Hofstaat wieder nach Dresden und begründete die albertinische Linie. Er trug den Beinamen „der Beherzte", der auf seine militärischen Erfolge verweist. Für den Kaiser im Kampf gegen die Türken, die Ungarn und als Statthalter in den aufständischen Niederlanden war er nur selten in seinem Heimatland. Doch seine Förderung und die Gewährung von Privilegien stellte bereits die Weichen für die bemerkenswerte weitere Entwicklung Dresdens. Vor seinem Weggang in die Niederlande setzte Albrecht 1488 seinen 17-jährigen Sohn Georg als Statthalter im heimischen Herzogtum Sachsen ein.
Kurfürst Ernst verstarb bereits 1486. Dessen Nachfahren bildeten die ernestinische Linie. Bei ihr blieb bis zum Schmalkaldischen Krieg die wichtige Kurwürde. Die Ernestiner spalteten sich im Lauf der Jahrhunderte immer weiter auf, so dass sächsische Geschichte in der Folge vorrangig mit den Albertinern zu verbinden ist.

Der große Stadtbrand von 1491

Schon im 14. Jahrhundert begannen die Bürger, ältere Holz- und Fachwerkgebäude durch Steinbauten zu ersetzen. Parallel löste Sandstein den bis dahin vorherrschenden Pläner als Baustein ab. Auch zwischen den Grundstücken wurden bis zu einem Meter dicke Steinmauern errichtet. Im 15. Jahrhundert prägten bereits massive Bauten das Gesicht des Marktplatzes.
Die erste Feuerordnung wurde um 1450 erlassen. Ein Ratsbeschluss von 1474 stellte Bürgern, die die Straßenfassade ihrer Häuser aus Stein errichten und die Dächer mit Ziegel eindecken wollten, kostenloses Baumaterial in Aussicht. Noch aber herrschten in der übrigen Stadt Holz- und Fachwerkgebäude vor. Als am 15. Juni 1491 morgens um vier Uhr in einem Bäckerladen der Webergasse ein Brand ausbrach, konnte ein kräftiger Wind das Feuer rasch über das gesamte linkselbische Dresden ausweiten. 240 Gebäude, das war mehr als die Hälfte der Bausubstanz, brannten vollständig ab. Zu den zerstörten Gebäuden gehörte auch die Kreuzkirche.

Die gotische Kreuzkirche wurde nach dem Zerstörungswerk des Stadtbrandes im Jahr 1499 neu geweiht

Bis heute bildet sich der verheerende Stadtbrand von 1491 im Untergrund durch dicke Brandschichten ab. Die Dresdner Bevölkerung ging von etwa 3 800 Personen auf 2 565 Einwohner zurück. Um für die Zukunft die Brandsicherheit der Stadt zu erhöhen, erließ Herzog Albrecht für den Wiederaufbau

der Stadt erstmals eine Bauordnung. Sie enthielt neben brandschutztechnischen Vorgaben erstmals auch gestalterische Momente. Demnach mussten nunmehr alle Eckhäuser vollständig aus Stein erbaut werden. Bei allen übrigen Vorderhäusern war zumindest das Erdgeschoss massiv zu errichten. Auch die bis dahin vorherrschenden Strohdächer sollten durch Ziegeldächer ersetzt werden.
Die brandgeschädigten Bauherren waren vier Jahre lang von Abgaben befreit, darüber hinaus wurden ihnen preisgünstig Ziegel, Steine und Kalk überlassen. Aufgrund der Förderung belebte sich die Stadt sehr schnell. Bereits 1499 konnte der große Baukörper der neuen, gotischen Kreuzkirche geweiht werden.

Handelsplatz Dresden

Der Handel gab bereits den Anlass für die Entstehung Dresdens. Am Kreuzungspunkt mehrerer wichtiger Handelswege hatte sich im 12. Jahrhundert eine Kaufmannssiedlung herausgebildet. Schrittweise konnte die Stadt ihre Stellung ausbauen. Schon 1271 konnten die Patrizierfamilien vom Landesherren das Zollrecht abkaufen.
Ein herber Rückschlag für die aufstrebende Stadt brachte das Jahr 1292, als der Bischof von Meißen Pirna mit dem Niederlagerecht begnadete. 1407 wurde erstmals ein Jahrmarkt in Dresden erwähnt. Hier boten auch auswärtige Tuchhändler und Kürschner ihre Waren an. Der früheste Hinweis auf den vorweihnachtlichen Striezelmarkt stammt aus dem Jahre 1434. Er kann somit als ältester seiner Art in Deutschland gelten. Erst 1455 erhielt Dresden das Stapel- und Niederlagerecht. Es verpflichtete alle durchreisenden Kaufleute, ihre Waren am Ort zum Verkauf anzubieten. Die Bedeutung als Handelsplatz blieb dennoch eher bescheiden. Anfänglich mussten die Fuhrleute regelrecht unter Druck gesetzt werden, damit sie ihre Waren in Dresden auch tatsächlich drei Tage zum Verkauf anboten. Nach und nach konnte es im Elbhandel den alten Konkurrenten Pirna überflügeln. Ein kurfürstlichess Privileg zur wöchentlichen Abhaltung eines freien Fleischmarktes erhielt die Stadt im Jahr 1462.

Das Reformationszeitalter

Das Mittelalter geht zu Ende

Europa an der Schwelle zum 16. Jahrhundert: Gold- und Silberimporte aus den spanischen und portugiesischen Kolonien in Amerika überschwemmten den Kontinent. Die Produktion in den Städten und der Handel wuchsen in lange nicht gekannter Weise, parallel löste die Geldwirtschaft die Naturalwirtschaft ab. Während die katholische Kirche in einer tiefen Krise steckte, verstrickten sich der Papst, der Kaiser, die Könige und Fürsten beständig in Kriege mit- und gegeneinander. Sie betrachteten ihre Städte, Länder und Völker als eine Art Spielmasse, wie das nicht zuletzt in der sächsischen Teilung von 1485 zum Ausdruck kam. So war auch der sächsische Herzog Albrecht, den die Geschichte als „den Beherzten“ bezeichnet, ganz Kind seiner Zeit. Als erfolg-

Herzog Georg

reicher Kriegsherr und kaiserlicher Statthalter in den Niederlanden pflegte er sich überwiegend außerhalb seines Heimatlandes aufzuhalten. Die Regierungsgeschäfte in Dresden hatte er 1488 seinem gerade 17 Jahre alten Sohn Georg übertragen. Weitsicht bewies Albrecht 1499 in seiner „Väterliche Ordnung“: Sie verhinderte für alle Zeiten die weitere Zersplitterung des albertinischen Herzogtums.
Als Herzog Albrecht 1500 in Emden starb, übernahm sein Sohn endgültig die Regentschaft. Georg zeichnete sich gegenüber seinem kriegstüchtigen Vater vor allem durch seine Bildung aus. Er bemühte sich um den Aufbau eines modernen Verwaltungssystems in Sachsen. Dresden stand ein Jahrhundert rascher wirtschaftlicher Entwicklung und tiefgreifender Umwälzungen bevor. Mit den drei herausragenden Herrschern Georg, Moritz (Regierung 1541–1553) und seinem Bruder August (1553–1586) folgte auf dem Thron eine Gruppe von Regenten, die den Dienst für ihr Land als ihre Hauptaufgabe erkannte.

Die Reformation in Dresden

Von der 1502 gegründeten Wittenberger Universität griff die lutherische Reformation auf die wettinischen Lande über und rückte Sachsen kurzzeitig in den Brennpunkt europäischer Geschichte. Einen Höhepunkt brachte die Leipziger Disputation zwischen Luther und Eck im Jahr 1519. Obwohl Herzog Georg reformatorischen Ideen durchaus nicht abgeneigt war, blieb er zeitlebens ein beharrlicher Vertreter der alten religiösen Ordnung. Im ernestinischen Sachsen hingegen genoss Martin Luther den ausdrücklichen Schutz von Kurfürst Friedrich dem Weisen.
Der sittliche Verfall der Papstkirche, für den der Ablasshandel zum traurigen Symbol wurde, hatte das Ansehen der Kirche jedoch auch in Dresden zutiefst erschüttert. Der Reformator Luther kam erstmals, noch als katholischer Ordensaufseher, im Mai 1516 nach Dresden. Im Juli 1518 predigte er in der Schlosskapelle. Spätestens ab 1520 verbreitete sich reformatorisches Gedankengut unter der Bevölkerung und führte zu Aufruhr. Die revolutionären Anschauungen erfassten auch kirchliche Kreise, insbesondere das Altendresdner Augustinerkloster.
In einer Klageschrift an den Landesherrn kritisierte der Rat 1520 die Geistlichkeit. Die Liste der Vorwürfe war lang: Sie reichte von Geldwucher über Erbschleicherei, Erpressung von Schenkungen bis zu Vergehen gegen die Verordnungen über den Wein- und Bierausschank. 1521 kursierten in der Stadt Schmähschriften über das unsittliche Verhalten des Erzpriesters Gregor Walter. Dem wegen seiner anti-lutherischen Schmähschriften verhassten Hofkaplan Hieronymus Emser wurden gar die Fenster eingeworfen. Zeitweise machte dieser die Stadt zum Zentrum antireformatorischen Schrifttums. Ausgerechnet Emser sind die ersten in Dresden entstandenen Druckwerke zuzuschreiben.
Der große deutsche Bauernkrieg berührte die Stadt nicht. Allerdings hatte sie 1525 auf Anforderung Herzog Georgs 200 Bewaffnete für dessen Kampf gegen

das thüringische Bauernheer zu stellen. Auch im erzgebirgischen Revier ging der Landesherr mit rücksichtsloser Härte gegen streikende Bergleute vor. Erfolgslos blieb hingegen das Bemühen Georgs, das lutherische Gedankengut einzudämmen. Der Dresdner Rat wurde zum Einsatz von Spitzeln gezwungen, die reformatorische Reden unter der Bevölkerung aufdecken sollten. So tauchten ab 1531 in den Ratsakten beständig als Einnahmeposten Strafgelder von Gotteslästerern auf. Herzog Heinrich, der jüngere Bruder Herzog Georgs, trat 1536 zum Protestantismus über. 1537 gewährte er den Einwohnern von Freiberg und Wolkenstein Glaubensfreiheit. Der alternde Landesherr versuchte vergeblich, die Reformation im albertinischen Sachsen doch noch zu verhindern. In der Hoffnung auf raschen Nachwuchs verheiratete er im Winter 1539 seinen geistesschwachen Sohn Friedrich. Doch ohne Erfolg: Georg starb am 15. April des Jahres.
Nach seinem Tod übernahm der 66-jährige Heinrich der Fromme bereits als kranker Mann die Regentschaft. Mit einem feierlichen Gottesdienst in der Kreuzkirche, die die Frauenkirche als Pfarrkirche ablöste, wurde am 6. Juli die Einführung der Reformation in Dresden begangen. Bei Kirchenvisitationen im Juli und Dezember 1539 erfolgte eine Überprüfung der Pfarreien und Klöster. Das Augustinerkloster und das Franziskanerkloster wurden aufgelöst. Die ehemaligen Mönche erhielten eine Pension, der umfangreiche Klosterbesitz fiel an die Stadt oder wurde an privat verkauft. Im Zuge der Säkularisierung wurde auch das bislang zum Kloster Altzella gehörige Gut Leubnitz mit den Dörfern Strehlen, Gompitz, Reick, Goppeln, Torna und Gostritz Besitz des Rates. Sehr erheblich waren auch die Einkünfte aus den 47 Altarstiftungen, die fortan an die Stadt fielen.
Unter wesentlicher Beteiligung Philipp Melanchthons erfolgten der Aufbau der evangelischen Kirche und des Schulwesens in der Stadt. In den folgenden Jahrzehnten konnte sich Dresden als Zentrum des deutschen Protestantismus etablieren.

Rückkehr der Kurwürde im Ergebnis des Schmalkaldischen Krieges

Obwohl seine Regentschaft kaum länger als zwei Jahre andauerte, sicherte sich Heinrich der Fromme durch die Einführung der Reformation in Sachsen seinen Platz in der sächsischen Geschichte. Nach ihm übernahm sein ältester Sohn, Herzog Moritz, im August 1541 die Regierung. Dieser vollendete den Aufbau der Evangelisch-Lutherischen Landeskirche im albertinischen Sachsen. In seinem Streben nach einer führenden Position seines Landes in Deutschland, wie sie Kursachsen zuletzt vor der Leipziger Teilung im Jahr 1485

Das Moritzmonument gilt als das älteste Denkmal der Stadt

besaß, nahm Moritz hingegen keine Rücksicht auf konfessionelle Bindungen. Sein häufiger Wechsel der Bündnispartner trug ihm in der Geschichte den Beinamen „Judas von Meißen“ ein.

Haupthindernis auf dem Weg zur deutschen Hegemonialmacht war ausgerechnet der andere wettinische Landesteil unter Kurfürst Johann Friedrich dem Großmütigen. Nicht zuletzt deshalb, weil die albertinischen und ernestinischen Fürstentümer auch territorial auf das engste miteinander verwoben waren. Ab 1542 verschlechterte sich das Verhältnis der beiden wettinischen Regenten zusehends. Heinrich der Fromme war noch Mitglied des Schmalkaldischen Bundes, des Zusammenschlusses evangelischer Fürstentümer, geworden. Sohn Moritz wandte sich 1542 zur Erringung seiner weitreichenden Ziele dem katholischen Kaiser zu. Dazu bewogen ihn auch taktische Überlegungen, denn sein zerstückeltes Land verfügte über lange Grenzen zu den kaiserlich-habsburgischen Territorien der Lausitz und Böhmens. So unterstützte er Kaiser Karl V. in dessen Feldzug gegen die Türken 1542 und Frankreich 1543/44.

Den Vorwand für den Schmalkaldischen Krieg bot die Weigerung der protestantischen deutschen Territorialherren, an dem von Kaiser und Papst 1545 einberufenen Konzil von Trient teilzunehmen. Im Folgejahr boten die Habsburger Moritz in Regensburg die Kurwürde und die Aufhebung der Leipziger Teilung an. Daran knüpfte sich als Bedingung die Teilnahme des albertinischen Sachsens am Kampf gegen den Schmalkaldischen Bund und die Rückkehr seiner Dynastie zum Katholizismus. Indes hielt sich keine der beiden Seiten in vollem Umfang an die Vereinbarung: So zog Herzog Moritz Ende 1546 mit lediglich 1 600 Reitern in den Kampf und blieb bei seinem evangelisch-lutherischen Bekenntnis.

Am 13. März 1547 eroberte der Ernestiner Johann Friedrich Altendresden und ließ es plündern. In der entscheidenden Schlacht bei Mühlberg unterlag am 24. April das Heer des Schmalkaldischen Bundes. Kurfürst Johann Friedrich geriet in kaiserliche Gefangenschaft. Noch im Feldlager wurde Moritz am 4. Juni zum Kurfürsten von Sachsen ausgerufen. In der Wittenberger Kapitulation musste Johann Friedrich u.a. auf den Kurkreis um Wittenberg und damit die Kurwürde, auf die ernestinischen Anteile am Meißner Land sowie die Einkünfte aus den erzgebirgischen Bergbaustädten verzichten. Das albertinische Sachsen wurde nach den habsburgischen Landen zum zweitgrößten deutschen Territorialstaat. Dieser zeichnete sich nunmehr als zusammenhängendes Gebiet aus. Zu alter Größe aber wollte der Kaiser die wettinische Konkurrenz nicht aufsteigen lassen. Entgegen der Regensburger Vereinbarung beließ er den Ernestinern wesentliche Herzogtümer, darunter Coburg, Gotha, Weimar und Altenburg.

Der Ausbau der Stadtbefestigung nach italienisch-holländischem Vorbild

Herzog Georg begann bereits 1520 mit der Umgestaltung der mittelalterlichen Stadtbefestigung. Im Zuge der bis 1529 laufenden Arbeiten kam die Frauenkirchsiedlung als „Newe Stadt“ zur eigentlichen Stadt hinzu. Nach außen wurde sie durch einen Wall umgeben. Als neues Stadttor nach Osten entstand das Rampische Tor. Die mittelalterliche Stadtmauer zwischen der Altstadt und dem Viertel blieb anfangs erhalten.

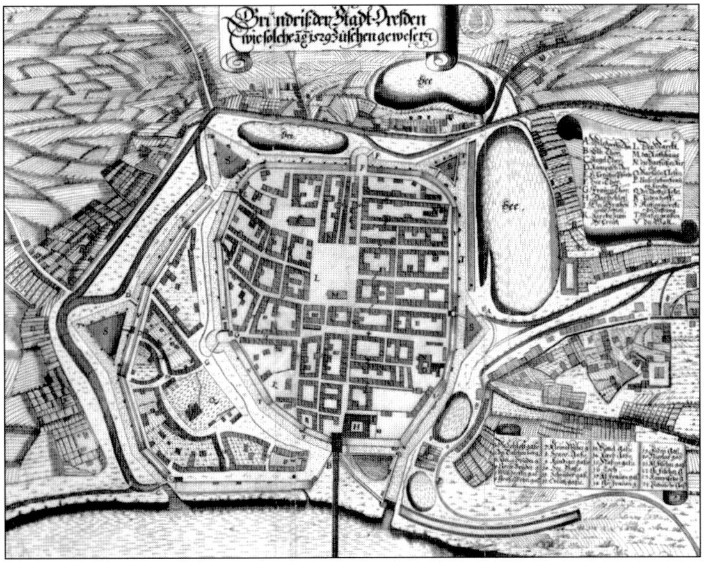

Grundriss der Stadt Dresden im 16. Jahrhundert

Angesichts der wachsenden militärischen und politischen Bedeutung Dresdens sowie der verbesserten und verstärkt eingesetzten Feuerwaffen beauftragte Herzog Moritz 1545 den Baumeister Caspar Voigt von Wierandt mit der vollständigen Erneuerung der Stadtbefestigung. Die Mittel dazu bezog er aus dem Verkauf der katholischen Kirchengüter sowie durch eine erhebliche steuerliche Belastung der Bürger. Der mittelalterliche Mauerring wich zwischen 1546 und 1591 einem gewaltigen System aus Wällen mit flankierenden Bastionen. Das für seine Zeit grandiose Zeughaus entstand 1559/63 hinter dem Ziegeltor und diente der Lagerung von Kanonen und Handfeuerwaffen. Nach mehreren Umbauten beherbergt das heutige Albertinum Kunstschätze.

Das neue Festungswerk nach italienisch-holländischem Beispiel bildete über zwei Jahrhunderte das steinerne Korsett der alten Stadt. Ihr Ausbau hinterließ deutliche, noch heute im Stadtbild wahrnehmbare Spuren. 1548 wurde die alte Stadtmauer vom neuen Georgentor längs der Augustusstraße über den Neumarkt bis zur Gewandhausstraße mitsamt dem alten Frauentor abgebrochen. Reste davon sollten im Jahr 2003 beim Bau der Tiefgarage an dieser Stelle zum Vorschein kommen. Auf dem frei werdenden Platz erweiterte Paul Buchner – unter Einfluss des Architekten und Bildhauers Giovanni Maria Nosseni – zwischen 1586 und 1591 den Schlosskomplex um den Langen Gang und das Stallgebäude. Parallel entstand der Neumarkt als zweiter großer Platz der Stadt.

Das Ziegeltor

Von der Elbbrücke bis zur Hasenbastei wurde zwischen 1546 und 1591 in mehreren Bauabschnitten die so genannte neue Festung errichtet. Sie ist uns in der Gegenwart glanzvoll als Brühlsche Terrasse überkommen. Das recht junge Rampische Tor wurde nach 1550 durch das Ziegeltor und das Salomonistor ersetzt. Doch schon 1591 übernahm das Pirnaische Tor dessen Rolle. Das von der Festung überbaute Ziegeltor blieb in den Kasematten der Jungfernbastei unverfälscht erhalten. Zum Ende des 16. Jahrhunderts reduzierte sich die Zahl der Stadttore von fünf auf drei. Dresden verfügte nunmehr über eine in deutschen Landen beispiellose Befestigungsanlage.

Dresden als blühende Renaissancestadt

In der Gegenwart ist Dresden im Bewusstsein der Öffentlichkeit als Barockstadt verankert. Seine Rolle als glanzvolle europäische Residenzstadt des 16. Jahrhunderts ist eher in Vergessenheit geraten. Noch 1504 bezeichnete Hofprediger Emser Dresden als „kümmerliches Städtchen“. Doch mit der erweiterten Machtfülle des nunmehrigen Kurfürsten Moritz und seiner Nachfolger verband sich eine rege Bautätigkeit. Unter Leitung von Hans Schicketanz entwickelte sich Dresden zum Zentrum der sächsischen Renaissance-Bauschule. 1530/35 entstand hinter dem Elbtor als erster Renaissancebau das prachtvolle Georgentor. Nun sprach Hofprediger Cochlaeus bereits von „der feinen Stadt Dresden“. Die Bürger folgten dem Beispiel des Landesherren und errichteten sich Wohngebäude mit repräsentativen Renaissancefassaden. Den Wandel von der Ackerbürger- zur Residenzstadt verdeutlicht ein kurfürstliches Gesetz von 1559. Fortan war es verboten, über Dresdens Straßen Vieh laufen zu lassen oder hier Mist zu stapeln. Im Zuge der Befestigung der Straßen mit Wackersteinen aus der Weißeritz entstand ein unterirdisches Kanalsystem für das bis dahin in offenen Rinnen ablaufende Abwasser. Dennoch blieben die hygienischen Verhältnisse weiterhin schlecht, was sich in den zahlreichen verheerenden Pestepidemien des 16. Jahrhunderts ausdrückte.

Von Gottes Gnaden wir Moritz Hertzog zu

Gründungsurkunde der Dresdner Hofkapelle vom 22. September 1548

Stärker als seine Vorgänger beschnitt Kurfürst Moritz die Kompetenzen des Rates. Mit dem Ausbau der Festung verlor Dresdens Bürgermeister seine militärische Befehlskraft an den Kurfürsten. Dessen Befehl führte im März 1549 zur Angliederung des rechtselbischen Städtchens Altendresden – die heutige Neustadt – an Dresden. Auch hier waren Verteidigungsaspekte ausschlaggebend. Als der dortige Bürgermeister sowie der Stadtschreiber von Altendresden den Kurfürsten um Rücknahme der Entscheidung baten, ließ Moritz sie kurzerhand in den Turm werfen.

Auch auf kulturellem Gebiet setzte der Kurfürst bleibende Akzente. 1548 ließ er eine Hofkapelle gründen, die Vorläuferin der heutigen Staatskapelle. Hofkapellmeister des ersten europäischen Orchesters wurde der Torgauer Kantor Johann Walter. Neben der Kirchenmusik wurde vor allem Tafelmusik gepflegt. Mit dem Karnevalsfest von 1553 auf dem Altmarkt begründete Moritz eine die beiden folgenden Jahrhunderte prägende Festkultur in der Stadt. Bedeutende Künstler begleiteten und dokumentierten die legendären Hoffeste.

Der Ausbau des Residenzschlosses

Die Erringung der Kurwürde 1547 veranlasste den jungen Kurfürsten Moritz zum grundlegenden Ausbau des Residenzschlosses. Die spätmittelalterliche Burganlage wandelte sich unter Bauleitung von Caspar Voigt zur prachtvollen Vierflügelanlage der Renaissance. In dem nach Westen hin auf doppelte Größe erweiterten Schloss verschmolzen Architektur, Malerei und Plastik in bis dahin ungekannter Weise: Berühmt wurden der Altanvorbau des Hausmannsturmes zum Schlosshof, die Schlosskapelle und der Riesensaal ebenso wie die teppichartigen Sgraffitomalereien, welche die Schlossfassaden überzogen. Doch den Abschluss der Bauarbeiten im Jahr 1556 sollte Moritz nicht mehr erleben. In einem Gefecht bei Sievershausen erhielt der 32 Jahre junge Kurfürst 1553 einen Rückenschuss und verstarb am 11. Juli noch im Feldlager. Obwohl gerade Moritz das Gesicht des Dresdner Residenzschlosses entscheidend prägte, trägt ein anderes Schloss im beliebten kurfürstlichen Jagdrevier nordwestlich der Stadt seinen Namen in die Gegenwart. Schon 1542, im Jahr seines Regierungsantritts, hatte er dort ein Jagdschlösschen als Vorläufer des heutigen Barockschlosses Moritzburg erbauen lassen.
Nach dem Tod von Kurfürst Moritz setzte sein jüngerer Bruder August den Schlossausbau fort. Seine Gründung der Kunstkammer im Westflügel des Schlosses im Jahr 1560 bildete die Keimzelle der heutigen Dresdner Kunstsammlungen. Bereits 1556 richtete er sich hier eine eigene Bibliothek ein, die Vorläuferin der Sächsischen Landesbibliothek.

Dresden als Wirtschafts- und Verwaltungszentrum

Die Herzöge und Kurfürsten widmeten sich im 16. Jahrhundert weitsichtig dem Ausbau Sachsens als modernes Staatswesen bei gleichzeitiger Förderung der Wirtschaft. Davon profitierte besonders auch Dresden. Da die wichtigsten Fernhandelsstraßen die Stadt nicht berührten und auch der neuerlich aufblühende Bergbau kaum das Umfeld betraf, entwickelten sich Handwerk und Manufakturwesen in enger Verknüpfung mit den Bedürfnissen des Hofes. Die Zahl der Handwerkerinnungen stieg zur Jahrhundertmitte auf 47. Viele Meister widmeten sich dem Luxus- und Kunstgewerbe. Parallel begünstigte der Ausbau der sächsischen Verwaltung unter Kurfürst August die Stadt als Verwaltungszentrum. 1556 wurde die Landeshauptmünzstätte von Freiberg nach Dresden verlegt und die übrigen Münzen des Landes geschlossen. Die Leitung des Münzmeisteramtes oblag Adam Ries. Das 1565/67 errichtete Kanzleihaus beherbergte die kurfürstliche Kanzlei. Die Ansiedlung des Appellationsgerichtes 1559 zeugte ebenso wie die Schaffung des Gehei-

men Rates 1574 vom erfolgreichen Aufbau einer für ihre Zeit beispielhaften, modernen Verwaltung.
Mit der gleichen Energie widmete sich Kurfürst August der wirtschaftlichen Entwicklung des Landes. Sein Beiname „Vater August" ließ ihn völlig zu Recht als Musterbild eines patriarchalischen Landesherren in die Geschichte eingehen: Er war fleißig, genügsam und geschäftig, wobei ihm vielleicht der Blick für das ganz Große fehlte. Wie der Sachse eben so ist. August machte seine Ländereien zu Mustergütern. Nahe Dresden gründete er gemeinsam mit seiner Gattin Anna 1559 das Kammergut Ostra. Vorbildhaft für die Bauern des Umlandes wurde hier der Anbau von Getreide, Hopfen und Obst sowie Weide- und Milchwirtschaft betrieben. Das alte Dörfchen Ostra musste bereits 1568 auf kurfürstliche Weisung weichen. Seine Bewohner errichteten in der Gemarkung Leubnitz ein kleines Straßendorf, die so genannten neuen Vorwerksgüter. Schon bald nannte sich die Siedlung nach der Herkunft ihrer Bewohner Neu-Ostra.
Zunehmend gewann der Plauensche Grund als gewerbliches Zentrum an Bedeutung. Nach ersten Kohlefunden im Plauenschen Grund 1542 erteilte Moritz einem Unternehmen unter Leitung von Hans Bienert das Privileg für deren Abbau. Im Tal der Weißeritz entstand 1576 die erste Pulvermühle Sachsens, daneben Mühlen für Papier, Getreide und zur Bearbeitung von Harnischen. 1582 wurde hier eine Eisenschmelzhütte gegründet. In Ostra wurde 1582 eine Schmelz- und Saigerhütte für die Kupferverarbeitung errichtet.

Die Pulvermühle im Plauenschen Grund

Um 1600 überstieg die Zahl der Einwohner der Stadt – einschließlich ihrer Vorstädte – 14 000. Nach den Umwälzungen der Reformation zu Beginn des Jahrhunderts machte sich unter dem Bürgertum an seinem Ende eine auf Wohlstand basierende Behäbigkeit breit.

Poppitz und Fischersdorf kamen zu Dresden

Poppitz als bevölkerungsreichste Vorstadtgemeinde und das benachbarte Fischersdorf wurden 1550 dem Dresdner Rat unterstellt. Als erste vorstädtische Kirche ließ Kurfürst August hier 1578 die nach seiner Gattin benannte Annenkirche errichten. Der bereits im Mittelalter angelegte Weißeritzmühlgraben hatte für das Areal große Bedeutung. Der vier Kilometer lange Graben begann in Höhe der Löbtauer Biedermannstraße und führte östlich der Weißeritz auf höherem Gelände zwischen Poppitz und Fischersdorf hindurch zur Elbe. Die Wasserkraft begünstigte die gewerbliche Entwicklung der Vorstadt. Hier befand sich die Mühle der Dresdner Bäckerzunft, im Volksmund Bäckermühle genannt. Sie übte ab 1520 als Hofmühle den Mahlzwang über die Stadt Dresden und Teile ihrer Umgebung aus.

Die Hofmühle

Jenseits des einstigen Grabens existiert noch heute die Röhrhofsgasse. Im städtischen Röhrhof wurden seit dem Mittelalter in Baumstämme Löcher gebohrt. Über so genannte Röhrfahrten floss von alters her Weißeritzwasser aus dem Vorort Plauen nach Dresden. An Stelle des erst 1830 entstandenen Freiberger Platzes war vor 1600 ein künstlicher See, die so genannte Entenpfütze, zur Fischzucht angelegt worden. Daneben bestanden in Poppitz und Fischersdorf Gasthäuser und Herbergen für jene Fernhändler, die bei ihrer Anreise auf der belebten Freiberger Straße die Stadt nicht mehr vor der Schließung des Wilischen Tores erreichten.

Der Kalvinismus in Dresden

Von England ergriff ausgangs des 16. Jahrhunderts eine von Jean Calvin (1509/1564) entwickelte Lehre ganz Europa. Ziel war die Vereinigung der zahlreichen reformierten Kirchen in Europa. Der Kalvinismus begünstigte indirekt die Entwicklung des sächsischen Handels- und Manufakturwesens und schränkte zugleich die Macht der Stände sowie der orthodoxen lutherischen Geistlichkeit ein. Kurfürst August hingegen verbündete sich mit den katholischen Habsburgern. Aufgrund seiner antikalvinistischen Politik verlor er die Führungsposition innerhalb der evangelischen Reichsstände. Die im geheimen agierenden „Kryptokalvinisten“ wurden 1574 aus Sachsen vertrieben.
Der Sohn des Kurfürsten August, Christian I. (1560/91), war reformerischen Ideen gegenüber offen. Daraus erhoffte er sich ein Ende der Isolation Sachsens. Mit seiner Amtsübernahme 1586 gewann der kalvinistisch gesinnte Geheime Rat Nikolaus Krell an Einfluss. 1589 avancierte der Reformer sogar zum Kanz-

ler. Krell stärkte die absolutistische Macht des Kurfürsten gegen die Stände und die lutherische Geistlichkeit. Er baute die Beziehungen zu den protestantischen deutschen Landesherren, aber auch zu Frankreich und England aus.
Tage nach dem frühen Tod Kurfürst Christians I. (1591) wurde Krell inhaftiert und auf den Königstein gebracht. Die kalvinistischen Hofprediger Steinbach und Salmuth wurden 1592 abgesetzt. Vor ihren Häusern marodierten vom Klerus aufgebrachte Bürger. Nach einem zweifelhaften Gerichtsverfahren wurde Krell am 9. Oktober 1601 in Dresden mit dem Schwert hingerichtet. Der „Krellstein" auf dem Jüdenhof erinnert bis heute an sein Ende. Kursachsen kehrte zum orthodoxen Luthertum mit enger Verknüpfung an das katholisch-habsburgische Lager zurück. Das Reformationszeitalter war zu Ende.

Der Kopf des Nikolaus Krell

Im Zeichen des Dreißigjährigen Krieges

Die politische und wirtschaftliche Schwäche Sachsens

Nach Jahrzehnten der kraftvollen wirtschaftlichen Entwicklung unter weitsichtigen Landesherren machten sich in Sachsen Anfang des 17. Jahrhunderts krisenhafte Erscheinungen breit. Die Regierungsgeschäfte für den noch unmündigen Sohn Christian I., Kurfürst Christian II., hatte zunächst der streng lutherische Vormund Friedrich-Wilhelm von Sachsen-Altenburg übernommen. Auch nach Erreichen der Volljährigkeit im Jahr 1601 mangelte es dem Regenten an echter Gestaltungskraft. Ohne eigene Nachkommen und ohne nennenswerte Leistungen starb Christian II. im Alter von 27 Jahren.
Seinem Bruder, Johann Georg I., fehlten die Führungsqualitäten mancher seiner Vorfahren. Immerhin regierte der gottesfürchtige Mann sein Land verantwortungsbewusst über 45 Jahre. Zwei Drittel der 1611 beginnenden Regierungsära waren vom Dreißigjährigen Krieg bestimmt. In schwerer Zeit bemühte sich Johann Georg I. redlich um Frieden für sein Land. Seine Schwäche aber nutzte das nach regionaler Vormacht strebende Nachbarland Brandenburg-Preußen, welches Sachsen zunehmend in die zweite Reihe der deutschen Fürstentümer drängte.
Ein Ausdruck der Blüte der Dresdner Musik- und Theaterkultur unmittelbar vor Ausbruch des Dreißigjährigen Krieges war die Berufung von Heinrich Schütz (1585–1672) zum Hofkantor. Er wirkte von 1615 bis zu seinem Lebensende in Dresden. Schütz hinterließ neben der ersten deutschen Oper „Dafne" (1627) eine Fülle kirchenmusikalischer Werke voll Sehnsucht nach Frieden.
Das nach dem Prager Fenstersturz am 23. Mai 1618 drei Jahrzehnte währende Kriegsgeschehen brachte nicht allein die städtische Wirtschaft und den Handel zum Erliegen. Auf den umliegenden Landstra-

Hofkantor Heinich Schütz

ßen nahmen Raubüberfälle erschreckende Ausmaße an. Zugleich verstärkten sich im Land inflationäre Tendenzen.

Dresden blieb von Kriegshandlungen verschont

Lange Zeit gelang es Johann Georg I., kriegerische Handlungen von Sachsen fern zu halten. Mehrfach wechselte er die Seiten: vom Bündnispartner des Kaisers zu den Schweden (1631) und zurück (1635). Mit großer Weitsicht hatten die Landesherren des 16. Jahrhunderts die Residenzstadt zur bestbefestigten deutschen Stadt ausgebaut. So unterblieben alle ernsthaften Versuche, Dresden militärisch zu erobern.
Unmittelbar nach den Angriffen kaiserlicher Truppen auf die Vorstädte im Herbst 1631 begann der Ausbau der Befestigung des rechtselbischen Altendresden. Zusätzlich wurden Schanzen rings um die Stadt angelegt. Die Bevölkerung hatte dazu ihren Ausbaubeitrag durch Sondersteuern und Arbeitsdienste zu leisten. Die sicheren Mauern der Residenz waren der Grund, warum der Landesherr von 1631 an den Landtag grundsätzlich nach Dresden einberief.
Im Prager Frieden hatte Johann Georg I. 1635 das mehrjährige Bündnis mit den Schweden zugunsten der Habsburger gebrochen. Der Kaiser „zahlte" mit der Überlassung der Ober- und der Niederlausitz an Kursachsen. Es sollte der letzte Zuwachs an Territorium in der sächsischen Geschichte bis 1990 bleiben. Die Friedenshoffnung der Dresdner aber trog. Stärker als zuvor wurde das Land in militärische Handlungen hineingezogen. Die Verwüstungen von schwedischer Seite blieben bis heute sprichwörtlich. Hunderte Gebäude der außerhalb schützender Festungswerke gelegenen Vorstädte sowie die Mühlen am Rande der Stadt wurden zerstört.
Am 25. Juli 1639 schlugen sich vor Altendresden kaiserliche und schwedische Truppen. Scharenweise flüchtete die Landbevölkerung in das sichere Dresden. Der am 27. August 1645 in Kötzschenbroda geschlossene Waffenstillstand zeugte von der militärpolitischen Schwäche Sachsens. Leider brachte er dem Land noch nicht den ersehnten Frieden. Immerhin blieb der Bannkreis um die Festung Dresden in der Folge von Kampfhandlungen verschont.
Obwohl das zerstörerische Kriegsgewühl die eigentliche Stadt nicht erreichte, litt die Bevölkerung entsetzlich unter den Folgen des Krieges. Die Verknappung der Lebensmittel führte zu horrenden Preisen. Hinzu kamen ständig wechselnde militärische Einquartierungen in den Bürgerhäusern, deren Versorgung den Hauseigentümern übertragen wurde. Ab 1632 suchte eine hohe Zahl von Flüchtlingen aus dem Umland ihr Heil hinter den schützenden Mauern. Die

Die Dresdner Innenstadt im Jahr 1634, links oben der Altmarkt mit dem alten Rathaus

hygienischen Bedingungen verschlechterten sich unter diesen Verhältnissen und boten den Nährboden für Epidemien. Zwischen 1632 und 1635 raffte die Pest etwa die Hälfte der Dresdner Bevölkerung dahin. Die Not hinderte den Landesherren damals allerdings nicht, die Hochzeit des Kurprinzen Johann Georg zwanzig Tage aufwändig bei Hofe zu feiern.
Die Wirtschaft wurde von der allgemeinen Teuerung, wachsenden Steuern und besonders unter der 1646 eingeführten Haupt- und Gewerbesteuer schwer beeinträchtigt. Zahlreiche Meister gaben ihr Handwerk auf. In den Straßen nahm die Bettelei erschreckende Ausmaße an. Das Elend 1643 gipfelte in einer großen Hungersnot.

Erholung der Stadt von den Folgen des Krieges

Auf kurfürstlichen Befehl wurde der kaiserliche Friedensschluss vom 24. Oktober 1648 mit Frankreich und Schweden, der so genannte Westfälische Friede, von allen Kanzeln verkündet. Noch aber litten die Menschen unter den schwedischen Besatzungstruppen. Sie verließen Sachsen erst nach der Zahlung hoher Kontributionen im Jahr 1650.
Ungeachtet der Belastungen war es Dresdens Stadtvätern gelungen, den Finanzhaushalt ihrer Stadt während des Krieges vor dem Zusammenbruch zu bewahren. Der war in Leipzig bereits 1625 erfolgt. Diese Leistung ist um so höher zu bewerten, da doch die zunehmende Verarmung der Stadtbevölkerung sinkende Einnahmen, kriegsbedingte Forderungen des Landesherren aber zusätzliche Ausgaben mit sich brachten.
Durch die Gewährung vielfältiger Vergünstigungen suchte der Kurfürst, die während des Krieges stark dezimierte Bevölkerung in Dresden und Kursachsen zu mehren. Er begünstigte die Ansiedlung ehemaliger Söldner durch den erleichterten Zugang zu den Handwerkszünften. Zugleich erließ ihnen der Landesherr für drei Jahre Steuern, Dienste und Abgaben. Das stärkte die Wirtschaft und erhöhte die Bevölkerung: Im Jahr 1603 verzeichnet die Chronik

Die Drescherhäuser bei Löbtau

14793 Einwohner in Dresden. Am Ende des Jahrhunderts war sie auf 21300 angestiegen. Zu dieser Zeit dümpelten weite Teile Brandenburgs, noch immer von schweren Kriegsschäden gezeichnet, vor sich hin.
Eine nicht unbedeutende Rolle bei der relativ schnellen wirtschaftlichen Erholung nach Kriegsende spielten die religiösen Flüchtlinge aus Böhmen. Etwa 1000 der so genannten Exulanten mussten ihre Heimat zwischen 1623 und 1639 verlassen und ließen sich im protestantischen Dresden nieder. Neben ihrer hohen Qualifikation brachten sie ein beträchtliches Vermögen aus dem Nachbarlande mit. Über Jahrhunderte wurde in der Johanniskirche unweit des Pirnaischen Tores für die böhmische Gemeinde in tschechischer Sprache gepredigt. Mittellose Exulanten arbeiteten auch im Vorwerk Ostra. Sie wohnten in den Drescherhäusern unweit von Löbtau.

Neuer Glanz der Residenzstadt

Binnen zwei Jahrzehnten konnte sich Kursachsen von den Folgen des schlimmsten Krieges seiner Geschichte erholen. Die von Vater August im vorausgehenden Jahrhundert geschaffenen Grundsätze für die Wirtschaft und den Staatsaufbau bewährten sich einmal mehr. Kurfürst Johann Georg I., dessen Regentschaft überwiegend vom Dreißigjährigen Krieg gezeichnet war, starb 1656.
Die von den sächsischen Ständen an den Sohn Johann Georg II. herangetragene Bitte, angesichts des Elends weiter Teile der Bevölkerung die Hofhaltung zu mäßigen, fand beim Thronfolger wenig Gehör.
Im Jahr 1656 wurde Wolf Caspar von Klengel Oberlandbaumeister. 1664 bis 1667 ließ Johann Georg II. durch ihn an Stelle des alten Ballhauses am Taschenberg das prachtvolle Komödienhaus erbauen. Mit 2000 Zuschauerplätzen galt es als einer der ersten festen deutschen Theaterbauten. 1669 wurde zwischen dem Schloss und der Sophienkirche zur Ergötzung der Hofgesellschaft ein neues Ballhaus eingeweiht.
Der prunkliebende Kurfürst förderte das Musikleben der Stadt, ohne dafür etwa seinen Hofkapellmeister Heinrich Schütz regelmäßig zu entlohnen.
1662 erließ der Kurfürst für Dresden eine Kleiderordnung, die den Frauen lange, lockige Haare sowie das Tragen von tiefen Ausschnitten und Seidenstrümpfen untersagte. Reichen Bürgern waren weite Hosen und versilberte oder vergoldete Sporen verwehrt. Der Landesherr wollte so die im Kriege verwischten Standesunterschiede wieder durchsetzen. Zugleich äußerte er die Sorge, dass die Bürger ihr Geld statt zum Zahlen von Steuern für Kleider verwenden würden.

Klengels Komödienhaus auf dem Taschenberg

Während des Krieges hatte die Stadt Dresden dem Kurfürsten Johann Georg I. mehrfach größere Geldsummen geliehen. Sein Sohn behielt die Einsicht, dass wohlhabende Städte ihm zum Vorteil gereichen. 1660 gewährte er Dresden eine erweiterte Gerichtsbarkeit und 1675 weitere hoheitliche Rechte. Gleichzeitig mühte sich Johann Georg II., qualifizierte Handwerker ins Land zu locken und die Gründung von Manufakturen zu unterstützen. In der Residenzstadt entwickelte sich vor allem Gewerbe zur Versorgung des Hofes mit Luxusartikeln, darunter Goldschmiede und Edelsteinschneider, Perückenmacher und Posamentierer.
Gegen den Widerstand der Dresdner Innungen entstand 1670 im Bereich der heutigen Friedrichstadt die Vorstadt Neustadt-Ostra. Den Ansiedlern aus Sachsen und anderen Ländern wurde vom Landesherren unentgeltlich Bauland zur Verfügung gestellt, Gewerbefreiheit und andere Privilegien versprochen. Aufgrund des Boykotts der Zünfte im nahen Dresden war das Projekt jedoch anfänglich wenig erfolgreich. Die 1678 in dem Stadtteil von Johann Friedrich Krafft gegründete Wollmanufaktur schlug nach Anfangserfolgen fehl. Ein im Folgejahr vor dem Pirnaischen Tor gegründetes städtisches Unternehmen dieser Art musste schließlich durch Kinderarbeit gesichert werden. Dennoch waren diese Unternehmen entscheidende Voraussetzungen für die weitere Entwicklung des Manufakturwesens in der Stadt.

Dresden als europäische Metropole

Die Anfänge des Barocks in Dresden

Der Renaissancestil prägte bis Anfang des 18. Jahrhunderts das Dresdner Stadtbild. Die relativ schnelle Erholung von den Folgen des Dreißigjährigen Krieges, aber auch die Prunkliebe der Kurfürsten sowie der ihnen nacheifernden Adligen und Bürger begünstigten jedoch die schnelle Verbreitung des Barocks. Nicht zu vergessen ist dabei das Wirken begnadeter Künstler und Architekten in Dresden. Die glanzvolle Wegbereitung des Barocks in der Architektur war wesentlich dem Oberlandbaumeister Wolf Caspar von Klengel zu danken. Die Mehrzahl seiner Bauwerke wich leider späteren Baumaßnahmen oder wurde Opfer von Kriegseinwirkungen. Das traf auf das Komödienhaus, das Ballhaus, das Schießhaus (1673) und das Reithaus (1678) zu. Dagegen hat sich der obere Teil des Schlossturms (1678) als weithin sichtbares Zeugnis seiner Baukunst im Stadtbild erhalten. Als Lehrmeister Friedrich August I. ist Klengel schließlich ein entscheidender Anteil an dessen späteren Bauplänen zuzuschreiben.

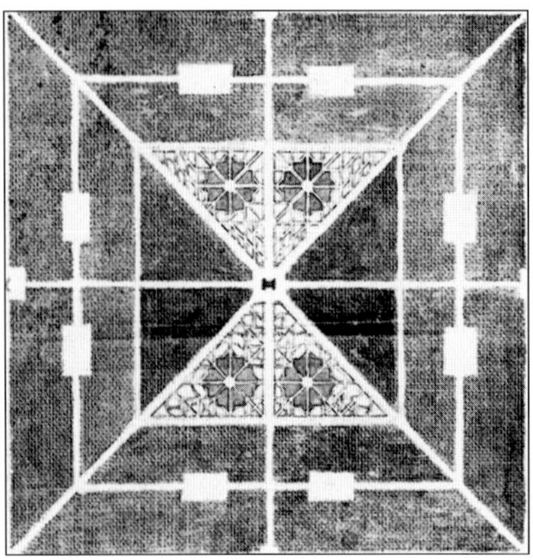
Projekt zur Anlage des Großen Gartens von 1677

Die Stadt wuchs nach dem Dreißigjährigen Krieg aus der Enge der Befestigungsanlagen des 16. Jahrhunderts heraus. Vor den Wällen entstanden Lustgärten und Landhäuser. Der ab 1676 unter Johann Georg II. und Johann Georg III. angelegte kurfürstliche Große Garten gilt als das erste Beispiel französischer Gartenbaukunst in Dresden. Anfänglich war seine Ausdehnung deutlich geringer als heute. Das 1683 fertig gestellte Palais im Herzen der Parkanlage gehört zu den bedeutendsten frühbarocken Bauten Deutschlands.

Nach dem Brand von Altendresden entsteht die Neue Stadt

Im Haus des Kunsttischlers Tobias Edler auf der Meißnischen Gasse brach am 6. August 1685 ein Brand aus. Trotz schneller Hilfeleistung aus der Festung und aus benachbarten Ortschaften konnte das verheerende Feuer nicht eingedämmt werden. Von einigen Häusern an der Elbe, dem Rathaus und dem Jägerhof abgesehen, lag das gesamte Quartier in Schutt und Asche. Nun waren Stadtbrände in vergangenen Jahrhunderten an sich nichts Ungewöhnliches. Der Umfang der Schäden in Altendresden war jedoch so entsetzlich, dass aus Dresden und den anderen Vorstädten, ja sogar aus nichtsächsischen Städten Geldspenden für die um ihre Habe gebrachten Bürger eintrafen.
Unmittelbar nach dem Brand ließ Kurfürst Johann Georg III. seinen Oberlandbaumeister einen einheitlichen Bebauungsplan für Altendresden ausarbeiten. Es war die erste Planung dieser Art in Dresden. Die Umsetzung begann bereits 1686 mit dem Durchbruch der heutigen Hauptstraße als zentraler Achse vom Marktplatz zum Schwarzen Tor (Albertplatz). Die großzügige Planung einer Barockstadt nach italienischem und französischem Vorbild stieß allerdings auf den heftigen Widerstand der Bürger: Klengels Projekt sah die Umwandlung von reichlich einem Viertel der bisherigen Grundstücksflächen in Straßenland vor. An Stelle der einstigen bescheidenen Ackerbürgerhäuser waren nun mehrstöckige Steingebäude zu errichten. Das überstieg vielfach die finanziellen Möglichkeiten der Bürger. So war 1693 erst ein Drittel der Grundstücke bebaut.
Friedrich August I., genannt der Starke, gefielen die großzügigen Pläne des 1691 verstorbenen Klengel. Er förderte die Neubebauung Altendresdens durch ein Edikt im Jahr 1714, welches Bauwilligen Steuererleichterungen und die Befreiung von Abgaben versprach. Ein Patent des Landesherren von 1732 bezeichnete den Stadtteil erstmals als „Neue Stadt bey Dresden", woraus sich der heutige Name für die (Innere) Neustadt ableitete. Die bestehenden Vergünstigungen für das Bauen wurden in dem landesherrlichen Schriftstück neuerlich bestätigt.
Der Kurfürst beteiligte sich auch selbst als Bauherr an der Neugestaltung. Ein

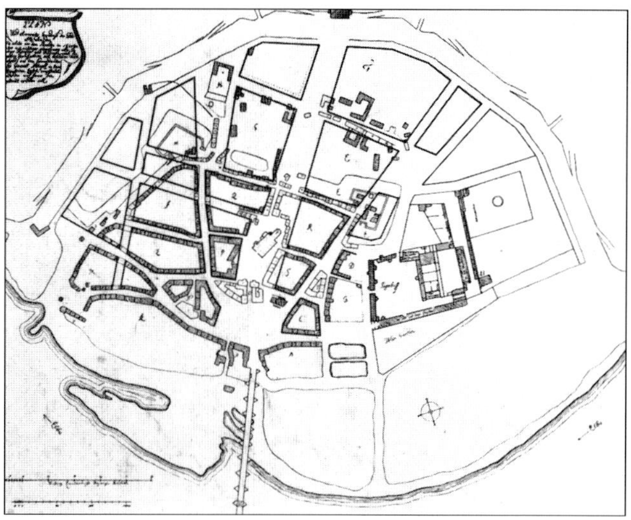

Klengels Bebauungsplan für Altendresden

1715 errichtetes Schlösschen wurde 1729 bis 1732 zum Japanischen Palais ausgebaut. 1730 begann der Bau des Blockhauses. Die bereits 1688 nach dem Stadtbrand neu entstandene Dreikönigskirche musste auf Geheiß August des Starken abgerissen werden, weil ihr Baukörper in die Flucht der Hauptstraße hineinragte. Den 1732 beginnenden Neubau finanzierte der Landesherr.

Das Holländische Palais vor dem Umbau zum Japanischen Palais

August der Starke

Es mutet schon eigenartig an: Sachsens bis heute populärster Landesherr, der legendäre August der Starke (1670–1733), kam eigentlich durch einen geschichtlichen Zufall auf den Thron. Nach dem Tod des Vaters, Johann Georgs III. wurde 1691 sein älterer Bruder Johann Georg IV. Kurfürst. Friedrich August war als Zweitgeborenem ein sehr wohl sorgenfreies und angenehmes, dennoch aber wenig bedeutsames Leben vorgezeichnet. Von 1687 bis 1689 führte ihn eine so genannte Kavalierstour nach Frankreich, Spanien, Portugal, Österreich und Italien. Anschließend beteiligte er sich an mehreren Feldzügen gegen Frankreich.

Bereits 1694 starb Kurfürst Johann Georg IV. überraschend an Blattern. Auf die Regierungsgeschäfte nahezu völlig unvorbereitet, folgte ihm Friedrich August I. auf den Thron. Bis heute regt dieser Regent die Phantasien der Dresdner an: Seine Pracht- und Genussfreude, seine glanzvollen Bauten und Kunstschätze, die mit einer vier Jahrzehnte währenden Regierung verbunden waren, stehen synonym für das barocke Dresden. Der Karnevalsumzug von 1695 in Dresden gab einen Vorgeschmack auf den Glanz zahlreicher folgender Festlichkeiten.

Dabei war seine Regentschaft mitnichten das andauernde Fest, in dessen Kontext die Sachsen ihren August gern sehen. Der Nordische Krieg belastete das Land über zwei Jahrzehnte schwer. Im Verein mit den kriegerischen Verwicklungen hatte seine teuer von den polnischen Ständen erkaufte Wahl zum König von Polen den politischen und wirtschaftlichen Zusammenbruch des Landes zur Folge.

Dennoch und völlig zu Recht steht die kraftvolle Persönlichkeit August des Starken für den Durchbruch des Absolutismus in Sachsen. Aus heutiger Sicht mag die persönliche und somit diktatorische Herrschaftsausübung negativ anmuten. Für die Zeit um 1700 bedeutete sie aber die Sicherung der Autorität und Einheit des Staates gegen die Landstände.

Der erste sächsische König trug eine polnische Krone

Zwischen dem Jahr 1089, als die Mark Meißen an Heinrich von Eilenburg ging, und der Revolution 1918 wurde Sachsen von ein und derselben Familie regiert: den Wettinern. Sie gingen als die längste in deutschen Landen herrschende Dynastie in die Geschichte ein. Zum ersten König unter den Wettinern wurde August der Starke gekrönt. Der polnische Adel kürte ihn nach dem Tod Johann Sobieskis am 26./27. Juni 1697 als August II. zum polnischen Herrscher. Nach unterschiedlichen Angaben flossen über die Jahre bis zu 77 Millionen Taler nach Polen, darunter in erheblichem Maße Bestechungsgelder. Allerdings befruchtete die Verbindung beider Länder auch die Wirtschaft in Sachsen. Der in der Folge häufig abwesende sächsische Kurfürst setzte den schwäbischen Reichsfürsten Fürst zu Fürstenberg zu seinem Statthalter an der Elbe ein. Das geschah ohne Konsultation der sächsischen Stände und kam einem Staatsstreich gleich.

August der Starke war nicht gerade gottesfürchtig. So fiel ihm der Übertritt zum Katholizismus am 1. Juni 1697 als Preis für die polnische Königskrone nicht sonderlich schwer. Zwar ließ August II. mit dem Religionsversicherungsdekret vom 29. September 1697 seinen protestantischen Untertanen den Glauben. Dennoch sorgte der anfänglich geheim gehaltene Glaubenswechsel für nicht geringe Empörung in der Bevölkerung. Sie gipfelte 1726 in dem Aufruhr nach der Ermordung des Magisters Hahn, Diakon der Kreuzkirche, durch einen Katholiken. Die Entfremdung zwischen Volk und Dynastie blieb bis ins 20. Jahrhundert spürbar. Parallel verlor Sachsen seinen bestimmenden Einfluss auf die evangelischen Reichsstände an Brandenburg-Preußen.

Die umfangreichen Kosten der polnischen Königskrone suchte August II. durch die Aufnahme von Darlehen, den Verkauf weiter Ländereien und die Erhebung zusätzlicher Abgaben und Steuern zu decken. Bisweilen fand er dabei die Unterstützung der Städte: Die 1707 eingeführte Generalkonsumtionsakzise machte den Adel erstmals steuerpflichtig. Das stieß auf den erbitterten Widerstand der Stände. Die Städte und die Wirtschaft aber profitierten: Aus den Einnahmen der Akzise wurde der Bau von Steingebäuden mit bis zu 30 Prozent bezuschusst.

In anderen Fällen ließ sich August der Starke die Zusicherung von Privilegien teuer bezahlen. Für den Verzicht auf die Revision der Stadtrechnungen musste der Rat der Stadt Dresden im Jahr 1714 an den Landesherren 50 000 Taler zahlen. Nur gegen erhebliche Abfindungen revidierte August II. Befehle, mit denen er ihm genehme Personen in den Rat drücken wollte.

August der Starke

Der Nordische Krieg

Ungeachtet der leidvollen Erfahrungen seines Großvaters Johann Georg II. im Dreißigjährigen Krieg stürzte sich der junge wie ehrgeizige Kurfürst 1700 an der Seite des großen russischen Zaren Peter I. und Dänemarks in ein Kriegsabenteuer gegen Schweden. Es ging um die Vorherrschaft im Ostseeraum. Der mit Unterbrechungen bis 1721 währende Nordische Krieg brachte dem Feldherren Friedrich August I. keine Lorbeeren, dem Land aber schlimmste Entbehrungen. Nach mehreren Niederlagen befand sich die sächsische Armee 1706 im Zustand der Auflösung. Im Frieden von Altranstädt musste August am 24. September 1706 auf die polnische Krone verzichten. Gleichzeitig fiel das schwedische Heer in Kursachsen ein.

Obwohl Dresden selbst nicht von der Besetzung betroffen war, litt auch die hiesige Bevölkerung unter Kontributionen von mehr als 35 Millionen Reichstaler. Vor dem Abzug aus Sachsen tauchte der schwedische König Karl XII. am 6. September 1707 überraschend zu einem Verwandtenbesuch am Dresdner Hofe auf. Die Torwache vermerkte ihn als Monsieur Kahl, denn der Herrscher erschien inkognito. 1709 besiegte der russische Zar Peter I. die Schweden bei Poltawa. Das wieder aufgebaute sächsische Heer besetzte daraufhin Polen. Die polnische Königskrone wurde August II. erst 1716 mit der Übereinkunft von Warschau übereignet. Mit dem Frieden von Nystadt ging der Nordische Krieg schließlich im Jahr 1721 zu Ende. Im Gegensatz zu Russland und Brandenburg-Preußen hatte August der Starke seine ehrgeizigen Kriegsziele nicht erreicht.

Zwei zwischenzeitliche Erfolge stärkten zwar die Position des sächsischen Landesherren, ohne dass er seinen hoch gesteckten Zielen näher gekommen wäre: Nach dem Ableben des habsburgischen Kaisers Joseph I. 1711 wurde August der Starke zum Reichsvikar bestimmt. Seine Ambitionen für die Kaiserkrone musste er schon bald aufgeben. Ein außenpolitischer Coup glückte August II. 1719 durch den Abschluss der Wiener Defensivallianz mit Kaiser Karl VI. von Österreich und Georg I., König von England und Kurfürst von Hannover. Das Bündnis stärkte die sächsische Position gegenüber Russland und Preußen.

Barocke Pracht

Der Ausbau Dresdens zur glanzvollen barocken Residenzstadt hatte unter Johann Georg II. begonnen. Er erreichte seinen Höhepunkt unter August II. und dessen Sohn, August III. Beiden Herrschern war ein ausgesprochen musisches Talent zu eigen. Als Vorbild diente der häufig nachgeahmte, jedoch nirgendwo in Europa erreichte barocke Glanz des französischen Sonnenkönigs Ludwig XIV. in Versailles. Zur Befriedigung der höfischen Repräsentationsbedürfnisse entstand zwischen 1709 und 1728 auf der Dresdner Bastion Luna eine Orangerie. Voraussetzung war der Abbruch der Befestigung, die zwischen der äußeren und inneren Mauer den Zwinger bildete. Letztere Bezeichnung für eine Fläche innerhalb der Festungswerke gab dem Hauptwerk des Westfalen Matthäus Daniel Pöppelmann (1662–1736) und des aus Oberösterreich stammenden Bildhauers Balthasar Permoser (1650–1732) den Namen.

Sinnbild barocker Pracht: Der Zwinger

Der Zwinger wurde als Rahmen für prächtige Feste des Hofes erbaut. Aus Anlass des Besuches des dänischen Königspaares 1709 wurde an dieser Stelle ein hölzerner Bau aus Galerien und Pavillons errichtet. Dieser stieß auf allgemeines Wohlgefallen, so dass sich der König für den endgültigen Bau in Sandstein entschloss. Gegen den Widerstand der Militärs, den heutige Historiker teilen, setzte August der Starke die Öffnung der Festungsanlagen aus städtebaulichen Gründen durch. Die feierliche Einweihung des nicht fertig gestellten Zwingers erfolgte anlässlich der pompösen Hochzeit des Kurprinzen im September 1719 mit der Tochter des verstorbenen Kaisers Joseph I., Maria Josepha. Der ambitionierte August II. trachtete nach dem habsburgischen Erbe, nachdem das Aussterben des Mannesstammes der Habsburger absehbar war. Über die Feierlichkeiten sprach ganz Europa. Dresden war zur reichsten Residenzstadt des Kontinents avanciert.

Wirtschaftliche und soziale Entwicklung

Die Sicherung der aufwändigen Hofhaltung und die Versorgung der bevölkerungsreichsten Stadt Kursachsens gaben Handel und Gewerbe vielfältige Impulse. Das bedeutete für weite Teile der Bürgerschaft ein gutes Leben. Neben den Künsten, die unter August dem Starken einen raschen Aufschwung nahmen, förderte der Landesherr die Entstehung von Manufakturen. In einem Laboratorium in der Stadtbefestigung suchten Ehrenfried Walter von Tschirnhaus und Johann Friedrich Böttger (1685–1719) nach dem Geheimnis der Goldherstellung. Letzterer entdeckte hier im November 1707 zunächst das nach ihm benannte rotbraune Steinzeug. Am 15. Januar 1708 gelang Böttger in der Jungfernbastei der erste Brand weißen Porzellans in Europa. Das am 24. April 1728 von August II. erlassene Dekret ist als Gründungsurkunde der ersten Porzellanmanufaktur des Kontinents zu werten, die im Haus des Dr. Bartolomaei in der Moritzstraße, Ecke Friesengasse beheimatet war. Aus Si-

cherheitsgründen erfolgte 1710 ihre Verlagerung in die ungenutzte Meißner Albrechtsburg. Fayencen wurden in Dresden bis 1784 hergestellt.
1715 erfolgte die Umwandlung der 1710 in der Vorstadt Ostra eingerichteten Edelsteinschleif- und Poliermühle in eine Spiegelschleife für großformatiges Spiegelglas. 1718 gründete Baron von Blumenthal in der heutigen Wachsbleichstraße eine Wachsbleiche.
Die Kehrseite des „prächtigsten und galantesten Hofes der Welt" wurde in den Vorstädten deutlich. Hier hatten sich wenig bemittelte Händler, Fischer oder Gärtner angesiedelt. Zu ihnen gesellten sich entlassene Soldaten, Kriegsinvaliden, Soldatenwitwen sowie betagtes Gesinde. Die allgemeine Not und die daraus erwachsende Bettelei wies erschreckende Ausmaße auf. Die noch bescheidene öffentliche Unterstützung erhielten nur Einheimische. Dabei hatten viele Fremde im wohlhabenden Kursachsen und seiner reichen Residenz ihr Glück gesucht. So mancher der Elenden fand auf den glanzvollen Straßen der Stadt in harten Wintern den Tod durch Verhungern oder Erfrieren.

Die Hinwendung zum Strom

Als August der Starke sächsischer Kurfürst wurde, war Dresden nach heutigem Empfinden mit lediglich 21 300 Einwohnern (1699) eine Kleinstadt. Der verheerende Nordische Krieg ließ das Baugeschehen in der Stadt zunächst stagnieren. Vor diesem Hintergrund klingt allein eine Auswahl der barocken Prachtbauten, die neben dem Zwinger in ihrer Entstehung auf die Regierungszeit August II. zurückgehen, phantastisch. Für die bekannteste unter Augusts Mätressen, die Gräfin Cosel, entwarf Pöppelmann das Taschenbergpalais (1707). Ihr wurde auch das Lusthaus in Pillnitz übertragen. Der Umbau durch den Baumeister zum Lustschloss erfolgte jedoch erst ab 1720. Die Cosel war bereits 1717 in Ungnade gefallen. Völlig zu Unrecht in Vergessenheit geraten ist Pöppelmanns weithin bewunderte Elbbrücke (1727/31).
Erwähnenswert ist auch die Neuausstattung des Westflügels im Residenzschloss nach Entwürfen von Raymond Leplat. Hierzu gehörte die Gestaltung des legendären Schlafzimmers sowie des Thronsaals August des Starken (1698). Bei einem schweren Brand am 25. März 1701 wurden die östlichen Teile des Schlosses, darunter der legendäre Riesensaal, der Georgenbau und die Englische Treppe zerstört. Die sofort begonnenen Planungen für einen barocken Neubau wurden nie umgesetzt. So zog sich der Wiederaufbau über drei Jahrzehnte hin. Aus Anlass der Hochzeit Friedrich August II. im Jahr 1719 wurde im zweiten Obergeschoss eine grandiose barocke Raumfolge geschaffen. Zu den Glanzpunkten gehörten der Thronsaal, das Schlafgemach August des Starken, der Steinerne Saal und das Porzellanzimmer.

Die Gräfin Cosel gilt als die bekannteste der Mätressen August des Starken

Wohl das größte Verdienst aus städtebaulicher Sicht muss in der Orientierung Augusts und seiner Baumeister zum Strom gesehen werden. Bis weit ins 19. Jahrhundert hinein wandten sich die Städte vom Wasser ab. Dresden hingegen richtete sich schon nach 1700 zur Elbe hin aus: vom Schloss Übigau im Westen über das Japanische Palais und das Blockhaus in der eigentlichen Stadt bis zum Schloss Pillnitz. Bis heute bildet die kaum verfälschte Elbfront ein Aushängeschild der Stadt, welches zumindest deutschlandweit ohne Beispiel ist ...

Schloss Übigau

Das Baufieber erfasst Dresden

Parallel zu den Bauten des Landesherren entstanden in der Stadt eine Reihe von Adelspalästen. Hierbei handelte es sich um eine Nachahmung des polnischen Magnatentums. Leider fiel die Mehrzahl dieser Bauten Kriegen oder späteren Bauvorhaben zum Opfer. Dieses Schicksal ereilte u.a. die Palais Hotel des Saxe und British Hotel (1709), das Palais Flemming-Sulkowski (vor 1714), das Palais Vitzthum-Rutowski (1724) und das Kurländer Palais (1729). Das Schloss Übigau (1725) überdauerte zwar, befindet sich heute jedoch in einem mitleiderregenden Zustand. Das Palais Marcolini (1728) in der Friedrichstadt blieb, wenn auch in stark veränderter Gestalt, erhalten.

Zum Leidwesen der Bürgerschaft setzte August der Starke 1707 den Abbruch des Altstädter Rathauses durch. Es stand seit dem Mittelalter direkt auf dem Altmarkt und damit den Festlichkeiten und Tierhatzen des Landesherren im Wege. Übergangsweise zog der Rat in das Beichlingsche Haus auf der Südseite des Platzes. Bereits 1709 konnte das Taubesche Haus auf der Westseite des Altmarktes erworben werden. An dieser Stelle war der Rat bis zur Fertigstellung des Neuen Rathauses am Ring (1910) beheimatet. Wegen Baufälligkeit musste das Gebäude 1740 abgebrochen werden. Nach Entwürfen Johann Christoph Knöffels (1686–1752) wurde an seiner Stelle 1745 der prachtvolle Neubau des Altstädtischen Rathauses eröffnet.

Mit 46 000 Einwohnern hatte sich die Bevölkerungszahl der Stadt 1727 gegenüber 1699 mehr als verdoppelt. Dieser Zuwachs beweist die große Anziehungskraft der Stadt. Im Unterschied etwa zu Berlin trat die Bürgerschaft selbst als potenter Investor auf. So konnte ein Bürger 1723 den königlichen Oberlandbaumeister Pöppelmann für die rückwärtige Erweiterung jenes Wohnhauses verpflichten, welches heute in das Hotel Bellevue integriert ist. Gerade im Bauwesen, so im Baureglement von 1720, war der prägende Einfluss des Landesherrn zu spüren. Danach mussten die Bürgerhäuser der Stadt dreieinhalbgeschossig und in heller Farbgebung ausgeführt werden. Am Altmarkt und um den Neumarkt, aber auch in der Neustadt verdrängten prachtvolle Barockfassaden schrittweise die Renaissancearchitektur aus dem Stadtbild. Stellvertretend sei hier der Neubau der Vogelapotheke 1725 genannt, für den der Ratsmauermeister Johann Gottfried Fehre verantwortlich zeichnete. Ab 1740 zierte das Eckgebäude Altmarkt/Wilsdruffer Straße ein Löwe, woraus sich seine spätere Bezeichnung „Löwenapotheke" entwickelte.

Der Altmarkt nach dem Abbruch des Rathauses mit der Kreuzkirche und rechts dem neuen Rathaus

Meisterwerke religiöser Baukunst

Zwei von ihrer Entstehung und Gestalt grundverschiedene Sakralbauten setzten im Barockzeitalter bleibende Akzente im Stadtbild. Die Frauenkirche wurde zum Symbol der Kraft der protestantischen Bürgerschaft, aber auch ihrer manifesten Ablehnung des Glaubenswechsels August II. zum Katholizismus. Der einzigartige steinerne Kuppelbau mit seinem schlichten barocken Gepräge geht auf Ratsbaumeister George Bähr (geb. 1666) zurück und ersetzte die baufällige mittelalterliche Kirche an gleicher Stelle. Seine Entstehung war von mancherlei Schwierigkeiten, insbesondere in statischer und finanzieller Hinsicht, geprägt. Zur Finanzierung führte der Rat eine Baulotterie durch.

Der Neumarkt mit der Frauenkirche

Die noch unvollendete Frauenkirche wurde am 28. Februar 1734 geweiht. Der Saal mit seinen fünf Emporen fasste 4 000 Menschen. Die 1736 vollendete Orgel in der für ihre unvergleichbare

Akustik bekannten Kirche galt als das beste Werk Gottfried Silbermanns (1683–1753). Der Baumeister Georg Bähr starb bereits 1738 und wurde in den Katakomben begraben. Der 1743 von Johann Georg Schmid vollendete Zentralbau gilt bis heute als der Höhepunkt des protestantischen Kirchenbaus im Barock.
Mit viel Heimlichtuerei begann 1738 am Altstädter Brückenkopf der Elbbrücke der Bau der katholischen Hofkirche. August III. (1696–1763), Sohn August des Starken, hatte den Italiener Gaetano Chiaveri (1689–1770) mit dem nebulösen Auftrag zur Ausführung „eines gewissen Gebäudes“ nach Dresden berufen. Meisterlich erfolgte die städtebauliche Anordnung der Hofkirche: Damit sie im Altstädter Elbbogen besser zur Wirkung komme, wich der bekannte römische Architekt von der klassischen Ost-West-Ausrichtung ab. Dazu mussten die ersten Bögen der Elbbrücke zugeschüttet werden. Chiaveri brachte weitere italienische Künstler an die Elbe: den Bildhauer Lorenzo Matielli aus Vicenza, den Maler Stefano Torelli aus Bologna, sowie zahlreiche Steinmetzen, Maurer und Arbeiter. Die Bauleute wohnten mit ihren Familien in einstöckigen Wohnhäusern zwischen der Kirchenbaustelle und dem Zwinger. Schon bald fand der Volksmund für die bescheidenen Bauten die Bezeichnung „italienisches Dörfchen“.
Die Spannungen gegenüber der protestantischen Bürgerschaft nach dem Übertritt des Herrscherhauses zum katholischen Glauben waren mitnichten bewältigt. So waren bei der Grundsteinlegung am 28. Juli 1739 neben Chiaveri lediglich zwei Geistliche anwesend. Das Blatt „Dresdner Merckwürdigkeiten“, das sich sonst sehr ausführlich über das Leben bei Hofe ausbreitete, berichtete äußerst knapp von der Grundsteinlegung „zu dem neuen Gebäude“ an der Elbbrücke.
Auch die besondere Gestalt der 1751 geweihten Basilika erklärt sich aus dem religiösen Zwiespalt: Um das hochragende Mittelschiff herum werden die vier Seitenkapellen an den Ecken durch Gänge verbunden. August III. vermied es tunlichst, die Bürger mit dem offensichtlichen Abhalten des katholischen Prozessionsumgangs zu reizen. Überdies blieb die Kirche für Jahrzehnte stumm: Erst Anfang des 19. Jahrhunderts durften im protestantischen Dresden die Glocken der Hofkirche zum Gottesdienst rufen.

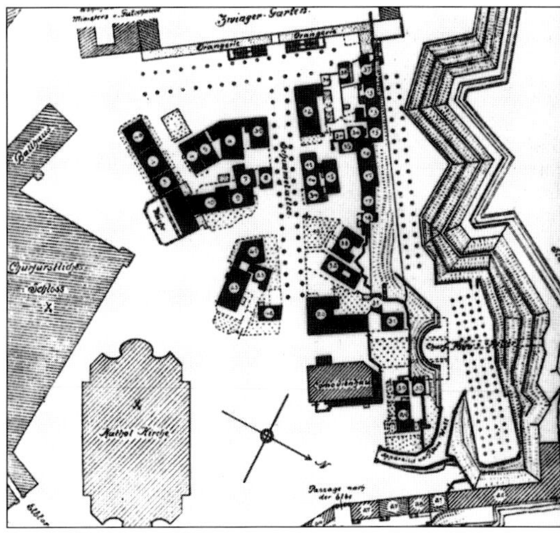

Der Lageplan des italienischen Dörfchens mit der Kathedrale im 18. Jahrhundert

Blüte der Kunststadt

Der Reichtum und die Pflege der Kunst übte eine magische Anziehungskraft auf Künstler aus ganz Europa aus. Höchstes Niveau bot die italienische Oper unter Antonio Lotti in Pöppelmanns Opernhaus am Zwinger. Das Ensemble war ausschließlich mit ausländischen Kräften besetzt.
Neben dem Orgelbauer Silbermann gilt der Goldschmied Johann Melchior Dinglinger (1664–1731) als bekanntester Vertreter des barocken Handwerks

in Dresden. Der 1698 zum Hofjuwelier ernannte Schwabe schuf mit seinen beiden Brüdern Georg Friedrich und Georg Christoph unvergleichbare Kunstwerke. Zu den Prunkstücken gehört das 1697 bis 1701 gefertigte erste Kaffeeservice der Welt, mit dem August II. den polnischen Adel blenden wollte. Als erstes bildhauerisches Werk der damaligen Chinamode entstand bis 1708 in siebenjähriger Arbeit der „Hofstaat zu Delhi am Geburtstag des Großmoguls Aureng-Zeb".
Bereits im 16. Jahrhundert wurden die Schätze der Wettiner in grün gestrichenen Räumen mit Gewölben im Erdgeschoss des Residenzschlosses verwahrt. 1572 tauchte in den Akten für die Schatzkammer erstmals die Bezeichnung „Grünes Gewölbe" auf. August der Starke ließ sie 1721 bis 1724 zu einer grandiosen Schausammlung umgestalten. Im Folgejahr wurden die Gemälde erstmals vereint im Jüdenhof präsentiert. Bereits 1705 hatte der Hofmaler Heinrich Christian Fehling eine Malerakademie gegründet und die bildenden Künste in Dresden gestärkt. Die Porzellansammlung vereinte ab 1723 im Japanischen Palais zahlreiche Glanzstücke dieser besonderen Leidenschaft des Kurfürsten. Durch bedeutende Ankäufe verfügte Dresden bald darauf über die erste große Antikensammlung auf deutschem Boden.
Als August der Starke nach einer etwa vier Jahrzehnte währenden Regentschaft 1733 starb, war Dresden kaum wieder zu erkennen. Obwohl er nicht alle seine (Bau-) Pläne hatte realisieren können, gehörte die Stadt nun zu den meistbesuchten Orten des Kontinents.

Von Glanz zu Agonie – Das Ende des augusteischen Zeitalters

Friedrich August II.

August der Starke starb am 1. Februar 1733 in Warschau. Die Beisetzung im Beisein des Thronfolgers fand erst im Januar 1734 in der Kathedrale des Krakauer Schlosses statt. Das Herz August II. wurde nach einem mittelalterlichen Brauch in einer silbernen Kapsel nach Dresden gebracht. Seit 1736 ziert der legendäre Herrscher als Goldener Reiter den Neustädter Markt. Letztlich dank der Unterstützung durch Russland und Österreich errang sein Sohn als neuer sächsischer Kurfürst Friedrich August II. (1696–1763) neuerlich die polnische Königskrone. Sachsen war dabei eher ein Spielball: Die beiden Großmächte sahen in Preußen den gefährlicheren Widerpart.
Die Krönung als August III. König von Polen erfolgte am 17. Januar 1734 in Krakau. Nicht allein der Dresdner Künstler des Dresdner Fürstenzuges, Wilhelm Walther, rückte ihn in den Schatten seines großen Vaters. Die Natur gab ihm wenig Temperament und Energie. August III. widmete sich am liebsten der Jagd. Nach der Art des Vaters veranstaltete der junge Kurfürst gern rauschende Feste. Von den Repräsentationsbedürfnissen gingen Impulse für das Manufakturwesen im Land aus. 1748 entstand in Dresden eine Gold- und Silberfabrik, 1751 wurde hier erstmals Saffian hergestellt. Der Kurfürst galt zudem als Liebhaber der italienischen Oper, die unter dem Hofkapellmeister

Raffaels Sixtinische Madonna

Johann Adolf Hasse (1699–1783) und der italienischen Sängerin Faustina Bordoni europäische Geltung errang.
Der Platz August III. in der sächsischen Geschichte ist jedoch an anderer Stelle auszumachen: seiner folgenreichen Leidenschaft für Kunstschätze. Im kurfürstlichen Auftrag reisten Kunstkenner, Künstler und Diplomaten quer durch Europa. Für 100 000 Zechinen konnte 1746 die Gemäldesammlung des Herzogs von Modena erworben werden. Zu ihr gehörten Werke von Corregio, Tizian und Veronese. Geschick bewies Dresden 1748 mit der Berufung Bernardo Bellottos (1720–1780) zum Hofmaler. Schließlich gelang 1753 nach schwierigen Verhandlungen im wahrsten Sinne des Wortes ein Kunstgriff: Der Kurfürst selbst rückte beim Eintreffen von Raffaels „Sixtinischer Madonna" begeistert den Thron zu Seite. Wie keine zweite Stadt nördlich der Alpen war Dresden zur Stätte der bildenden Künste geworden. In diesem Klima sorgte Johann Joachim Winckelmann auf Schloss Nöthnitz mit der Begründung der modernen Archäologie für die Wiederentdeckung der Antike.
Als Bauherr aber überließ August III., ähnlich wie in der Politik, dem Hofadel den Vortritt. Als wesentliche Ausnahme ist die bereits erwähnte Katholische Hofkirche zu nennen. Der bevorzugte Architekt jener Jahre war Oberlandbaumeister Knöffel. Dem Begründer des „Dresdner Rokoko" sind u.a. das Kurländer Palais, das Palais Brühl sowie Umbauten am Marcolinipalais und am Palais Flemming-Sulkowski zuzuschreiben. Zeugnis von der Gestaltungskraft der Bürgerschaft legten in der Ära August III. die Rathäuser der Altstadt und der Neustadt (1750–1754) ab. Auch diese beiden Bauten trugen die Handschrift Knöffels.

Graf Heinrich von Brühl

Heinich Graf von Brühl

Die schillerndste Figur in der Regierungszeit August III. war der allmächtige Premierminister Graf Heinrich von Brühl (1700–1763). Noch unter August dem Starken begann er 1731 seine Laufbahn bei Hofe als Page. Als Günstling August III. machte er rasch Karriere und wurde Inspektor sämtlicher Staatskassen. Innerhalb eines Jahrzehnts vereinigte er alle wichtigen Ämter in seiner Person und wurde 1746 Premierminister. Auf dem diplomatischen Parkett galt Brühl als genialer Strippenzieher. Im Siebenjährigen Krieg erlitt sein Ränkespiel zwischen Preußen und Österreich ein völliges Fiasko.
Ab 1740 zeichneten sich im Gewerbe der Städte krisenhafte Erscheinungen ab. Sie wurden nicht zuletzt durch die massiven Steuererhöhungen Brühls verursacht. Günstlingswirtschaft und Gewinnstreben des Premierministers führten zur Zerrüttung der sächsischen Staatsfinanzen. Die daraus resultierende Vernachlässigung des Militärs sollte sich in Zeiten des Krieges bitter rächen.

Graf Brühl ließ sich von seinem König den schönsten Teil der Dresdner Festungsanlagen schenken. Hoch über der Elbe entstand ein reizvoller Garten. Heute hat die „Brühlsche Terrasse" Weltruf. Ihre Anlage und der Bau der Hofkirche stehen für die frühe Hinwendung der Stadt zum Fluss. Daneben leistete sich Brühl zahlreiche Palais und eine umfangreiche private Kunstsammlung. Seinem Privatsekretär Karl Heinrich von Heinecken sind wesentliche Verdienste beim Ausbau der kurfürstlichen Gemäldegalerie und des Kupferstichkabinettes zuzuschreiben.

Kriegswirren

Während sich August der Starke in den letzten Jahren seiner Regentschaft dem Ausbau des sächsischen Heeres widmete, mündete die schwere Finanzkrise unter Kursachsens Premier Brühl zu einer Reduzierung des Heeres. Einer preußischen Armee mit einer Mannschaftsstärke von 83 000 standen ganze 17 000 sächsische Soldaten gegenüber! In diese Kerbe schlug nur allzu gern der kriegsliebende Preußenkönig Friedrich II., den die Geschichte den Großen nennt. Im Jahr seines Machtantritts brach er den Ersten Schlesischen Krieg gegen Österreich vom Zaune. Auslöser war das Machtvakuum nach dem Tode Kaiser Karl VI., der keinen männlichen Stammhalter hinterlassen hatte. Sachsen war zunächst mit Bayern auf der Seite Preußens und hoffte auf eine direkte Landverbindung mit Polen. 1742 konnte Friedrich II. im Frieden von Breslau den Erwerb Schlesiens verbuchen. Kursachsen hingegen ging leer aus. Die sächsischen Hoffnungen hatten sich zunächst zerschlagen.
So verbündete sich Sachsens trotz anhaltender Schwäche Wiens Ende 1743 mit den Habsburgern. Im Zweiten Schlesischen Krieg erlitten die vereinigten österreichischen und sächsischen Truppen am 15. Dezember 1745 in der Schlacht bei Kesselsdorf eine schwere Niederlage. Drei Tage später wurde Dresden besetzt. Der Preußenkönig nahm im Flemming'schen Palais Quartier und erpresste von der Stadt die gewaltige Summe von 100 000 Talern. Daneben mussten die Bürger für die Versorgung tausender Verwundeter aufkommen. Im Frieden von Dresden erkannte Preußen am 25. Dezember die Wahl Franz I. zum Kaiser an. Im Gegenzug wurde ihm der Besitz Schlesiens bestätigt.

Ausbruch des Siebenjährigen Krieges

Der Frieden von Dresden 1745 brachte zwischen Preußen und Österreich noch keine Entscheidung im Kampf um die Vormachtstellung in Mitteleuropa. So barg er den Keim für einen weiteren, weitaus schrecklicheren Krieg. Zu den Zielen Preußens gehörte die Eroberung Sachsens, wie es Friedrich II. 1752 in seinem politischen Testament zum Ausdruck brachte. Angesichts der Finanzkrise und der erklärten Neutralität reduzierte Sachsen seine Armee bis 1756 um 13 Regimenter. Die Armeeführung unter Generalfeldmarschall Graf von Rutowski erkannte die Gefahr sehr wohl, doch waren ihr die Hände gebunden. Ohne Kriegserklärung fiel die preußische Armee am Abend des 28. August 1756 in Kursachsen ein. Der Siebenjährige Krieg begann. Rutowski konzen-

trierte die beschränkten sächsischen Truppen am 2. September bei Pirna. König August III. verließ Dresden und begab sich mit Teilen des Hofstaates nach Struppen. Dort harrten die sächsischen Soldaten, mit unzureichend Proviant und Munition ausgestattet, der zugesagten österreichischen Unterstützung. Dresden wurde bereits am 9. September von Preußen besetzt. Junge Männer wurden von den Besatzern von der Straße weg gefangen und in die feindliche Armee gepresst.
Die sächsischen Regimenter sahen sich bei Pirna schon bald vom gegnerischen Heer umzingelt. Die zur Unterstützung gesandten Österreicher wurden in der Schlacht bei Lobositz von den Preußen geschlagen. Ein sächsischer Ausbruchsversuch schlug am 12. Oktober fehl. Am Folgetag flüchtete der König auf den Königstein. Die sächsische Armee musste am 17. Oktober kapitulieren. Den ausgemergelten sächsischen Soldaten wurde in Oberrathen der Eid auf Preußen abgezwungen. Schon einen Monat später war mehr als die Hälfte von ihnen aus der preußischen Armee geflüchtet.

Die schweren Lasten der preußische Besatzung

König August III. und sein Premierminister Brühl flüchteten nach Warschau, wo sie bis zum Ende des Siebenjährigen Krieges verblieben. Die preußische Präsenz in Kursachsen dauerte bis 1763 an. Die Gründe dafür lagen auf der Hand: Die reichen Erträge der sächsischen Landwirtschaft nährten die Armee. Das Gewerbe war entwickelt, die Bürgerschaft wohlhabend. Die Dresdner wurden gezwungen, verletzte preußische Soldaten zu pflegen. In manchen Privathäusern sollen bisweilen mehr als einhundert Verwundete einquartiert worden sein.
Friedrich II. erpresste hundertausende Taler Kriegskontributionen von der Stadt, die der Rat auf die Bürger umlegen musste. Der Preußenkönig bewohnte 1756/57 monatelang das Palais seines Intimfeindes Brühl.
Zu den abendlichen Kammerkonzerten ließ er die sächsische Hofkapelle aufspielen. Derweil nahmen Armut und Bettelei in Dresden erschreckende Ausmaße an.
Es sollte jedoch noch schlimmer kommen. Als die österreichische Armee auf Dresden vorrückte, ließ der preußische Stadtkommandant am 10. November 1758 die Pirnaische Vorstadt abbrennen. Ein Jahr später teilte die Wilsdruffer Vorstadt das gleiche Schicksal. Über 300 Häuser wurden vernichtet, ihre Besitzer verarmten. Im Sommer 1759 wendete sich das Blatt. Die Preußen unterlagen am 12. August unweit von Frankfurt/Oder einem österreichisch-russischen Heer und mussten Dresden am 5. September aufgeben. Von nun an befanden sich zwar befreundete kaiserliche Truppen in der Stadt, doch ihre Verpflegung und Bezahlung wurde immer schwieriger. Eine schwere Hungersnot brach aus, Seuchen forderten zahlreiche Opfer unter den Dresdnern.
Mitten im kriegerischen Treiben entdeckte der Prohliser Bauer Johann Georg Palitzsch (1723/1788) bei seinen astronomischen

Der Prohliser Astronom Palitzsch

Beobachtungen 1758 den Kometen Halley. Nach dem Siebenjährigen Krieg wurde auf seine Veranlassung hin am Residenzschloss ein Blitzableiter montiert.

Die grausame Beschießung Dresdens durch Friedrich den Großen

Der preußische Versuch der Wiedereroberung Dresdens schlug im Spätherbst 1759 fehl. Bei Maxen wurde General Friedrich August von Finck zur Kapitulation gezwungen. Im folgenden Winter brach eine schwere Hungersnot aus. Und die Hoffnungen der Dresdner auf ein Ende der Leiden sollten trügen. Im Sommer 1760 belagerten die Preußen neuerlich die von österreichischen Soldaten gehaltene Stadt. Am 13. Juli begann Friedrich der Große vom Großen Garten aus mit der Beschießung der Festung Dresden. Die Kanonade richtete sich dabei weniger auf die Festungswerke, vielmehr, zur Einschüchterung der Bürger, auf deren Häuser.

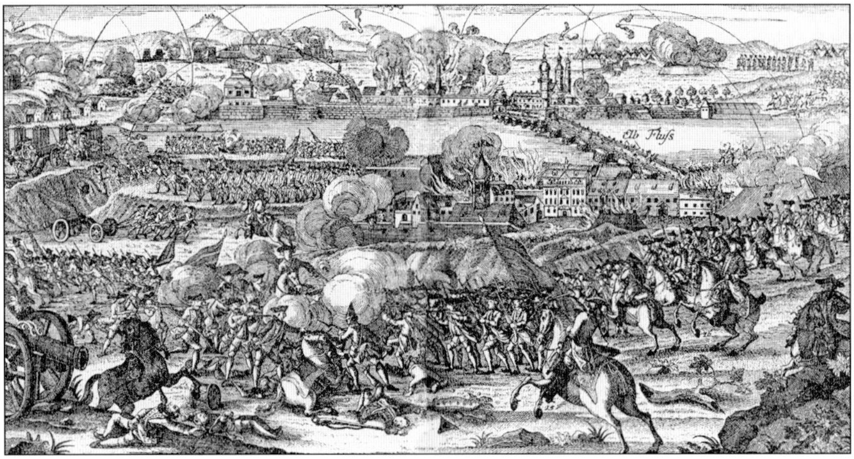

Die Belagerung Dresdens durch die Preußen im Jahr 1760

Über Dresden hinaus rührte die Zeitgenossen das traurige Schicksal der Dresdner Kreuzkirche. Durch mehrere Treffer der preußischen Artillerie war sie am 17. Juli 1760 in Brand geraten und eingestürzt. Von der Kreuzgasse aus griff das Feuer auf die umliegenden Gassen über und konnte im Kugelhagel nicht gelöscht werden. In Scharen flüchteten die Dresdner über die Elbbrücke in die Neustadt. Was das Feuer nicht vernichtete, fiel Plünderungen zum Opfer. Friedrich II. selbst setzte wohl die Mär in die Welt, wonach vier Kanonen vom Turm der Kreuzkirche aus auf die preußischen Batterien geschossen hätten und die Zerstörung des Sakralbaus angeblich in Notwehr geschah. Seinen traurigen Höhepunkt erreichte das preußische Zerstörungswerk mit dem dreitägigen Beschuss von allen Seiten ab dem 19. Juli 1760. Allein am ersten Tag sollen 1 400 Kanonenkugeln auf die Stadt geworfen worden sein.

Am 21. Juli eilten endlich von Weißig her kaiserliche Truppen der Stadt zu Hilfe. Sie zwangen Preußen am 30. Juli zum Abbruch der Belagerung.

In den letzten Kriegsjahren blieb Dresden von Kampfhandlungen unbehelligt. Doch welches Unheil hatte der Gegner angerichtet! Ein Drittel der Innenstadt, neben der Kreuzkirche betraf das mehr als 250 Bürgerhäuser sowie Adelspaläste, waren zerstört. Wie weite Teile der Vorstädte war auch der Große Garten verwüstet. Nur die steinerne Kuppel der Frauenkirche hatte, sehr zum Leidwesen Friedrich II., dem Beschuss widerstanden. Ihr Umfeld lag noch in Trümmern, als Johann Wolfgang Goethe 1768 Dresden besuchte.

Aufklärung und Stillstand

Das Ende des Siebenjährigen Krieges

Im Frieden von Hubertusburg einigten sich die erschöpften Kriegsparteien am 15. Februar 1763 auf ein Ende der Kampfhandlungen. Grundsatz war die Beibehaltung der Besitzstände aus der Zeit vor dem Krieg. Der sächsische Kurprinz Friedrich Christian hatte sich besonders für das Zustandekommen des Friedensschlusses engagiert. Dabei hatte Sachsen nicht nur seine Kriegsziele verfehlt. Nach dem wirtschaftlichen und politischen Zusammenbruch spielte das Land im Kräftespiel zwischen Preußen und Österreich fortan keine wichtige Rolle mehr. Die glanzvolle augusteische Ära endete mit dem weitgehenden Zusammenbruch des Landes. Personell standen dafür der Tod August III. am 5. Oktober 1763, die nachfolgende Entlassung des allmächtigen Premierministers Brühl und dessen Ableben am 28. Oktober. Gleichzeitig fand die Personalunion Sachsen-Polen ihr Ende.

Die zerstörte Kreuzkirche

Rétablissement

Noch als Kurprinz berief Friedrich Christian (1722/1763) im vorletzten Kriegsjahr eine siebenköpfige Restaurationskommission ein. Ihr Anliegen ging über den eigentlichen Wiederaufbau des Landes hinaus. Unter dem Eindruck der Aufklärung befasste sie sich mit einer umfassenden Reform des sächsischen Staatswesens. Nach dem Tod August III. rückte der energische Friedrich Christian als neuer Kurfürst kompetente Männer in den Verwaltungsapparat des Landes.

Das „Rétablissement“ sorgte für eine verhältnismäßig schnelle wirtschaftliche Erholung Kursachsens. Es stellte die Weichen für die Entwicklung zum Industriestaat im 19. Jahrhundert. Seine Ideen und Prinzipien beeinflussten auch die preußischen Reformer Stein und Hardenberg und gelangten über Friedrich Christians Bruder Clemens Wenzeslaus, der 1768 Kurfürst und Erzbischof von Trier wurde, bis nach Westdeutschland. Auch das sächsische Justizwesen wurde von den Neuerungen erfasst. So wurde 1770 die Todesstrafe für Diebstahl und Ehebruch sowie die Folter abgeschafft.

Zielgerichtet wurden in Sachsen die Entwicklungschancen des Manufakturwesens verbessert. Private Unternehmer erhielten aus einer Prämienkasse Fördergelder, was in Dresden zu einer regelrechten Gründerzeit führte. Zwischen 1765 und 1800 entstanden hier 21 Manufakturen. Wegen der Nachfrage des Hofes wurden hier vornehmlich qualitativ hochwertige Erzeugnisse produziert. Dank mehrerer größerer Fabriken entwickelte sich Dresden ausgangs des 18. Jahrhunderts zum Zentrum der Herstellung von Handschuhen. Räumlicher Schwerpunkt der Unternehmensgründungen war die Friedrichstadt. Hier entstanden u. a. die „Flor- und Marly-Manufaktur" (1779), drei Wachsbleichen sowie die Tuchmanufaktur Roch (alle 1782). Die wachsende Nachfrage nach billigen Arbeitskräften führte zu einer zunehmenden Beschäftigung von Frauen und Kindern. Das 1765 gegründete Kurfürstliche Kanonenbohrwerk nutzte die Wasserkraft des Löbtauer Weißeritzmühlgrabens.

Tiefgreifende Umwälzungen in Kultur und Bildung

Zur Tilgung der immensen Staatsschulden von 30 Millionen Reichsthalern verordnete Friedrich Christian dem Land Sparsamkeit. Mehr als ein Viertel der Staatseinnahmen wurden für Zinszahlung und Schuldentilgung an Gläubiger gezahlt. Die strikten Einsparungen betrafen durchaus auch die Hofhaltung: So endete die Rolle der Kurfürsten als bedeutende Mäzene der Künste. Noch 1763 wurde Hasses berühmte italienische Oper in Dresden geschlossen.

Die Sparsamkeit war mitnichten mit einer Kulturlosigkeit des Hofes gleichzusetzen. Maria Antonia Walpurgis, Kaisertochter und Gattin Friedrich Christians, kann als künstlerisch bedeutendste Frau an der Seite eines wettinischen Landesherren gelten. Sie hatte großen Anteil an der Gründung der Dresdner „Akademie der zeichnenden und bildenden Künste für Maler, Bildhauer, Kupferstecher und Architekten" im Jahr 1764, also kurz nach Kriegsende. Zu den ersten Lehrern gehörten Friedrich August Krubsacius, Bernardo Bellotto und Giovanni Battista Casanova (1730/1795), der Bruder des berühmten Abenteurers Giacomo Girolamo Casanosa.

Schon damals fanden in der Stadt jährliche Kunstausstellungen statt. Die Übertragung der Kunstpflege vom Hof auf die Akademie veränderte die Stellung der Professoren und Studenten in der Gesellschaft – sie entwickelten sich vom Handwerker zum Künstler. Andere Meilensteine in der Entwicklung des sächsischen Bildungswesens waren die Einrichtung der ersten sächsischen Realschule (1785) und die Gründung des Schullehrer-Seminars in der Friedrichstadt im Jahr 1787. 1805 wurde die allgemeine Schulpflicht eingeführt.

Innenansicht der Gemäldegalerie im umgebauten Stallgebäude

Der Tatkraft folgt Schwäche

Ganze 74 Tage im Amt, starb Kurfürst Friedrich Christian am 17. Dezember 1763 an Blattern. Seine Regentschaft muss dennoch als entscheidend für die schnelle Überwindung der Schäden des Siebenjährigen Krieges gesehen werden.
Dem Wettiner mit der kürzesten Regierungszeit folgte sein Sohn Friedrich August III. auf den Thron. Als Administrator stand dem Dreizehnjährigen sein Onkel Prinz Xaver zur Seite. Beide führten die von Friedrich Christian begonnenen Reformen fort. Die Geschichte nannte Friedrich August III. / I. den „Gerechten". Zumindest steht der unpolitische und eher farblose Regent für die längste – 59 Jahre währende – Regierungszeit eines Wettiners. Seine Epoche war von tiefen Umwälzungen in Europa geprägt, bei denen er sich jedoch niemals als Akteur auszeichnete. Er liebte das Pianospiel, drechselte gern und interessierte sich für Insekten. So wurde die wirtschaftliche Prosperität des Landes dank des von seinem Vorgänger eingeleiteten Rétablissments von politischem Stillstand begleitet.
Friedrich August der Gerechte war der letzte absolute Kurfürst Sachsens und wurde als napoleonischer Vasall der erste sächsische König. Das führte nach Napoleons Niederlage in ein weiteres Fiasko. Als König Friedrich August I. widersetzte er sich jeglicher Erneuerung. Bei seinem Tod 1827 stand Sachsen längst an der Schwelle zur konstitutionellen Monarchie. Das auf Ernst Rietschel zurückgehende Denkmal unweit des Japanischen Palais zeigt einen untätigen Bedenkenträger.
Unter Friedrich August III. / I. nahm der Einfluss der Verwaltung auf die Geschicke des Landes zu. Mit der wachsenden Zentralisierung und zunehmenden Ressorttrennung vergrößerte sich der kursächsische Behördenapparat in der Residenzstadt beständig.

Neubeginn in der zerstörten Stadt

Die Bevölkerung der Stadt hatte sich durch den Siebenjährigen Krieg von 63 000 (1755) auf etwa 36 000 nahezu halbiert. Unmittelbar nach Kriegsende widmete sich in der Residenzstadt eine Kommission dem Wiederaufbau. Bis zu zehn Jahre wurden den von Kriegszerstörungen betroffenen Grundstücksbesitzern nach dem Neuaufbau ihrer Häuser die Steuern erlassen. Auch blieben ihnen militärische Einquartierungen erspart. Im Gegensatz beispielsweise zur planmäßigen Bebauung Altendresdens nach dem Brand 1685 fehlte es nach dem Siebenjährigen Krieg an städtebaulichen Ambitionen oder Visionen. Eine neue Brandordnung verbot ab 1790 die Verwendung von Stroh oder Holzschindeln bei der Dacheindeckung.
Der Wiederaufbau ging in Dresden ohnehin nur schleppend voran und war 1800 nicht abgeschlossen. Zum Abtransport der Trümmer aus der Stadt mussten die Bauern aus benachbarten Dörfern Fuhrwerke stellen. Da sich das gestaffelte städtische Verteidigungssystem des 16. Jahrhunderts inzwischen überlebt hatte, begann die Verfüllung der Stadtgräben mit dem Schutt der zerstörten Häuser.

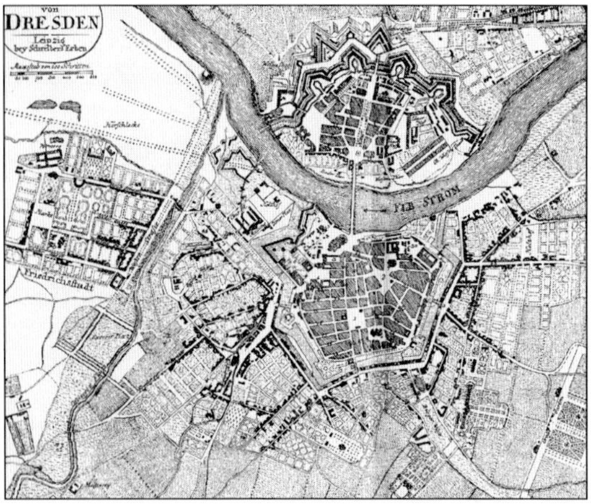

Plan der Stadt Dresden Ende des 18. Jahrhunderts

Oft aber wurden die Kriegsruinen aus Kostengründen nicht neu- sondern wieder aufgebaut. Die reichen Fassaden der früheren Renaissance- oder Barockbauten fielen nach der Rekonstruktion schlichter aus. Ihre Gliederung erfolgte zumeist durch eine Bemalung, manchmal auch in Knöffelcher Manier mit Lisenen. Einer der beliebtesten Architekten seiner Zeit war Samuel Locke (1710–1793), dem allein Fritz Löffler in der Stadt 104 Bürgerhäuser zuschreibt.

Seinerzeit waren in der Altstadt verschiedenste Bevölkerungsschichten unter einem Dach vereinigt. So logierten im herrschaftlichen ersten Obergeschoss Adlige und höhere Beamte. In den Mansardengeschossen, wovon es bis zu drei gab, mieteten sich kinderreiche Tagelöhner ein. In den Vorstädten wohnten hingegen durchweg ärmere Bürger.

Entstehung öffentlicher Gebäude

Das letzte Drittel des 18. Jahrhunderts war keine Zeit prunkvoller öffentlicher Bauwerke. Dennoch entstanden zwei Gebäude, die bis heute das Stadtbild prägen. An Stelle des kriegszerstörten Palais Werthern errichtete die Stadt zwischen 1768 und 1770 das Gewandhaus. Sein Vorgängerbau auf dem Neumarkt wurde 1791 wegen Baufälligkeit abgerissen. Der Architekt Johann Friedrich Knöbel entschied sich noch für eine zurückhaltende Lisenenstruktur im Sinne des Spätbarock. Im Erdgeschoss des Gewandhauses waren die Fleischbänke eingerichtet, während die Säle des Obergeschosses während des Jahrmarktes an die Tuchhändler vermietet wurden.

An Stelle des kriegszerstörten Palais Flemming-Sulkowski begann im Jahr 1770 der Bau des Landhauses. Die von Friedrich August Krubsacius (1718–1789) entworfene, 77 Meter lange Hauptfassade zur Landhausstraße wies bereits frühklassizistische Elemente auf. Im Inneren entstand zur Gartenseite hin eine grandiose Treppenhalle im Stile barocker Schlossanlagen. Diese Seite rückte erst mit dem Durchbruch der König-Johann-Straße (östliche Wilsdruffer Straße) in das Stadtbild. Ab 1776 tagten in dem damals größten Dresdner Verwaltungsbau die sächsischen Landstände. Zuvor pflegten sie sich im Steinernen Saal des Residenzschlosses zu treffen.

Neubau der Kreuzkirche

Kompetenzstreitigkeiten zwischen dem kurfürstlichen Hofbauamt und dem Stadtbaumeister einerseits sowie Auseinandersetzungen zwischen Johann Georg Schmidt, Friedrich August Krubsacius und Christian Friedrich Exner über die Architektur der zukünftigen Kreuzkirche andererseits ließen deren Wiederaufbau nach dem Siebenjährigen Krieg ungewöhnlich lange dau-

ern. Die ersten Planungen waren von der Integration des stehen gebliebenen Turmes in den Neubau ausgegangen. Der Chor und das Langhaus waren seit der Beschießung von 1760 völlig zerstört. Die Bauarbeiten begannen 1764, ein Jahr nach Kriegsende. Die infolge der Kriegszerstörung instabile Westfront und der Kirchturm stürzten zum Entsetzen der Bürger am 22. Juni 1765 vollends ein.
Der damalige Architektenstreit spiegelt sich in der vollkommen neuen Gestalt des Sakralbaus wider: Im Inneren der erst 1792 geweihten Kirche fanden sich spätbarocke wie klassizistische Elemente. Dass Äußere wurde, ungeachtet der Ähnlichkeiten zur Hofkirche, betont schlicht gehalten.

Die Ära der Französischen Revolution

Die am 14. Juli 1789 beginnende Französische Revolution stieß in bürgerlichen Kreisen Dresdens auf gewisse Sympathie, ohne dass sich daraus nennenswerte Aktivitäten ergaben. Vielmehr herrschte hier die Furcht vor ähnlichen Zuständen wie in Paris („Schreckensherrschaft"). Die Lage in Kursachsen zeichnete sich unter Friedrich August III. durch wirtschaftliche Prosperität bei gleichzeitigem politischen Stillstand aus. Die auf dem Landtag von 1793 angemahnte Verfassung scheiterte nicht zuletzt am Widerstand des Kurfürsten. Deutliche Kritik an den politischen Zuständen in Sachsen kam von den beiden in der Residenzstadt wirkenden Publizisten Carl Heinrich von Römer und Andreas Georg Friedrich Rebmann, die offen die Ideen der Französischen Revolution vertraten.
Um Oberkonsistorialrat Gottfried Körner (1756–1831), dem Vater des Dichters und Freiheitskämpfers Theodor K., hatte sich 1790 in der Stadt ein progressiver Kreis etabliert. In seinem Salon trafen sich bedeutende Vertreter der Aufklärung, z. B. Goethe, Schiller, Kleist, Herder, Mozart, die Gebrüder Humboldt, Arndt, Graff und Stein. Die geselligen Runden agierten allerdings weitgehend isoliert vom gesellschaftlichen Leben Dresdens. Als Gast der Familie Körner beendete Schiller in deren Loschwitzer Gartenhaus seinen „Don Carlos". Caspar David Friedrich siedelte 1798 dauerhaft nach Dresden über. Ab 1801 wirkte Philipp Otto Runge in der Stadt, die sich zum Zentrum der deutschen Romantik entwickelte.
Eine ungewöhnliche Dürre im Frühjahr und Sommer 1790 führte in der Umgebung der Stadt zu Unruhen. Bauern im Raum Wehlen sowie Lommatzsch protestierten gegen das auf ihren Feldern für die kurfürstliche Jagd gehegte Wild, beklagten wach-

Schiller dichtete im Loschwitzer Gartenhaus der Familie Körner

sende Frondienste und andere Belastungen. Noch kam aus der Residenzstadt keine Unterstützung für den Aufruhr. Die aufständischen Bauern wurden auf dem Königstein interniert. Die angegriffenen Rittergutsbesitzer hingegen fanden Zuflucht in Dresden. Dahin zogen auch zahlreiche Bauern, um beim Landesherren Beschwerde zu führen. Erfolglos, denn die Stadttore wurden geschlossen und das Militär alarmiert.

Pillnitzer Deklaration

Einen Moment lang sollte Dresden während der Französischen Revolution die Schnittstelle europäischer Machtpolitik werden. 1791 trafen sich Kaiser Leopold II., der preußische König Friedrich Wilhelm II. sowie der Graf von Artois – der Bruder Ludwig XVI. und spätere französische König Karl X. – in Pillnitz. Der sächsische Kurfürst als Hausherr veranstaltete zwar prächtige Feste, nahm jedoch nicht an den Verhandlungen teil. Ebensowenig unterschrieb er am 27. August die abschließende Pillnitzer Deklaration. Die Androhung einer Intervention stellte die Weichen für den Koalitionskrieg gegen das revolutionäre Frankreich. Bis zur Erklärung des Reichskrieges wahrte Sachsen seine Neutralität. Sie war vor allem Zeugnis der Orientierungslosigkeit des Kurfürsten, der zwischen den Mächten Österreich, Preußen und später Frankreich schwankte. Von 1793 bis 1796 wurden jedoch sechs- bis zehntausend sächsische Soldaten in den Kampf geschickt. Der Erste Koalitionskrieg gegen Frankreich brachte den Verbündeten zumeist empfindliche Niederlagen ein.

Der Dresdner Gesellenaufstand

Angesichts der Umwälzungen in Frankreich wuchs unter den plebejischen Schichten Dresdens der Unmut über die herrschenden Zustände. Im Juli 1794 entzündete sich eine heftige Revolte an einer eigentlich harmlosen Angelegenheit – der ungerechten Bestrafung eines Altgesellen. Als die Schneidergesellen ihren spontanen Streik trotz Drohungen nicht beendeten, ließ der Stadtrat deren Herberge in der Webergasse durch das Militär besetzen. Die Beteiligten wurden Einzelverhören unterzogen. 3 000 Gesellen von 20 Gewerken solidarisierten sich mit den Schneidergesellen. Durch die Arbeitsniederlegung kam das städtische Leben zum Erliegen. Erst durch die drakonische Bestrafung der Handwerksgesellen bei gleichzeitiger Bedrohung ihrer wirtschaftlichen Existenz wurde die Revolte befriedet.

Das napoleonische Zeitalter

Der kometenhafte Aufstieg Napoleon Bonapartes wirbelte die politische Landschaft Europas um 1800 völlig durcheinander. Im Bündnis mit Preußen bewahrte Kursachsen im Zweiten Koalitionskrieg 1798 bis 1801 zunächst seine Neutralität. Als der Rheinbund von Napoleons Gnaden im Juli 1806 gegründet wurde, hörte das seit 962 bestehende Heilige Römische Reich

Deutscher Nation auf zu bestehen. Kaiser Franz II. war gezwungen, die Kaiserkrone niederzulegen. Im Oktober erlitt die vereinigte preußisch-sächsische Armee in den Schlachten bei Saalfeld sowie bei Auerstedt und Jena vernichtende Niederlagen. Dresden wurde von der französischen Armee eingenommen. Napoleon behandelte Kursachsen zunächst als besetztes Land und forderte Kontributionen in Höhe von 25 Millionen Franken.
Im Ergebnis des am 11. Dezember 1806 zwischen Frankreich und Sachsen geschlossenen Friedensvertrages von Posen trat Kursachsen dem Rheinbund bei. Friedrich August der Gerechte blieb bis zur Leipziger Völkerschlacht ein treuer Bündnispartner Napoleons. Sachsen verpflichtete sich, für den bevorstehenden Krieg gegen Preußen ein Truppenkontingent zu stellen. Am 20. Dezember 1806 wurde das sächsische Kurfürstentum zum Königreich proklamiert.
Der Bündniswechsel erlaubte es dem nunmehrigen König Friedrich August I., in seinem Lande alles beim Alten zu belassen. Preußen und andere deutsche Territorialstaaten mussten nach herben Niederlagen bzw. einer territorialen Neuordnung tiefgreifende Reformen durchführen. Die 1793, 1799, 1805 und 1811 auf den sächsischen Landtagen erhobene Forderung nach einer Ablösung der überholten ständischen Verfassung blieb folgenlos.
Durch den Frieden von Tilsit wurde Friedrich August der Gerechte auf Wunsch Napoleons im Juli 1807 Herzog von Warschau. 1791 hatte er die ihm angetragene polnische Königskrone noch ausgeschlagen. Auch der vormals preußische Cottbuser Kreis ging an Sachsen. Beide Erwerbungen belasteten das Verhältnis zu Preußen.

Die Dresdner in der napoleonischen Zeit

Bei Napoleons erstem Dresden-Aufenthalt vom 17. bis 22. Juli 1807 ließ der neue Bündnispartner ein großes Fest ausrichten. Der berühmte Korse erfuhr Huldigungen aus unterschiedlichsten Kreisen: Sympathisanten der Aufklärung sahen in ihm anfänglich einen Sendboten des revolutionären Frankreichs. Für monarchistische Kreise garantierte der Kaiser den Fortbestand der alten Ordnung. Textilfabrikanten und Kaufleute machten durch

Promenade vor dem Seetor

die napoleonische Kontinentalsperre gute Gewinne. Im Dezember 1810 kam es vor dem Löbtauer Schlag zur öffentlichen Verbrennung beschlagnahmter englischer Schmuggelware. Preußens schwere Niederlagen stießen unter den Dresdner Bürgern durchaus auf Schadenfreude. Die tiefen Demütigungen des Siebenjährigen Krieges waren noch nicht vergessen. Schließlich behandelte Napoleon die Sachsen als Bündnispartner besser als die regulär besetzten deutschen Staaten.

Frühromantik in Dresden

Der einzigartige Mix aus hervorragender Architektur, prächtigen Kunstschätzen und lieblicher Landschaft in Dresden übte eine wachsende Anziehungskraft auf deutsche Künstler und Gelehrte aus. Mit Beethoven und Mozart, Goethe und Schiller weilten die Berühmtheiten ihrer Zeit besuchsweise in der Stadt. Caspar David Friedrich (1774–1840) wirkte hier von 1798 bis zu seinem Tode. Er gilt als der prominenteste Maler der deutschen Romantik. Der geschätzte Porträtmaler Anton Graff (1736–1813) und der Hofkupferstecher Adrian Zingg (1734–1816) entdeckten und malten die Schönheit des Elbsandsteingebirges vor den Toren Dresdens. Die steilen Hänge und schroffen Felsen erinnerten die beiden Schweizer an ihre Heimat, weswegen sie den Begriff „Sächsische Schweiz“ prägten. Großer Verehrung erfreute sich Johann Gottfried Herder (1747–1803), der 1802 in seiner Zeitschrift „Adastrea“ Dresden wegen seiner Kunstschätze erstmals als „Deutsches Florenz“ bezeichnete.

Caspar David Friedrich

Liberale Vertreter des Adels und patriotische Bürger trafen sich in geheimen Zirkeln, um in ihrer Ablehnung der napoleonischen Fremdherrschaft für die nationale Unabhängigkeit Deutschlands zu streben. Prominentes Beispiel im Dresdner Raum war der „Siebeneichener Romantikerkreis“ um Dietrich von Miltitz. Zu den Teilnehmern gehörten u.a. Gottfried Körner, General Johann Adolf von Thielmann und Carl Adolf von Carlowitz. Zu den Zusammenkünften stieß der im September 1807 aus französischer Kriegsgefangenschaft nach Dresden übersiedelte Heinrich von Kleist hinzu. Mit seinem Aufenthalt in der Elbestadt war bis April 1809 die Entstehung der Werke „Käthchen von Heilbronn“ und „Michael Kolhaas“ verbunden. Die für die patriotischen Kreise bedrückenden Zustände erklärten seine nationalistische Dichtung „Germania an ihre Kinder“ oder auch Theodor Körners „Leyer und Schwert“. Ein anderer Kreis traf sich um 1810 in der Wohnung des romantischen Malers Gerhard von Kügelgen (1772–1820) im Haus „Gottessegen“ auf der Neustädter Hauptstraße.

Eine Nationalgarde für Dresden

Die napoleonische Ära bedeutete zahlreiche Truppendurchzüge und Einquartierungen für die Stadt. Im Jahr 1809 stand das Gros der sächsischen

Armee in Süddeutschland. Zur Gewährleistung der Ordnung und zur Verhinderung von Plünderungen wie im Siebenjährigen Krieg stellte der Dresdner Stadtrat einen Wach- und Sicherungsdienst auf. Er bewährte sich, als Österreich in einem letztlich erfolglosen Versuch, seine verlorenen Positionen gegen Napoleon wiederzugewinnen, Dresden im Juni und Juli kampflos einnahm. Der König hatte die Residenzstadt zuvor eilig Richtung Frankfurt/Main verlassen. Die aus 850 Mann bestehende Dresdner Bürgergarde, nach französischem Vorbild Nationalgarde genannt, blieb nach der Rückkehr des Königs als kleines Zugeständnis an das Bürgertum bestehen. Ihre Auflösung erfolgte erst 1830, als sie allzu offensichtlich mit den Aufständischen sympathisierte.

Entfestigung

Die legendären Dresdner Festungsanlagen der Renaissance hatten sich mit der Entwicklung der Militärtechnik und -taktik um die Mitte des 18. Jahrhunderts überlebt. Bereits zuvor waren in das Befestigungssystem Lücken geschlagen worden. So ließ August der Starke die neue Orangerie auf der Bastion Luna platzieren. Der grazile Barockbau dehnte sich über den gesamten Zwinger aus, von dem er am Ende die Bezeichnung übernahm. Nach dem Siebenjährigen Krieg wurde Trümmerschutt in den Stadtgraben verkippt. Pläne der Jahre 1760 und 1762 für eine vollständige Demolierung der Befestigung mussten jedoch aus Finanzgründen unterbleiben.
Anfang des 19. Jahrhunderts wirkte sich die mittelalterliche Befestigung auf die Stadt wie ein eng geschnürtes Korsett aus und behinderte deren räumliche Expansion. Auf Anregung Napoleons begannen im November 1809 die Abbrucharbeiten. In der Neustadt, wo die Befestigungsanlagen heute nahezu völlig aus dem Stadtbild verschwunden sind, verlief die Demolierung reibungslos. Dort gehörten die Wallanlagen dem Staat. In der Altstadt hingegen hatten sich in der Ära Kurfürst Friedrich August II. einflussreiche Adlige attraktive Grundstücke gesichert und dort Gärten angeordnet. Die von Graf Brühl angelegte Terrasse wurde wegen ihrer Schönheit von vornherein von der Entfestigung ausgenommen. 1812 kamen die Abbrucharbeiten zunächst zum Erliegen. Als im Folgejahr der Krieg nach Sachsen zurückkehrte, entstanden ab März neue Befestigungsanlagen.

1812 – Triumph und Elend des französischen Kaisers

Kontrastreicher als im Jahr 1812 in Dresden konnten die Auftritte Napoleons gar nicht sein. Unmittelbar vor dem Einmarsch in Russland veranstaltete er vom 16. bis 28. Mai ein Fürstentreffen in Dresden. Zu seiner Huldigung ließ er an diesem Pfingstfest den österreichischen Kaiser Franz I., den Preußenkönig Friedrich Wilhelm III. und andere Fürsten an die Elbe kommen. Den Platz vor der Hofkirche, an dem er die Parade seiner Großen Armee abnahm, markiert bis heute der Napoleonstein. Doch die Stimmung in der Stadt war gegenüber dem Empfang im Jahr 1807 frostiger geworden. Die vom König angeordneten „Vivat"-Rufe blieben aus.

Ehrenpforte für Napoleon auf dem Schlossplatz im Mai 1812

Nicht einmal sieben Monate waren vergangen, da war der große Napoleon in Russland vernichtend geschlagen. Die Niederlage betraf auch die Truppen seines sächsischen Verbündeten. Den jämmerlichen Resten seines Heeres vorauseilend kam der Kaiser am 14. Dezember heimlich im Pferdeschlitten in Dresden an. In der Nacht traf er sich im Palais Loß mit seinem Verbündeten, dem sächsischen König, um am nächsten Morgen gen Westen weiterzureisen.

Die Befreiungskriege erreichten Dresden

Friedrich August der Gerechte gab dem wachsenden Druck im Lande, das Bündnis mit dem Korsen aufzukündigen, nicht nach. Als im Februar 1813 die ersten Kosaken in der Lausitz gesichtet wurden, floh er aus der Residenzstadt über Plauen und Regensburg nach Prag. Anfang März rückte General Davoust mit 10 000 französischen Soldaten in die Stadt ein. Die Rebellion unter der Bevölkerung konnte nur mühsam unterdrückt werden. Neuerlich wurden in der Stadt Rekruten ausgehoben. Die Stimmung verschärfte sich, als Davoust vor dem Abzug der französischen Hauptkräfte am 19. März die berühmte Dresdner Elbbrücke sprengen ließ.

Die Sprengung der Dresdner Elbbrücke 1813

Am 22. März besetzten russische Truppen die Neustadt. Die Bevölkerung bereitete den Russen zunächst einen begeisterten Empfang. Fünf Tage später stand auch die Altstadt unter russischer Herrschaft. Bald aber war von Plünderungen und Vergewaltigungen seitens der Russen zu hören.
Die zerstörte Brücke wurde notdürftig mit Flößen passierbar gemacht. Endlose Kolonnen der verbündeten preußischen und russischen Heere zogen über die Elbe Richtung Westen. Vom Fenster des Kügelgenhauses verfolgte der 63-jährige Goethe das Defilee mit wenig Sympathie. Der blinde Franzosenhass und deutsche Nationalismus der Straße stand im Widerspruch zu seiner Vorliebe für die romanische Kultur. Unter den einmarschierenden Soldaten befand sich auch der Dresdner Dichter Theodor Körner, der im Freikorps Lützow gegen die französische Fremdherrschaft kämpfte. In Prag widerstand derweil der geflüchtete Sachsenkönig der Versuchung, zu den Verbündeten überzutreten.
Die Hoffnung der Dresdner auf das Kriegsende trog. In der Schlacht bei Großgörschen erlitten die Verbündeten am 2. Mai eine Niederlage. Sechs Tage später rückte Napoleon erneut in der Stadt ein. Zehntausende Verwundete lagen in den Hospitälern, in Bürgerhäusern oder einfach auf der Straße herum. Der Waffenstillstand vom 4. Juni gewährte Napoleon eine kurze Verschnaufpasue. Mit kurzen Unterbrechungen verblieb der Kaiser bis 7. Oktober 1813 in Dresden. Erneut brachte er den sächsischen König, der sich zwischenzeitlich in die Neutralität geflüchtet hatte, auf Linie. Ende Juni führte Napoleon im Marcolinipalais zwei ergebnislose Unterredungen mit Metternich. Den Kriegseintritt der Österreicher auf die Seite der Verbündeten konnte er nicht verhindern.

Die Schlacht bei Dresden

Im krassen Gegensatz zum kriegerischen Alltag erlebte die Stadt am 10. August eine bombastische Geburtstagsfeier Napoleons, die der Kaiser in trefflicher Vorhersehung fünf Tage vorgezogen hatte. Denn bereits am 12. August erklärte Österreich seinen Kriegseintritt auf Seiten der Verbündeten. Zehn Tage später rückten von Böhmen her 175 000 Soldaten der Verbündeten auf Dresden zu. Napoleon kehrte eilig aus Schlesien an die Elbe zurück.
Furchtbare Kämpfe und der Donner aus 1 200 Geschützen überzogen Dresden. Schlimmer als die Zerstörungen war das entsetzliche Leid der Kriegsgefangenen, Hungernden und Verwundeten in der Stadt, ganz zu schweigen vom Grauen der 20 000 Toten. In der so genannten Schlacht bei Dresden, die am 26. und 27. August Teile des Stadtgebietes sowie der Vorstädte verwüstete, errang Napoleon seinen letzten bedeutenden Sieg auf deutschen Boden.

Die furchtbare Schlacht bei Dresden 1813

Auf russischer Seite hatte der bereits 1804 aus Frankreich verbannte General Jean Victor Moreau an der Schlacht teilgenommen. Als Generaladjutant Alexanders I. wurde er am 27. August auf der Räcknitzhöhe von einer Kanonenkugel getroffen und schwer verletzt. Wenige Tage später verstarb Moreau im böhmischen Laun.

Das Ende

Am 19. Oktober erlitt Napoleon in der Völkerschlacht bei Leipzig die vernichtende Niederlage. Am Tag zuvor waren die sächsischen Truppen spontan auf die Seite der Verbündeten übergetreten. Der sächsische König Friedrich August I. hatte sich dem Übertritt bis zuletzt widersetzt und wurde in Leipzig arretiert. Bis Februar 1815 verblieb er als Kriegsgefangener in Berlin.
Dresden stand zunächst weiter unter französischer Besatzung. Die 30 000 Soldaten umfassende französische Garnison sah sich allerdings schon bald von den Verbündeten eingeschlossen. In Folge der Kriegshandlungen, Plünderungen und Einquartierungen grassierten in der Stadt Seuchen und eine furchtbare Hungersnot. Hunderte Einwohner und Soldaten verstarben täglich. Der französische Marschall Saint-Cyr erklärte am 11. November die Kapitulation von Dresden. Wieder einmal hatte die Stadt schlimmste Entbehrungen durchlitten. Ihre Bevölkerungszahl hatte sich in der Folge der napoleonischen Kriege um ein Fünftel vermindert.

Politische Restauration und die Anfänge des Industriezeitalters

Generalgouverneur Repnin-Wolkonski

Das Ende der Völkerschlacht bei Leipzig brachte die Gefangennahme des sächsischen Königs. Der russische Fürst Nikolai Grigorjewitsch Repnin-Wolkonski (1778–1845) wurde am 22. Oktober 1813 vom Zentralverwaltungsrat für die besetzten deutschen Gebiete als Generalgouverneur von Sachsen eingesetzt. Der russische Adlige vertrat die Ideen der Aufklärung und widmete sich während seiner kurzen Amtszeit engagiert dem Wiederaufbau des Landes. Nach der Kapitulation der französischen Besatzung unter Marschall Saint-Cyr am 11. November übersiedelte der lebensfrohe Repnin nach Dresden und residierte im Palais Brühl. Am 24. Dezember ließ er in der Frauenkirche die Landwehr des „Banners der freiwilligen Sachsen“ zur Teilnahme am Unabhängigkeitskrieg gegen Napoleon einschwören. Parallel wurde die sächsische Armee umstrukturiert.
In Dresden sorgte Repnin für den umgehenden Wiederaufbau der Elbbrücke und der kriegsbeschädigten Bauten. Zur Förderung der Wirtschaft gründete er eine Industrieschule und eine Sonntagsschule für Handwerker. Nach der Rückkehr der königlichen Kunstschätze von der Festung Königstein machte

er diese kostenlos den Einwohnern zugänglich. Ebenso öffnete er den für die Bevölkerung bisher verschlossenen Großen Garten. Mit dessen Wiederherstellung entstanden die Torhäuser. Die Bauern umliegender Dörfer, deren Höfe in den Kämpfen von 1813 zerstört worden waren, durften die Steine der Mauer um den Großen Garten als Baumaterial nutzen.
Die von Repnin durchgesetzte Umwandlung der Königlichen Kapelle zur Staatsanstalt wurde bereits 1816 wieder zurückgeführt. Gleiches betraf die von ihm eingeleitete Reorganisation der Kunstakademie. Bis zum heutigen Tag gehört die Öffnung der Brühlschen Terrasse durch den Bau der Freitreppe nach Entwürfen von Gottlob Friedrich Thormeyer (1775–1842) zu den Segnungen seiner Amtszeit. Das geschah sehr wohl zum anfänglichen Unbehagen der königstreuen Sachsen!
Am 8. November 1814 übergab Fürst Repnin-Wolkonski die Verwaltung an das preußische Generalgouvernement. Zwar hatte es durchaus grundlegende Vorbehalte der Bevölkerung gegen seine Person als Repräsentanten der Ver-

Öffnung der Brühlschen Terrasse durch Repnin

bündeten gegeben. Schließlich betrieben Berlin und Petersburg die Annexion Sachsens durch Preußen. Dennoch mussten auch seine ärgsten Feinde eingestehen, dass der Fürst in kurzer Zeit Wesentliches zum Wohle der Stadt vollbracht hatte.

Wiener Kongress 1815

Wegen seiner Unentschlossenheit hatte es Friedrich August der Gerechte schließlich mit allen verdorben. So wurde Sachsen 1813 nicht nur zum Hauptkriegsschauplatz der Befreiungskriege. Am Ende betrachteten es alle Kriegsbeteiligten als Feind. Mitleid wie nach dem Siebenjährigen Krieg hatte das Land nicht zu erwarten. Auf dem Wiener Kongress (November 1814 bis Juni 1815) wurde hart um das weitere Schicksal Sachsens gerungen. Die strittige sächsische Frage drohte zwischenzeitlich gar zum Krieg zwischen Preußen und Russland einerseits sowie Österreich und England andererseits zu eskalieren. Dabei waren selbst sächsische Liberale, z. B. Miltitz und Oppel, einer voll-

ständigen preußischen Annexion Sachsens nicht abgeneigt. Sie suchten damit das Land als Ganzes zu erhalten, zumal ihnen Preußen nach den Steinschen Reformen lieber als die erzkonservative Herrschaft der Wettiner war.
Am Ende war Sachsen ein reines Kompensationsobjekt im Spiel der Großmächte: Mit der Wiener Kongressakte von 1815 fielen drei Fünftel des Landes an Preußen. In den Restlanden durfte Friedrich August I. als König verbleiben. Sachsen war damit endgültig auf den Rang eines politisch wenig bedeutenden deutschen Mittelstaates degradiert. In der Folge verhinderte der mächtige Kabinettsminister Graf Detlev von Einsiedel (1773–1861) – ganz im Sinne des Königs – jede bürgerlich-demokratische Veränderung im Lande. Wirtschaftlich, wissenschaftlich und kulturell aber gelang es den fleißigen Sachsen einmal mehr, aus der Not eine Tugend zu machen. Die Residenzstadt Dresden entwickelte sich zu einem Kunstzentrum von europäischem Rang.

Weiß-grüne Fahnen für den König

Das preußische Generalgouvernement des Königreiches Sachsen endete am 6. Juni 1815. Bereits am Tag darauf kehrte König Friedrich August I. nach Dresden zurück. Der Rat ließ seine Ankunft bekanntmachen: „Friedrich August kehrt nach langer Trennung in seine Residenz zurück, er, unser Vater, unser geliebter König, wird wieder unter uns sein." Die Bevölkerung bereitete dem Vertreter der „guten alten Zeit" einen begeisterten Empfang. Gerade die preußische Besatzung nach dem Weggang Fürst Repnins hatte die Menschen erniedrigt. Die Stadt war mit weiß-grünen Fahnen geschmückt. Im Osten vor der Stadt war eine Ehrenpforte mit der Inschrift „Salve Pater Patriae" – Sei gegrüßt Vater des Vaterlandes – aufgebaut. Unter Glockengeläut und Kanonendonner zog der alternde König in sein Dresden ein.

König Friedrich August I.

Die letzten zwölf Jahre Friedrich Augusts bis zu seinem Tod am 5. Mai 1827 blieben in politischer Hinsicht eine unspektakuläre Zeit. Restaurative Umwälzungen wie in anderen deutschen Staaten, einschließlich Preußen, unterblieben hier. Kein Wunder. Weder die französische Revolution noch Napoleon hatten zu nennenswerten Reformen in Sachsen geführt. Verfechter der Befreiungskriege mochte der König nicht, das bekam u. a. der vaterländisch gesinnte Caspar David Friedrich zu spüren. Ähnlich erging es Carl Maria von Weber (1786–1826). Dieser wurde zwar von seinem Freund und Wohltäter Graf Heinrich Vitzthum von Eckstädt 1816 als Musikdirektor für die deutsche Oper und Kapellmeister nach Dresden berufen. Hier komponierte er wesentliche Teile der deutschen Nationaloper „Freischütz". Ebenso wie der Hof widersetzte sich der künstlerische Widerpart, der Leiter der italienischen Oper Francesco Morlacchi, einer Uraufführung in Dresden. Diese erfolgte am 8. Juni 1821 mit großem Erfolg in Berlin. „Euryanthe" kam 1823 in Wien, „Oberon" 1826 in London zur Uraufführung.

Neue wirtschaftliche Entwicklungen

Ungeachtet der spätfeudalen Regierungspolitik kündigte sich auch in Dresden das industrielle 19. Jahrhundert an. Heinrich Wilhelm Calberla (1774–1836) ließ 1817 bis 1822 auf der Bastion Sol eine Zuckerraffinerie errichteten. Die Produktion billigen Zuckers stieß auf den harschen Widerstand der Dresdner Handelsinnung. Nach der Schließung der Calberlaschen Zuckersiederei wurde das Gebäude dank seiner hervorragenden Lage hinter der Oper am altstädtischen Elbufer 1856 zum Hotel „Bellevue“ umgebaut. Es gehörte bis zu seiner Zerstörung 1945 zu den besten Häusern der Stadt.

Die Calberlasche Zuckerfabrik am Elbufer

Zu den hervorragenden Persönlichkeiten des frühen Industriezeitalters in Dresden gehörte Rudolph Sigismund Blochmann (1784–1871). Neben seiner Tätigkeit als Oberinspektor des Mathematisch-Physikalischen Salons und der Kunstkammer ab 1818 gehörte er zu den Gründungsvätern der Technischen Bildungsanstalt (1828), aus der sich später die Technische Universität entwickelte. Ihre Keimzelle befand sich im Brühlschen Gartenpavillon auf der Brühlschen Terrasse. Die Technische Bildungsanstalt wurde bis 1840 von Wilhelm Gotthelf Lohrmann geführt.

1819 brannte in Blochmanns Werkstatt auf der Waisenhausgasse eine erste Gaslaterne. Die Illumination des Dresdner Schlosses mit Gasbeleuchtung überzeugte 1825 wohl sogar den konservativen König. 1828 eröffnete die erste deutsche „Gasbereitungsanstalt“ am Zwingerwall. Leuchtgas brachte Lampen vor dem Residenzschloss sowie auf dem Altmarkt zum Glühen. Keine zehn Jahre später zählte man bereits 667 Gaslaternen in der Stadt.

Der eigenen Krankheit war die Erfindung des Arztes und Apothekers Friedrich August Struve (1781–1840) geschuldet: künstliches Mineralwasser. Mit Unterstützung Blochmanns entstand 1820 in der Seevorstadt die erste Mineralwasserfabrik der Welt. 1821 gründeten neun Bankiers den Dresdner Sparkassenverein. Das Institut wurde von der Stadt übernommen. Im traditionell gewerbereichen Plauenschen Grund entstand 1827 der Eisenhammer von Dölzschen.

König Anton folgt auf Friedrich August I.

Der alternde König Friedrich August I. regierte das Land spätabsolutistisch und paternalistisch. Nach einer mehr als sechs Jahrzehnte währenden Regentschaft starb der 77-jährige am 5. Mai 1827. Ungeachtet der politisch-bürokratischen Erstarrtheit der Regierung unter Graf von Einsiedel erfreute sich der König unter den Sachsen als Symbolfigur der erhaltenen staatlichen Selbstständigkeit großer Beliebtheit.

Die Hoffnungen der Bürger auf Reformen im Lande sollten sich auch weiterhin nicht erfüllen. Nachfolger Friedrich August I. wurde sein über siebzigjähriger Bruder Anton. Alle Macht im Lande ging jedoch weiterhin vom erzkonservativen Kabinettsminister Einsiedel aus. Doch die Zeiten hatten sich gewandelt. Das stillschweigende Einverständnis mit den Zuständen im Lande aus Respekt vor der Integrationsfigur Friedrich August I. war vorbei. Als im Jahr 1830 die Nachrichten von den revolutionären Ereignissen in Frankreich nach Sachsen drangen, sollte die Stimmung rasch umkippen.

Der Dramaturg Ludwig Tieck

Der politische Stillstand nach 1815 brachte eine allgemeine Abkehr von der Politik, begünstigte dabei die Hinwendung zum Privaten einschließlich des Kunstgenusses im Sinne des Biedermeier. Das führte 1825 zur Gründung des Sächsischen Altertumsvereins. Im April 1828 entstand im Hotel „Stadt Wien" der Sächsische Kunstverein. Der Goethefreund und königliche Leibarzt Carl Gustav Carus malte Landschaften. Schopenhauer verfasste in Dresden sein Hauptwerk „Die Welt als Wille und Vorstellung". Am Hoftheater wirkte Ludwig Tieck ab 1819 als Dramaturg, die Primadonna Wilhelmine Schröder-Devrient sang seit 1823 an der Oper.

Abschluss der Entfestigung

Im Jahr 1829 wurde der Abbruch der Dresdner Befestigungsanlagen in der Alt- und der Neustadt abgeschlossen und damit die Trennung der Innenstadt von den Vorstädten aufgehoben. Für die entstandenen Freiräume mangelte es allerdings an großzügigen städtebaulichen Ideen. Städte wie Wien und Leipzig legten an Stelle der Festungswerke begrünte Promenaden an. Immerhin entstanden in Dresden Parks um das Japanische Palais sowie im Bereich der alten Bürgerwiese. Große Teile der früheren Festungsfläche wurden hingegen zur Bebauung freigegeben. So wurde an Stelle des Wilsdruffer Tors 1832 das Postgebäude errichtet. Als Pendant zu Klengels barocker Neustadt realisierte Gottlob Friedrich Thormeyer in klassizistischer Manier einen sternförmigen Platz: den heutigen Albertplatz.

Die wohlhabenden Bürger und der Adel reagierten auf das Flächenwachstum der Stadt mit der Anlage von Gärten und dem Bau von Landhäusern am Rande

Dresdens. So konnten Blasewitzer und Loschwitzer Bauern ihre Acker- und Waldparzellen bzw. Weinberge Gewinn bringend an begüterte Bürger der Residenzstadt verkaufen.

Erstarkung des Bürgertums bis zur Revolution 1848/49

Die rasche wirtschaftliche Entwicklung Dresdens führte zur Stärkung des Bürgertums. Mit einer zunehmenden Zahl von Fabriken entwickelte sich zugleich als neue gesellschaftliche Kraft das Proletariat. Ganz im Widerspruch dazu stand die Jahrzehnte währende restaurative Politik im Lande. Schließlich förderten wachsende Steuern und eine Verschlechterung der sozialen Lage breiter Bevölkerungskreise die Widersprüche. Die vermeintlich zu große Rücksichtnahme des protestantischen Stadtrates auf das katholische Herrscherhaus führte anlässlich der 300. Wiederkehr des Abschlusses der Augsburger Konfession am 25. Juni 1830 zu einem ersten Gewaltausbruch auf dem Altmarkt. Noch gelang es, den Aufruhr durch den Aufmarsch von Infanterie und die Verhängung einer nächtlichen Ausgangssperre zu beenden.
Im Juli 1830 schloss der sächsische Landtag, ohne die erwarteten Reformen auch nur ansatzweise in Angriff zu nehmen. Ungeachtet der strengen Pressezensur trafen in der Residenz die ersten Nachrichten von der Pariser Julirevolution ein. Dresdens Polizeipräsident warnte vor Unruhen, stieß jedoch bei Einsiedel einmal mehr auf taube Ohren.

Der Septemberaufstand 1830

In dieser Situation genügte ein Funke, das sächsische Pulverfass zu entzünden. Ein Polizeieinsatz bei einem Polterabend führte am 2. September 1830 zu revolutionären Unruhen in Leipzig. Beim Konzert einer Militärkapelle im Großen Garten am 9. September ließen die Dresdner Bürger die aufständischen Leipziger hochleben. Die angeheizte Menge zog in die Altstadt, wo sie sich ständig vermehrte. Die Dresdner Nationalgarde blieb untätig oder sympathisierte gar mit der Bewegung. Das in Dresden stationierte Militär befand sich überwiegend in Feldlagern. Der Einsatz der schwachen verbliebenen Kräfte sowie der Polizei ließ die Empörung eskalieren. Mit Steinen und Knüppeln bewaffnet, zerstörten die Bürger das Polizeihaus. Sie besetzten das Rathaus und verbrannten Akten. Angriffe auf Offiziere und andere missliebige Personen folgten. Nach dem Motto seines Amtsvorgängers – „Vertrauen schafft wieder Vertrauen“ – vermied es der König, zur

Bürgeraufruhr im September 1830 vor dem Rathaus am Altmarkt

Niederschlagung der Aufstände in mehr als 30 sächsischen Städten fremdes Militär ins Land zu rufen. Um die Ordnung wiederherzustellen, entstanden unter den Bürgern auf freiwilliger Basis Kommunalgarden und Studentenkompanien. Auf Initiative liberaler Kräfte stimmte der König am 13. September der Mitregentschaft des beliebten Prinzen Friedrich August zu. Gleichzeitig erklärte der reaktionäre Kabinettsminister von Einsiedel seinen Rücktritt. Sein Nachfolger wurde der Vertreter des liberalen sächsischen Adels, Bernhard von Lindenau (1779–1854).
Nach der Niederschlagung des nationalen Aufstandes 1830/31 in Polen durch den russischen Zaren wurde Dresden zu einem Zentrum der polnischen Emigranten. Der Dichter Adam Mickiewicz, der Komponist Fryderyk Chopin und viele Aristokraten ließen sich zeitweise oder dauerhaft in der Stadt nieder.

Eine neue Verfassung für Sachsen

Vom 18. September bis 11. November 1830 tagte im Schloss eine Regierungskommission. Sie verkündete die Ausarbeitung einer neuen Verfassung sowie einer Städteordnung. Drückende Abgaben und Steuern, darunter auf Brot, Fleisch und Bier sowie das Brückengeld wurden abgeschafft oder gemindert. Bereits im Januar 1831 lagen zwei Verfassungsentwürfe vor.
Die Ideen eines Dresdner Bürgervereins gingen jedoch weiter. Der Dresdner Advokat Bernhard von Moßdorf legte diese im April in dem Schriftstück „Constitution, wie sie das sächsische Volk wünscht" nieder. Der Verfassungsentwurf sah u.a. die allgemeine Freiheit vor dem Gesetz, die Abschaffung der Adelsprivilegien sowie die Presse- und Versammlungsfreiheit vor. Auch die Rechte des Königs sollten beschnitten werden. Die Forderungen fanden allerdings nicht die Unterstützung des konservativen Bürgertums. So wurde der Bürgerverein am 15. April verboten, zwei führende Mitglieder am Folgetag verhaftet. Eine provozierte Befreiungsaktion aus der Wohnung des Ratswachtmeisters Schuster am 17. April gab den Vorwand für eine breite Verhaftungs-

Sitzung der Regierungskommission

welle in Sachsen. Der aufkeimende Widerstand wurde nunmehr gewaltsam niedergeschlagen: Im Kugelhagel auf dem Altmarkt und dem Wilsdruffer Platz (Postplatz) fanden drei Personen den Tod, 13 wurden verwundet. Moßdorf und der Fabrikant Heinrich Anton Bertholdy wurden als „Haupträdelsführer" zu 15 Jahren Festungshaft verurteilt. Beide kamen im Herbst 1833 auf dem Königstein zu Tode. Indizien sprachen zumindest im Fall Moßdorf gegen die offizielle Version des Selbstmords.
Das von der Regierung Lindenau erarbeitete Reformwerk, in dessen Mittelpunkt die neue Verfassung stand, wurde genau ein Jahr nach dem Beginn des Aufstands den sächsischen Ständen in Dresden mit großem Pomp übergeben. Sachsen vollzog den überfälligen Schritt von der absoluten zur konstitutionellen Monarchie. Die Verfassung blieb in ihren Grundlagen jedoch hinter der anderer deutscher Länder zurück. Das Bürgertum war nunmehr stärker im Landtag vertreten, die Bauern erstmals. Das besitzlose städtische Proletariat blieb jedoch bis 1874 von der Machtausübung ausgeschlossen. In der Ersten Kammer waren ohnehin nur die alten Landstände vertreten.

Wahlen zur Stadtverordnetenversammlung in Dresden

Die neue Städteordnung gewährte den Kommunen ab 1832 weitgehende Selbstverwaltung. Im April des Jahres wählten die Dresdner den Advokaten Karl Hübler zum Bürgermeister sowie weitere 17 Stadträte. Ihnen unterstanden fortan die Polizei und die Gerichtsbarkeit. Nach zähen Verhandlungen einigte man sich auf 60 Abgeordnete im Dresdner Stadtparlament. Bei der ersten Wahl zur Stadtverordnetenversammlung am 13. März 1837 waren von über 77 000 Einwohnern nur 3 600 wahlberechtigt: Das Wahlrecht war an das Bürgerrecht geknüpft, welches wiederum an den christlichen Glauben und den Besitz eines Grundstücks bzw. eines Gewerbebetriebes gekoppelt war.

Abschaffung der „Juden-Ordnung" und Bau einer Synagoge

Die Lebensbedingungen der über 700 Juden in Dresden wurden auch 1830 noch von der „Juden-Ordnung für die Chur-Fürstlich-Sächßische Residenz-Stadt Dreßden" geprägt. Sie duldete zwar die Anwesenheit von Juden und, mit zahlreichen Beschränkungen, die Ausübung einiger gewerblicher Tätigkeiten. Die Pflege des jüdischen Kultus war hingegen auf Privaträume beschränkt.
Zu den positiven Reformen der Ära Lindenau gehörte ein königliches Dekret, welches 1838 den Grundstückserwerb und Bau einer Synagoge erlaubte. Mühsam sammelte die jüdische Gemeinde unter Führung des Oberrabbiners Zacharias Frankel das Geld für ein Grundstück in der Altstadt. Für den Bau verpflichtete sie den liberalen Architekten Semper. Am 21. Juni 1838 erfolgte die Grundsteinlegung für das im byzantinisch-romantisierenden Stil gehaltene Gebäude der Synagoge. Genau ein Jahrhundert später sollte es von den Nationalsozialisten in der Reichspogromnacht zerstört werden. Die Weihe der Synagoge erfolgte am 8. Mai 1840. Erst die Revolution 1848/49 brachte

eine weitergehende Annäherung der rechtlichen Stellung der Juden an die der Christen.

Der technische Fortschritt ließ sich nicht aufhalten

Das Königreich Sachsen wies um 1830 nicht nur die höchste Bevölkerungsdichte Europas auf. Mit über 190 Fabriken, von denen allerdings lediglich fünf in Dresden standen, hatte es sich an die Spitze der deutschen Territorialstaaten gesetzt. Erst 1830 erreichte die Residenzstadt ihre Einwohnerzahl vor der Beschießung durch die Preußen 1760 wieder. Nunmehr begann jedoch auch in Dresden die sprunghafte Entwicklung der Leichtindustrie und des Maschinenbaus. Die von Ludwig Gehe 1835 begründete Drogengroßhandlung war die Keimzelle des späteren chemisch-pharmazeutischen Großbetriebs Gehe & Co. Unter reger Anteilnahme der Dresdner begann im März 1836 die „Societätsbrauerei Waldschlößchen“ als eine der ersten Aktiengesellschaften den Ausschank des „Neu-Münchners“. Als weiterer prägender Wirtschaftszweig entstand die Schokoladenherstellung. Die Milchschokolade war eine Erfindung der Dresdner Firma „Jordan & Timaeus“. 1838 verzeichnete das Steuerregister für Dresden bereits zehn Fabriken. Binnen zwei Jahrzehnten nahm die städtische Bevölkerung um die Hälfte zu: 1849 betrug die Zahl der Bewohner Dresdens über 94 000.

Waldschlößchen-Brauerei

Seit 1828 wirkte Johann Andreas Schubert in der Dresdner Technischen Bildungsanstalt als Lehrer. Seine Berufung als Professor für Mechanik und Maschinenbau erfolgte 1832. Gemeinsam mit Lohrmann gründete er 1834 den Dresdner Gewerbeverein. Im Folgejahr übersiedelte die Technische Bildungsanstalt von dem kleinen Pavillon auf der Brühlschen Terrasse in die ehemalige Rüstkammer am Jüdenhof. Den beiden Professoren waren besondere Verdienste beim Aufbau des sächsischen Eisenbahnwesens zuzuschreiben.

1834 ließ der Fabrikant Calberla in Krippen ein Frachtschiff mit einer Dampfmaschine ausrüsten. Der im darauffolgenden Winter beginnende Einsatz des Heckraddampfers erwies sich als unrentabel. Der 1836 von Schubert gegründete „Dresdner Actien-Maschinenbau-Verein“ stellte auf dem Produktionsgelände am Schloss Übigau den Antrieb für das erste Dampfschiff mit Personenbeförderung auf der Oberelbe her: Die „Königin Maria“ traf am 30. Juli 1837 am Packhof unterhalb der Dresdner Elbbrücke ein. Kurz drauf begann der Einsatz des Dampfschiffes im regulären Elbverkehr.

Das Eisenbahnzeitalter

Sachsen trat dem Deutschen Zollverein 1834 bei. Auf Initiative Preußens bildete sich daraufhin ein einheitlicher nationaler Markt heraus, der zugleich die Entwicklung der nationalen Einheit unterstützte. Die wachsenden

Güterströme forderten neue Lösungen für den Fernverkehr. Bereits am 18. Juli 1833 hatte Friedrich List in Leipzig die Schrift „Über ein sächsisches Eisenbahnsystem als Grundlage eines allgemeinen deutschen Eisenbahnsystems und insbesondere über die Anlegung einer Eisenbahn von Leipzig nach Dresden" veröffentlicht. Im Mai 1834 genehmigte das „Comité zur Vorbereitung des Bahnbaus" das Vorhaben. Die von Lohrmann geführte Dresdner Kameralvermessungsanstalt suchte nach der günstigsten Route, die zum Leidwesen der wohlhabenden Meißner bei Riesa die Elbe querte. Die Bauarbeiten für die erste deutsche Ferneisenbahnstrecke standen unter der Regie des Technikers Karl Theodor Kunz.

Am 24. April 1837 befuhr ein Zug den Teilabschnitt von Leipzig nach Althen. Die Lokomotiven beschaffte man aus England. Die Dresdner erlebten am 19. Juli 1838 die Jungfernfahrt vom Leipziger Bahnhof in der Neustadt bis Weintraube. Tausende Neugierige waren zur Strecke geeilt, um das Unfassbare zu sehen. Zur offiziellen Einweihung der Gesamtstrecke am 8. April 1839 waren das neue Bahnhofsgebäude und die Häuser der Neustadt festlich geschmückt. Trotz Warnungen eines angesehenen Mediziners vor dem entsetzlich hohen Luftdruck bei der schnellen Fahrt setzte sich gegen neun Uhr der Zug mit König Friedrich August II. nach Leipzig in Bewegung. Professor Johann Andreas Schubert hatte zu diesem Anlass in der Übigauer Fabrik die erste deutsche Lokomotive herstellen lassen. Nach Überwindung vielfältiger Widerstände durfte die „Saxonia" dem Eröffnungszug folgen. Ein Sabotageakt der englischen Konkurrenz behinderte bei Priestewitz Schuberts Rückfahrt nach Dresden. Doch das Monopol Englands in der Lokomotivherstellung war gebrochen.

Im Sommer 1844 begannen die Bauarbeiten an der Schlesischen Eisenbahn, deren erster Teilabschnitt bis Radeberg 1845 eröffnet wurde. Am 1. September 1847 konnte der durchgängige Betrieb aufgenommen werden. Im Folgejahr startete der Bahnverkehr auf dem ersten Teilabschnitt der Sächsisch-Böhmischen-Bahn bis Pirna. Das Eisenbahnzeitalter prägte mit seinen Bahnhöfen und Bahntrassen in entscheidendem Maße die Stadtentwicklung des 19. Jahrhunderts, die in Dresden dank weitsichtiger Städtebauer geordnet ablief.

Flugblatt zur Eröffnung der Leipzig-Dresdner Eisenbahn 1839

Höchste Blüte der Künste

Niemals zuvor und nie wieder danach sammelten sich in Dresden so viele namhafte Gelehrte und Künstler wie in den beiden Jahrzehnten vor der Mitte des 19. Jahrhunderts. Bis 1841 wirkte Ludwig Tieck als Dramaturg am Hoftheater. Im Februar 1843 wurde Richard Wagner Hofkapellmeister. Maßgeblich für die Berufung war der Erfolg der Uraufführung seiner Oper „Rienzi" am 20. Oktober 1842 am Dresdner Hoftheater, an den er bei den Uraufführungen der Opern „Fliegender Holländer" (1843) und „Tannhäuser" (1845) anknüpfen konnte. Dem Drängen des Komponisten war die Überführung der sterblichen Überreste Carl Maria von Webers nach Dresden im Jahr 1844 zu danken. Die Uraufführung von Wagners „Lohengrin" im Oktober 1848 wurde hingegen von der Intendanz verboten. 1844 bis 1850 lebten Robert und Klara Schumann in Dresden. Bis zu ihrem Abschied von der Bühne 1847 gehörte die gefeierte Sopranistin und Schauspielerin Wilhelmine Schröder-Devrient zum Opernensemble.

Hofkapellmeister Richard Wagner

Gleichzeitig zog die Kunstakademie bedeutende Künstler in die Stadt: 1832 kam der Bildhauer Ernst Rietschel an die Lehreinrichtung, 1834 der Architekt Gottfried Semper. Der romantische Maler Ludwig Richter wirkte hier ab 1836. 1846 wurde Julius Schnorr von Carolsfeld zum Professor für Historienmalerei an die Kunstakademie berufen und wurde gleichzeitig zum Direktor der Gemäldegalerie. Zu nennen ist auch das Wirken der romantischen Maler Ferdinand von Rayski und Carl Gustav Carus in Dresden zu jener Zeit. Als Übersetzer und Danteforscher machte sich Philaletes einen Namen. Hinter dem Pseudonym verbarg sich kein geringerer als der Kronprinz und spätere König Johann (1801–1873).

„Sehen und gesehen werden!" lautete auch damals das Motto der Prominenz. Besonderer Beliebtheit erfreute sich die Brühlsche Terrasse, die in jener Zeit ihren Beinamen „Balkon Europas" erhielt.

Entstehung der Antonstadt

Nördlich der Bautzner Straße existierten die drei Vororte „Neuer Anbau auf dem Sande" sowie die Ratsgemeinde und Amtsgemeinde „Vor dem schwarzen Thor". Sie wurden 1835 unter der Bezeichnung „Antonstadt" vereinigt und nach Dresden eingemeindet. Sie wird heute meist als „Äußere Neustadt" bezeichnet. Die einstige Gartenvorstadt verwandelte sich schnell und recht planlos in ein dichtbevölkertes Arbeiterwohngebiet, in dem auch geschlossene Bebauung zugelassen wurde. Ebenfalls 1835 kamen die Friedrichstadt und die Leipziger Vorstadt zu Dresden.

Ein neuer Platz am Residenzschloß

Vor der Westfront des Schlosses breitete sich Anfang des 19. Jahrhunderts freies Gelände aus. Allerlei verbliebene Baulichkeiten – das so genannte italienische Dörfchen – rührten von der Entstehung der Katholischen Hofkirche her. Der 1834 im Alter von 31 Jahren als Professor für Architektur an die Kunstakademie berufene Gottfried Semper (1803–1879) erinnerte an die Pläne August

des Starken, hier ein grandioses Schloss zu errichten. Er erkannte die Bedeutung des barocken Zwingers, der als Symbol eines inzwischen als hässlich empfundenen Stils seit Jahrzehnten ein Schattendasein führte. Bereits im ausgehenden 18. Jahrhundert hatte der damalige Oberlandbaumeister angesichts der zunehmenden Verwitterungsspuren den Abbruch des bildhauerischen Schmucks angeregt.
1835 legte Semper einen Forumplan zur Gestaltung des Areals zwischen dem auf der Elbseite offenen Zwinger und dem Strom selbst vor. Als ersten Baustein entwarf Semper das Hoftheater in den anmutigen Formen der italienischen Frührenaissance. Zur Eröffnung am 12. April 1841 wurde Webers „Freischütz" aufgeführt. Als Mittelpunkt des deutschen Kulturlebens erlangte das Hoftheater alsbald europäische Berühmtheit. Die bis 1846 von Semper betriebene Umgestaltung des Platzes im Rahmen verschiedener Entwürfe seines Forumplanes scheiterte an der damaligen Verwaltung. Daraufhin entwarf Semper als Nordabschluss des Zwingerbaus das Galeriegebäude. Für den 1847 beginnenden Bau wählte er den Stil der Hochrenaissance. Wegen Sempers Beteiligung an den Maikämpfen des Jahres 1849 durfte er das Vorhaben nicht abschließen. Die Fertigstellung bis 1855 übernahm Karl Moritz Haenel. Der Weitsicht des Architekten und Städtebauers Gottfried Semper verdankt Dresden den Theaterplatz als einen der schönsten Plätze des 19. Jahrhunderts.

Sempers Hoftheater von 1841

Semper hinterließ in dieser Schaffensperiode zahlreiche weitere Glanzpunkte in der Stadt. Beispielgebend für die deutsche Villenarchitektur sollte die 1839 in der Holzhofgasse für den Bankier Martin Wilhelm Oppenheim errichtete Villa im italienischen Renaissancestil werden. Sie trug den Namen der Gattin des Bauherren „Rosa" und wurde beim Bombenabgriff 1945 zerstört.

Die Elbehochflut von 1845

Die als Jahrtausendhochwasser bezeichnete Elbehochflut von 1845 erreichte am 31. März in Dresden den Pegelstand von 8,70 Meter. Weite Teile der Altstadt mit dem Zwingerhof wurden unter Wasser gesetzt. Unter den Vorstädten war die Friedrichstadt am schlimmsten betroffen. Der Durchfluss der Elbe überstieg auch das schlimme Hochwasser vom August 2002. Der mit 9,40 Metern höhere Pegelstand erklärt sich aus der wachsenden Überbauung des Elbtales. Die einzige Dresdner Elbbrücke wurde 1845 zerstört. Das berühmte goldene Brückenkreuz versank für immer in den Fluten.
Nach dem Hochwasser schlug der königliche Vermessungsdirektor Moritz Pressler die Verlegung der Weißeritzmündung von der Friedrichstadt nach Cotta vor. Die Umsetzung des Programmes, welches auch die Begradigung des Flussbettes der Elbe und auch den späteren Bau von Flutrinnen beinhaltete, begann sehr zögerlich 1861 und reichte bis weit in das 20. Jahrhundert hinein.

Sehr weitsichtig erwies sich die bereits in den 1860er Jahren festgesetzte Naturbelassung der Elbufer zum Zwecke des Hochwasserschutzes.

Bis 1845 zierte das Brückenkreuz die Elbbrücke

Die Residenzstadt vor dem Maiaufstand 1849

Angesichts des Reformstaus im Lande bedrängte das sächsische Bürgertum den König und die Regierung 1848 mit einer Flut von Petitionen. Eine größere Rolle als in anderen deutschen Ländern spielte hier die Erörterung sozialer Fragen. Missernten und eine Wirtschaftskrise hatten die Lage breiter Kreise der Bevölkerung verschlechtert. Im Unterschied zu Leipzig, Chemnitz, Waldenburg und weiteren sächsischen Orten verlief das Jahr 1848 in Dresden noch ohne größeren Aufruhr. Die der Krone am 6. März überreichte Erklärung der Dresdner Stadtverordneten und des Stadtrates beschränkte sich auf die Bitte nach einer vorgezogenen Einberufung des Landtages. Unter dem Druck aus dem übrigen Sachsen erfolgte am 13. März die Entlassung der konservativen Regierung Könneritz. Das drei Tage später gebildete liberale „Märzministerium“ leitete wichtige Reformen ein, darunter die Einführung der Pressefreiheit und die Aufhebung der Ausnahmegesetze des Deutschen Bundes von 1832.

Von Leipzig ausgehend schlossen sich ab Ende März 1848 radikale Demokraten zu Vaterlandsvereinen zusammen, in denen Kleinbürger und Arbeiter die Mehrzahl bildeten. Die Dresdner Lokalorganisation zählte Ende April bereits eintausend Mitglieder. Bürgerliche Kreise bildeten so genannte „Deutsche Vereine“. Am 1. Mai entstand in Dresden der Arbeiterverein. Im Spätsommer schloss er sich auf dem Arbeiterkongress in Berlin der überregionalen „Arbeiterverbrüderung“ an. Ab September 1848 erschien die bürgerlich-demokratische „Dresdner Zeitung“, die sich bald zur meistgelesenen Tageszeitung der Stadt entwickelte.

Bei der Wahl im Dezember 1848 entsandte die Residenzstadt fünf Demokraten und nur einen konservativen Liberalen in den Landtag. Im März des Folgejahres beschloss die Nationalversammlung in der Frankfurter Paulskirche eine

Reichsverfassung. Dem Beispiel Preußens folgend lehnte Friedrich August II. dieses deutsche Grundgesetz ab. Als der König am 28. April 1849 den sächsischen Landtag auflöste, schwoll die Empörung in der Residenzstadt an.
Am 3. Mai verbreitete sich in Dresden das Gerücht von einer preußischen Truppenbewegung Richtung Sachsen. Die sächsischen Truppen kämpften unter Kronprinz Albert in Schleswig-Holstein gegen Dänemark. Jetzt waren die Massen nicht mehr zu halten. Nachdrücklich wurde die Besatzung des Zeughauses aufgefordert, Waffen zum Kampf gegen die Preußen auszuteilen. Im Gewehr- und Kartätschenfeuer blieben 20 Tote und eine Vielzahl von Verletzten zurück.

Barrikaden in der Dresdner Altstadt

Nach dem tödlichen Kugelhagel auf die unbewaffnete Menge am Nachmittag des 3. Mai überschlugen sich die Ereignisse in Dresden. Noch am Abend bestimmten die Stadtverordneten einen dreiköpfigen Sicherheitsausschuss. In der Nacht zum 4. Mai wurden in der Altstadt unter Leitung von Gottfried Semper einhundert Barrikaden errichtet. Am kommenden Morgen flohen der König und seine Regierung auf den Königstein. Im Rathaus bildete sich die Provisorische Regierung mit Samuel Erdmann Tzschirner, Otto Leonhardt Heubner und Karl Todt heraus. Aus der Umgebung strömten Studenten, Bergleute und Mitglieder von Bürgerwehren zur Unterstützung der Aufständischen in die Stadt. Ihnen standen so bekannte Persönlichkeiten wie Richard Wagner, Wilhelmine Schröder-Devrient und der Hofmusikdirektor August Röckel zur Seite. Auch der seit März in der Stadt weilende russische Anarchist Michail Alexandrowitsch Bakunin beteiligte sich aktiv an der Vorbereitung und Durchführung des Aufstandes.
Als verhängnisvoll erwies sich der mit dem Militärgouverneur geschlossene befristete Waffenstillstand. Mit preußischen Truppen verstärkt, ging das königstreue Militär am 5. Mai von der Neustadt aus zum Gegenangriff über. Die Aufständischen steckten am 6. Mai das alte Opernhaus am Zwinger in Brand, wobei das Feuer auch auf den Zwinger selbst übergriff. Im verzweifelten Häuserkampf wurde die Lage der Aufständischen in der Altstadt jedoch immer schwieriger. Ihre Bewaffnung bestand vorrangig aus Sensen, Knüppeln oder gar nur den Fäusten. Ungeachtet ihres Heldenmutes waren sie so den zahlenmäßig stärkeren und zugleich gut ausgerüsteten Soldaten hoffnungslos unterlegen.
Am 9. Mai mussten die erschöpften Maikämpfer aufgeben. Unter Führung Bakunins gelang am Morgen etwa zweitausend Mann die Flucht in Richtung Freiberg. 250 Aufständische fielen oder wurden im Zuge der Gefangennahme erschlagen. Selbst innerhalb der Frauenkirche, deren Glocken am 3. Mai zum Aufstand gerufen hatten, ließen die preußischen Soldaten ihre Brutalität an den wehrlosen Verlierern aus.

Wilhelmine Schröder-Devrient ruft die Bürger von ihrem Wohnhaus am Altmarkt zum Aufstand auf

Große Barrikade am Eingang zur Wilsdruffer Straße

Abrechnung und Rückkehr zu alten Verhältnissen

Nach der Niederwerfung des Maiaufstandes wurde den Beteiligten der Prozess gemacht. August Röckel gehörte zu den 700 Kämpfern, die mit hohen Zuchthausstrafen belegt wurden. M. A. Bakunin wurde nach seiner Gefangennahme in Chemnitz auf den Königstein gebracht und an Österreich übergeben. 1851 wurde der Anarchist an Russland ausgeliefert. Tzschirner, Wagner und Semper gelang die Flucht aus Sachsen, wo sie steckbrieflich gesucht wurden. Die berühmte Schröder-Devrient wurde aus Dresden ausgewiesen. Der Komponist Robert Schumann hatte sich zwar nicht direkt an den Kämpfen beteiligt, sie aber z.B. in den „Vier Märschen auf das Jahr 1849" begrüßt. Sein Wechsel nach Düsseldorf im September 1850 war nicht zuletzt der Ablehnung der restaurativen Politik im Lande geschuldet.

Der Dresdner Maiaufstand gilt als der Höhepunkt der bürgerlichen Revolution 1848/49 in Sachsen. Die Stadt Dresden verlor zahlreiche schöpferische Persönlichkeiten. Sie behielt zwar nach 1850 durchaus ihren Ruf als Kunststadt, konnte jedoch nicht wieder an ihre einstige Kraft anknüpfen. Die Niederschlagung der bürgerlichen Revolution leitete neuerlich eine längere Phase restaurativer Politik in Sachsen ein. Noch im Juli 1849 wurde der Dresdner Arbeiterverein verboten. Am 1. Juni 1850 löste Friedrich August II. den Landtag auf. Mit einer königlichen Verordnung ließ der König die undemokratische Ständeversammlung von 1831 wieder einführen. Im November 1850 wurden das Versammlungs- und Vereinsrecht ebenso wie die Pressefreiheit in Sachsen drastisch eingeschränkt.

Der zerstörte Zwinger nach dem Brand von 1849

Die Entwicklung zur Großstadt

Der politische Stillstand nach dem Maiaufstand konnte die weitere Entfaltung der Industrie nicht behindern. Kurz nach der Jahrhundertmitte überschritt Dresdens Bevölkerung die Zahl von 100 000 und damit auch die Schwelle zur Großstadt. Deshalb erhielt Bürgermeister Wilhelm Pfotenhauer, seit 1850 im Amt, 1853 als erster den Titel eines Oberbürgermeisters verliehen.
Die Verdopplung der Bevölkerung in den drei Jahrzehnten nach 1835 machte eine zunehmende Baudichte erforderlich, denn die Stadtgrenze blieb in dieser Zeit konstant. Erst 1866 kam es mit der Eingemeindung des rechtselbischen Neudorf zu einer Flächenerweiterung. Mit Ausnahme der Antonstadt und der Friedrichstadt war um 1850 außerhalb des Innenrings offene Bebauung vorgeschrieben. Als die Bevölkerung weiter rasch zunahm, musste im ersten deutschen Generalbebauungsplan von 1862 auch hier geschlossene Bebauung zugelassen werden. Im Unterschied zu anderen deutschen Großstädten konnte dennoch dank straffer und weitsichtiger Bauvorschriften eine hohe städtebauliche Qualität gehalten werden. In den sechziger Jahren wurden im Rahmen der Gewerbeordnung Fabrikbezirke festgelegt. Sie orientierten sich an den traditionellen Gewerbestandorten längs der Weißeritz, in der Friedrichstadt und im linkselbischen Areal zwischen der Elbe und der Eisenbahn.

Blick über Plauen nach Dresden

Auf der Prager Straße zu den Zügen nach Prag

Die Eisenbahnstrecke nach Böhmen hatte einen wichtigen Anteil an der wachsenden Bedeutung des Bahnknotens Dresden. Bei äußerst schlechtem Wetter zog die Lokomotive „Austria" am 6. April 1851 auf der Jungfernfahrt den ersten Zug von Dresden nach Prag. Im gleichen Jahr begann der Durchbruch der gleichnamigen Straße, der 1853 abgeschlossen wurde. Die Bezeichnung des neuen Straßenzuges erklärte sich nicht aus seiner Ausrichtung nach Süden. Vielmehr gelangte man auf diesem Weg aus der Altstadt zu den Zügen nach Prag. Anfänglich offen bebaut, wandelte die Magistrale nach 1880 ihr Gesicht und entwickelte sich zur elegantesten und belebtesten Geschäftsstraße der Stadt.

Als zweite Dresdner Elbbrücke wurde 1852 die nach der Gattin des Königs benannte Marienbrücke eingeweiht. Neben den beiden Gleisen für die Eisenbahn diente sie dem Fußgänger- und Fuhrwerksverkehr. Der Brückenschlag stellte die Verbindung zwischen dem Leipziger und dem Schlesischen Bahnhof in der Neustadt mit der linkselbischen Endstation der Sächsisch-Böhmischen Eisenbahn am Dippoldiswalder Schlag her. Als Ersatz für letztere Endstation wurde zwischen 1861 und 1864 am südlichen Eingang der Prager Straße der repräsentative Böhmische Bahnhof im italienischen Renaissancestil errichtet.
1869 konnte die durch schwieriges Terrain am Rande des Erzgebirges führende Verbindung von Dresden bis Zwickau aufgenommen werden. Schon zu dieser Zeit besaß Sachsen das dichteste Eisenbahnnetz in Europa. Auf der Elbe sorgte die 1869 aufgenommene Kettenschleppschifffahrt für ein Anwachsen der Güterströme.

Vielseitige industrielle Struktur

Eugen von Boch und Alfred Villeroy gründeten 1854 neben dem Leipziger Bahnhof den Dresdner Steingutbetrieb Villeroy & Boch. Schnell entwickelte er sich zu einem der bedeutendsten Keramikproduzenten in Deutschland. Bereits Ende der 1860er Jahre zählte der Betrieb 400 Beschäftigte. 1855 begann Clemens Müller (1828–1902) an der Großenhainer Straße mit der Fabrikation von Nähmaschinen. Bald wurde er zum größten europäischen Hersteller. Berühmt war Dresden seinerzeit als Zentrum der Strohflechterei und Putzmacherei, die vielfach in kleinen Gewerbebetrieben auf den Innenhöfen produzierten.
Die 1855 zunächst von Dresden bis Tharandt eröffnete „Albertbahn“ übte starke Impulse auf die wirtschaftliche Entwicklung aus. Sie verband die Stadt mit den Kohlegruben und Betrieben im Plauenschen Grund. Hans und Friedrich Siemens, die Brüder des späteren Großindustriellen Werner von Siemens, wandelten die Löbtauer Glasmanufaktur in eine Fabrik um. Dank des Regenerativfeuerungsverfahrens wurde hier 1856 erstmalig in der Welt Glas industriell gefertigt. Auf dem Gelände der Buschmühle unter dem Hohen Stein entstand 1857 die von einer Aktiengesellschaft betriebene Felsenkellerbrauerei. Ab 1869 wurden in einer Werkstatt in der Seevorstadt Nähmaschinen gefertigt. Das sich rasch entwickelnde Unternehmen „Seidel & Naumann“ verlagerte 1884 seinen Sitz an die Hamburger Straße. Neben Nähbmaschinen stellte es Ende des 19. Jahrhunderts Fahrräder unter dem Markenzeichen „Germania“ sowie „Ideal“-Schreibmaschinen her.
Mit der „Compagnie Laferme“ als erster deutscher Zigarettenfabrik wurde 1862 an der Ostraallee der Grundstein für einen weiteren wichtigen Industriezweig gelegt. Die 1823 zwischen der Königsbrücker Straße und der Alaunstraße von Gottfried Heinrich Christoph Jordan und Friedrich Timaeus entstandene erste deutsche Schokoladenfabrik begründete den späteren – inzwischen der Vergangenheit angehörenden – hervorragenden Ruf der Dresdner Schokoladenindustrie. Druckereien, Betriebe der Papier- und der Glasverarbeitung sowie die Pianoforteherstellung vervollständigten die vielseitige Wirtschaftsstruktur der Stadt. Allein fünf Unternehmen stellten 1866 Fotopapier her.

Nach der Jahrhundertmitte sorgte die wirtschaftliche Prosperität für eine rege Bautätigkeit am Altmarkt. Den neuen Gebäuden für Restaurants, Banken und Geschäfte fielen die bis dahin vorherrschenden Renaissance- und Barockbauten zum Opfer. 1854 gründete Johann Traugott Adolph Renner in der Badergasse ein Tuch- und Manufakturgeschäft. Es war die Keimzelle des 1896 zum Altmarkt verlegten Kaufhauses Renner. Es wurde schnell berühmt für sein breites Angebot an modischer Konfektion und später eines der größten deutschen Warenhäuser.
Der Kapitalbedarf der Industrieunternehmen war anfänglich gering. 1864 gründete Max Arnhold das Bankhaus Gebr. Arnhold, welches sich in der Folge durch sein soziales und kulturelles Engagement auszeichnete. Mit der Sächsischen Bank entstand 1865 in Dresden ein leistungskräftiges Bankinstitut. Die später zum Bankenriesen gewordene Dresdner Bank nahm erst 1872 ihre Tätigkeit auf.

Dresdens wachsende Anziehungskraft als Kunststadt

Dank ihrer Sehenswürdigkeiten sowie in Verklärung und Glorifizierung ihrer Vergangenheit übte Dresden in der Mitte des 19. Jahrhunderts eine große Anziehungskraft auf Ausländer aus, die bis zum Ausbruch des Ersten Weltkrieges anhielt. Der während des Maiaufstandes 1849 weitgehend zerstörte Ostflügel des Zwingers wurde 1852 bis 1863 unter Moritz Haenel restauriert. Verhängnisvoll war allerdings sein Versuch, der Verwitterung der Sandsteinskulpturen durch einen Anstrich mit Ölfirnis zu begegnen. Der Überzug beschleunigte noch den Verfall. 1855 konnte der noch von Semper entworfene Galeriebau am Zwinger, als Herzstück der Königlichen Sammlungen, bezogen werden.
Bis zu 10 000 Ausländer wohnten in Dresden. Zahlenmäßig am stärksten vertreten waren die Russen und Engländer. Die östliche Seevorstadt galt nach 1850 als vornehmstes Wohngebiet der Stadt. In dem so genannten Englischen Viertel wohnten zahlreiche wohlhabende Engländer, für die St. Aubyn 1868/69 an der Wiener Straße die Englische Kirche errichtete. 1861 wurde in Dresden eine russisch-orthodoxe Gemeinde gegründet. Für die etwa 600 Gläubigen wurde 1874 unweit der kaiserlich-russischen Gesandtschaft ein Sakralbau im Stil der Moskauer Kirchen eingeweiht. Der Stadtteil südlich des Böhmischen Bahnhofs wurde als Amerikanisches Viertel bezeichnet. 1883 entstand am Reichsplatz die Amerikanische Kirche.

Blick auf das Kronentor des Zwingers

Die Tradition der Dresdner Ratsmusik reicht bis ins 16. Jahrhundert zurück. Anlässlich der Einweihung des Konzertsaales im Gewerbehaus an der Ostraallee am 29. November 1870 erfolgte die Verpflichtung des Stadtmusikcorps zur Durchführung regelmäßiger Konzerte für breite Kreise der Bevölkerung. Aus dem so genannten „Gewerbehausorchester" wurde 1915 die Dresdner Philharmonie.

Die Elbschlösser

1811 ließ Lord Jacob von Findlater und Seafield (1747–1811) auf einem Weinberg oberhalb der Stadt ein palaisartiges Landhaus erbauen. Bis Mitte des 19. Jahrhunderts erfreute sich die nach ihrem früheren Besitzer benannte Ausflugsstätte größter Beliebtheit. Im Auftrag des preußischen Prinzen Albrecht erwarb die Baronin von Stockhausen 1849 einen Teil des Grundstücks. Hier entstand 1850–53 das Schloss Albrechtsberg. Wegen seiner nicht standesgemäßen Ehe mit der Generalstochter Rosalie von Rauch wurde der Preußenprinz, Bruder des späteren Kaiser Wilhelm I., aus Preußen verbannt. Der spätklassizistische Entwurf für das Schloss stammte von Adolf Lohse. Als besonders schwierig erwies sich die Gründung des auf einer Sanddüne stehenden Bauwerks. Zeitgleich entstand für den Kammerherrn des Prinzen Albrecht, Baron von Stockhausen, nebenan die Villa Stockhausen. Das prächtige Ensemble der Elbschlösser wurde 1859–61 im Auftrag des Großkaufmanns John Daniel Souchay mit dem Bau der Villa Souchay, bekannter als Schloss Eckberg, vollendet. Semperschüler Christian Friedrich Arnold wählte für das Bauwerk den neogotischen Stil. Bemerkenswert war die Gestaltung des Umfeldes der drei Schlösser durch prachtvolle Parkanlagen.

Schloss Albrechtsberg und Villa Stockhausen

Zoologischer Garten

Bereits seit dem 15. Jahrhundert wurden in Dresden für die Schau- und Jagdveranstaltungen auf dem Altmarkt, im Jägerhof oder im Stallhof in Zwingern und Menagerien Löwen, Bären, Affen und andere Tiere gehalten. Ausstellungen des 1855 gegründeten Geflügelzüchtervereins gaben den Anlass zur Gründung eines Aktienvereins zum Aufbau eines Zoologischen Gartens. 1859 wurde in der Ostraallee ein Kleiner Tiergarten angelegt. Der bekannte Gartenarchitekt Joseph Peter Lenné gestaltete den an den Großen Garten grenzenden Zoologischen Garten. Er wurde 1861 mit zunächst 39 Säugetieren und 184 Vögeln als vierter seiner Art in Deutschland eröffnet.

In der Nachbarschaft des Zoologischen Gartens konnte 1869 die Umgestaltung der alten Bürgerwiese zur ersten städtischen Parkanlage abgeschlossen werden. Auch an dieser Planung war Lenné beteiligt. Seit 1866 zierte der Neubau der Kreuzschule, die älteste Einrichtung dieser Art in Dresden, den nordwestlichen Eingang der Bürgerwiese. Die neogotische Fassade wurde wiederum von Christian Friedrich Arnold ausgeführt.

Soziale Differenzierung und Organisierung

In der Residenzstadt bestand eine ebenso breite wie wohlhabende Schicht des Hofadels, des Beamtentums, des Militärs sowie von Vertretern ausländischer Staaten fort. Die Zahl der Handwerker nahm vor allem nach der Einführung der Gewerbefreiheit 1861 stark zu. Im Zuge der Industrialisierung stieg die Bedeutung der Industriellen innerhalb der Bourgeoisie sowie der Arbeiterklasse innerhalb des Proletariats. Nach einem Jahrzehnt der Ruhe infolge des niedergeschlagenen Maiaufstands wuchs das Organisationsbedürfnis der Arbeiter. 1862 entstand aus einem Bildungsverein für Gewerbetreibende der Arbeiterbildungsverein. Parallel entwickelte sich ab 1863 ein Ortsverein des in Leipzig von Ferdinand Lassalle gegründeten Allgemeinen Deutschen Arbeitervereins ADAV. Im März 1866 trat August Bebel in Dresden auf einer Kundgebung auf.
Das politische Geschehen wurde jedoch noch von den Konservativen und Nationalliberalen beherrscht, die sich über die Frage der Eigenständigkeit Sachsens oder der Reichseinigung stritten. Der 1869 gebildete Ortsverein der Sozialdemokratischen Arbeiterpartei (SDAP) zählte im Folgejahr 320 Parteimitglieder. Obwohl Leipzig das bedeutendste Zentrum der Arbeiterbewegung in Sachsen war, wuchs das Ansehen des Dresdner Ortsvereins. Als die SDAP 1870 im deutsch-französischen Krieg wegen ihrer Anti-Kriegshaltung in Bedrängnis geriet, lag die Führung der Partei monatelang in den Händen der Dresdner Funktionäre. Zu einem Höhepunkt gestaltete sich der 2. Kongress der Sozialdemokratischen Arbeiterpartei im August 1871 in der Centralhalle der Elbestadt.

Der preußisch-österreichische Krieg von 1866

Bereits 1850 hatte Preußen Pläne zur Auflösung des Deutschen Bundes. Sie scheiterten am russischen und österreichischen Widerstand. Zwischen Dezember 1850 und Mai 1851 beschlossen die Vertreter der deutschen Staaten in mehreren Konferenzen in Dresden die Wiederherstellung der Verfassung des Deutschen Bundes. 1866 trieb Otto von Bismarck die nationalstaatliche Einigung Deutschlands unter preußischer Führung voran. Als entscheidende Bedingung kristallisierte sich der Sieg über den ewigen Rivalen Österreich heraus. Noch 1864 hatte man gemeinsam gegen Dänemark gekämpft. Aufgrund der traditionellen Bindungen des Hauses Wettin, wohl auch aus herrschaftstaktischen Gründen, entschied sich Sachsens König für ein Bündnis mit Österreich und damit gegen Preußen. Doch auch die Arbeiter verurteilten im Frühjahr 1866 auf Versammlungen des ADAV die drohende preußische Aggression.
Am 15. Juni erklärte Preußen Sachsen den Krieg und marschierte am Folgetag in das Land ein. Die 32 000 Mann zählende sächsische Armee vereinigte sich in Böhmen mit den österreichischen Truppen. Auch König Johann verließ das Land. Am 18. Juni 1866 wurde Dresden kampflos von preußischen Soldaten besetzt. Einmal mehr kamen auf die Bevölkerung schwere Belastungen zu.

König Johann

In der Schlacht bei Königgrätz wurden die habsburgischen Truppen am 3. Juli vernichtend geschlagen. Österreich musste der Auflösung des Deutschen Bundes und der Nichtbeteiligung an einem zukünftigen deutschen Staatsverband zustimmen. Dank französischer und österreichischer Diplomatie konnte Sachsen seine territoriale Integrität bewahren. Es verlor jedoch wichtige hoheitliche Rechte an den späteren preußisch geprägten Nationalstaat. König Johann kehrte am 26. Oktober 1866 nach Pillnitz zurück. Erst im Folgejahr verließen die Besatzungstruppen das Land. Zehn Millionen Taler Kriegsentschädigung musste das besiegte Sachsen an Preußen zahlen.

Brand des Opernhauses

Das zu seiner Erbauungszeit größte und schönste Opernhaus Europas wurde am 29. September 1869 durch einen Großbrand völlig zerstört. Er wurde durch Unachtsamkeit bei Wartungsarbeiten verursacht. Binnen acht Wochen entstand an der Großen Packhofstraße als Ersatzbau die so genannte Bretterbude. Das Interimstheater bot 1 800 Zuschauern Platz.

Die Bretterbude

Um den Neubau bewarben sich zahlreiche namhafte Architekten. Es war wohl vor allem dem Druck der Bürger sowie des Dresdner Architektenvereins zu danken, dass am Ende Gottfried Semper neuerlich mit dem Bau eines Opernhauses betraut wurde. 1870 erfolgte die Beauftragung durch König Johann. Der in Zürich lebende Semper hatte Dresden seit seiner Verbannung 1849 nicht wieder betreten. Er blieb seinen Grundsätzen treu und ließ seinen Sohn Manfred die Bauleitung vor Ort übernehmen. Der umfangreiche und bis ins Detail führende Briefwechsel zwischen beiden erleichterte den Wiederaufbau des Hauses zu DDR-Zeiten.

Dynamische Entwicklung von den Gründerjahren bis zur Jahrhundertwende

Spätestens seit Königsgrätz 1866 befand sich Sachsen im Fahrwasser des übermächtigen preußischen Nachbarn. Im Deutsch-Französischen-Krieg 1870/71 spielte es nurmehr die Rolle eines Vasallen. Die sächsischen Truppen hatten einen maßgeblichen Anteil an den siegreichen Schlachten von St. Privat, Beaumont und St. Quentin. Die Siege wurden in Dresden mit rauschenden Feiern begangen. Mit der Gründung des preußisch-deutschen Kaiserreichs war die nationalstaatliche Einheit vollendet, Sachsen wurde zum Bundesland. An der Proklamation des

Preußenkönigs Wilhelm zum Kaiser nahmen am 18. Januar 1871 im Schloss Versailles der sächsische Kronprinz Albert sowie Prinz Georg teil.
Aufgrund seiner militärischen Erfolge kommandierte Kronprinz Albert am 3. März 1871 die große Siegesparade vor Wilhelm I. in Paris. Der Einzug der 20 000 sächsischen Soldaten am 11. Juli 1871 in Dresden gestaltete sich zu einem spektakulären Triumphzug. Straßen und Plätze der Stadt wurden nach den beiden erfolgreichen sächsischen Militärbefehlshabern Albert und Georg, aber auch nach Kaiser Wilhelm, Bismarck und Moltke benannt.

Der Einzug des Kronprinzen Albert mit dem siegreichen Heer

Der deutsch-französische Krieg dürfte wohl in der Geschichte der Stadt als einzige Militäraktion gelten, die Dresdens Entwicklung entscheidend beeinflusste, ohne hier Trümmer und Elend zu hinterlassen. Robert Henze schuf die am zehnten Jahrestag der Schlacht von Sedan eingeweihte Marmorstatue der Germania. Ab 1880 erinnerte sie mitten auf dem Altmarkt an die sächsische Beteiligung an dem Sieg, stand aber auch für die gefallenen Dresdner Soldaten. Die Germania wurde 1949 abgebrochen, der Carrara-Marmor für den Wiederaufbau der Kathedrale genutzt.
Die unfassbare Summe von fünf Milliarden Goldfranc französischer Kriegskontributionen entfachte auch in der Elbestadt ein Gründerfieber. Binnen drei Jahren entstanden in Dresden mehr als doppelt so viele Aktiengesellschaften wie in den drei Jahrzehnten zuvor. Der Schwerpunkt lag dabei auf dem Bau- und dem Bankengeschäft. Aus dem alteingesessenen Bankhaus Kaskel ging 1872 die finanzstarke Dresdner Bank hervor. Ihr Aktienkapital von 24 Millionen Mark entsprach mehr als einem Viertel des Gründungskapitals aller 40 neu entstandenen AG zusammen. Bereits 1873 wurden die Gründerjahre durch den so genannten Gründerkrach jäh beendet. Der schweren Krise fielen bis zum Ende des Jahrzehnts zahlreiche Unternehmen zum Opfer. Besonders betroffen waren die Neugründungen: Von 93 Aktiengesellschaften mussten 44 Konkurs anmelden.

Die bauliche Entwicklung in der Gründerzeit

Nach 1871 verzeichnete die Stadt ein jährliches Bevölkerungswachstum von vier- bis fünftausend Menschen, für die in den 1870er und 1880er Jahren zahlreiche dichtbebaute Wohnquartiere entstanden. Die soziale Differenzierung der Stadtteile nahm deutliche Ausmaße an. Die Arbeiterviertel konzentrierten sich im Umfeld der Industriegebiete. Innerhalb der Stadt waren das vor allem die Friedrichstadt, die Oppellvorstadt, die Antonstadt und die Leipziger Vorstadt. Die Entwicklung erfasste auch Nachbarorte, beispielsweise Pieschen, Cotta und Löbtau, deren Bevölkerung sich bis 1890 vervier- bis versechsfachte.

Abseits der Fabriken entstanden als bessere Wohnviertel Beamtenviertel. Als Villengebiete kristallisierten sich die Stadtviertel um den Großen Garten, südlich des Hauptbahnhofes, in den Randlagen der Neustadt sowie im Bad Weißer Hirsch heraus. Von Seiten des Hofes und der Stadt wurden sichtbare Anstrengungen unternommen, das räumliche Wachstum der Stadt durch eine Stadtbildpflege zu begleiten. Waren die Straßen und Plätze der Stadt Anfang des 19. Jahrhunderts bar jeglicher Begrünung, wurden nun tausende Straßenbäume gepflanzt. Mit dem von Villen umsäumten Albertplatz entstand eine der schönsten deutschen Platzanlagen seiner Zeit. Zu seiner Zierde wurden 1894 die beiden Brunnen „Stille Wasser“ und „Stürmische Wogen“ von Robert Diez aufgestellt. Der Große Garten wurde ab 1873 schrittweise vergrößert und im englischen Stil umgestaltet. 1886 verwandelte sich eine Kiesgrube zum Carolasee. Drei Jahre später begann im Nordwesten die Anlage des Botanischen Gartens.
In Blasewitz verhinderte der Geheime Regierungsrat Arthur Willibald Königsheim eine spekulative Bebauung. Der von ihm initiierte „Waldpark-Verein“ kaufte ein einhundert Hektar großes Stück des „Bauernbuschs“. Die von Hofgärtner Sigismund Neumann vorgenommene Überplanung sah eine Umgestaltung des Kerns der Grünfläche zum Waldpark vor. Im Umfeld wurden großzügige Parzellen für eine Villenbebauung ausgewiesen. 1870 wurde der Entwurf auf der Internationalen Gartenbauausstellung in Hamburg prämiert.
Ab 1890 erlaubte die Verbesserung des Verkehrsnetzes die flächenhafte Ausdehnung der großstädtischen Agglomeration. Die Bauvorschriften konnten dadurch zugunsten einer höheren Qualität gewandelt werden: So wurde mit der nun wieder vorgeschriebenen Einzelhausbebauung in dem reinen Arbeiterviertel Löbtau eine für Deutschland ungewöhnliche städtebauliche und Wohnqualität erzielt.
Kaiser Wilhelm I. hatte 1872 die Aufgabe Dresdens als Festungsstadt verfügt. Doch die mittelalterlich geprägte Innenstadt selbst war für die rasch anwachsenden Verkehrsströme ein Engpass. Mit dem Durchbruch der Prager Straße entstand bereits 1853 eine Verbindung vom Altmarkt nach Süden. Weiterhin aber fehlte der Großstadt eine Ost-West-Achse. 1872 bis 1875 wurde als erster Schritt die Schweriner Straße durch vorhandene Bebauung gebrochen. Dadurch verbesserte sich insbesondere die Verkehrsanbindung der Friedrichstadt,

Bau der Albertbrücke

die bis dahin von der Altstadt nur über eine Weißeritzbrücke im Zuge der Friedrichstraße erreichbar war. 1880 entstand die Grunaer Straße. Mit dem Durchbruch der König-Johann-Straße (östliche Wilsdruffer Straße) konnte die Ost-West-Achse 1888 fertig gestellt werden. Bei der Gelegenheit wurde die rückwärtige Gartenfront des Landhauses, heute gemeinhin als Hauptfassade betrachtet, im Stadtbild sichtbar.
Ein wachsende Bedeutung erhielt die Verknüpfung des Stadtgebietes links und rechts der Elbe. Als dritte Strombrücke konnte im Jahr 1877 nach zweijähriger Bauzeit die Albertbrücke eingeweiht werden. Vor den Toren Dresdens entstand zwischen 1891 und 1893 die Stahlfachwerkkonstruktion des „Blauen Wunders". Abgesehen von seiner Schönheit begeisterte die Spannweite von 141 Metern. Kein Brückenpfeiler behinderte mehr den wachsenden Schiffsverkehr auf der Elbe. 22 Prozent des Güterverkehrs in Dresden erfolgten damals auf dem Wasser. Als vierte innerstädtische Strombrücke folgte 1895 die „Königin-Carola-Brücke". Die Forderung der Johannstadt nach einer Brücke am Waldschlösschen im Zuge des östlichen äußeren Rings sollte sich als wenig erfolgreich erweisen.

Handel im Wandel

Die Dresdner Innenstadt, und hier besonders der Altmarkt und die Prager Straße, verwandelte im Zuge der Cityausprägung grundlegend ihr Gesicht. Ältere Bauten mussten modernen Geschäfts- und Verwaltungsbauten weichen. Die Wohnbevölkerung der Altstadt nahm zwischen 1871 und 1900 um ein Viertel auf 20 000 Menschen ab. Auch die erst 1853 angelegte und bebaute Prager Straße änderte ihr Aussehen bis zur Jahrhundertwende völlig. Anfänglich von herrschaftlichen Villen gesäumt, kündete in der noblen Geschäftsmeile zur Jahrhundertwende nur noch das Schlachtenpanorama von der ursprünglich lockeren Bebauung. 1901 wich auch diese Erinnerungsstätte an den deutsch-französischen Krieg einer dichteren Bebauung. 1896 verlegte Firmengründer Johann Traugott Adolph Renner sein Konfektionshaus zum Altmarkt 12. Das beliebte Kaufhaus breitete sich fortan an der Nordseite des Platzes aus und präsentierte seine Waren schließlich in 60 Schaufenstern, die sich über zwölf Gebäude erstreckten.
Alfred Stübel, seit 1877 Oberbürgermeister, setzte sich tatkräftig für den Ausbau der Dresdner Infrastruktur ein. Dazu gehörte auch die Errichtung von Markthallen, da die bis dahin vorherrschenden offenen Märkte nicht mehr den Anforderungen der Zeit entsprachen. 1893 fanden auf dem Altmarkt letztmalig Wochenmärkte statt. Unweit wurde im selben Jahr am Antonplatz

Markttag an der Hauptmarkthalle Schäferstraße

die erste städtische Markthalle eröffnet. Das Gebäude wurde 1945 zerstört. Die neobarocke Hauptmarkthalle an der Schäferstraße (1895) und die Halle in der Neustadt (1899) blieben trotz Kriegsbeschädigungen erhalten. Auf dem Altmarkt fanden fortan nur noch der Striezel- sowie Blumenmärkte statt. Selbst diese traditionsreichen Verkäufe waren den Zeitgenossen ein Dorn im Auge.

Straßenbahn

Mit der wachsenden Agglomeration wuchs das Bedürfnis nach neuen, schnellen und preiswerten Verkehrsmitteln. Schon 1819 war in Dresden eine Fiakeranstalt entstanden. 1838 tauchten auf der Strecke vom Schlossplatz zum Waldschlösschen Pferdeomnibusse auf. Im Laufe der Jahre bildeten sich 15 Linien heraus, die das Stadtgebiet, wichtige Vororte sowie Ausflugsgebiete erschlossen. Mit einem Fahrpreis von fünf Pfennigen waren die Pferdeomnibusse für breite Schichten zu teuer. Auch waren sie in den Verkehrsspitzen zu leistungsschwach, um als echtes Massenverkehrsmittel zu dienen.

Das Jahr 1872 markierte den Wendepunkt in der Entwicklung des städtischen Nahverkehrs. Am 26. September befuhr erstmals eine von Pferden gezogene Straßenbahn die Strecke vom Pirnaischen Platz nach Blasewitz. Noch im selben Jahr wurde die von der englischen Continental-Pferdeeisenbahn-Gesellschaft betriebene Linie bis Plauen verlängert.

In den 1870er Jahren widersetzten sich die Stadtverordneten einer Erweiterung des Straßenbahnnetzes innerhalb der Innenstadt. Innerhalb der engen Gassen der Altstadt setzten sie auf den Vorrang von Pferdedroschken und Pferdeomnibussen. Dabei stellte der schienengebundene Straßenverkehr eine entscheidende Voraussetzung für die städtische Entwicklung der Gründerzeit dar. Zwischen 1880 und 1893 entstand ein Straßenbahnnetz mit 16 Linien. Zwei Unternehmen teilten sich das Geschäft: Die seit 1879 von der Tramways of Germany Ltd. betriebenen „Gelben“ und die von der ein Jahrzehnt später gegründeten Deutschen Straßenbahn-Gesellschaft angebotenen „Roten“ Wagen. Für die Stadt bedeuteten die verpachteten Linien des öffentlichen Nahverkehrs eine gute Einnahmequelle.

Erstmals in Sachsen schickte die „rote Gesellschaft“ am 6. Juli 1893 elektrische Straßenbahnen auf die Strecke Schlossplatz und Blasewitz. Bis zur Jahrhundertwende verdrängte das schnellere und leistungsfähigere Verkehrsmittel die Pferdebahn aus dem Stadtbild. Am 25. August 1900 fuhr die letzte planmäßige Pferdebahn ins Depot auf der Trachenberger Straße ein. Die Stadt verfügte nun über ein Netz von 22 elektrisch betriebenen Straßenbahnlinien. Als Besonderheit verkehrte ab Oktober 1895 zur Erschließung der Hanglagen die Standseilbahn zwischen dem Körnerplatz und Oberloschwitz/Weißer Hirsch.

Der Postplatz – hier im Vordergrund noch mit dem Colerabrunnen – war immer ein Treffpunkt der Straßenbahnen

Albertstadt

Über ganz Dresden verstreut existierten um 1870 rund 170 Militärgebäude. Neben dem Kriegsministerium und dem Generalkommando zählten dazu die Militärgerichtsbehörden und -verwaltungen sowie die Kasernen der Garnison Dresden. Die Stadt wies mit 10 000 Soldaten die höchste Truppenpräsenz im Königreich und eine der bedeutendsten Garnisonen des Reiches auf. Im Krieg von 1870/71 stand Sachsen auf der Seite der Sieger, was in der Geschichte eher selten war. Das erhöhte verständlicherweise das Ansehen der Armee in der Gesellschaft. Dem stand die Unterbringung der Soldaten in völlig veralteten Kasernenbauten in der Altstadt und der Neustadt entgegen.
1870 begann, noch ohne Einordnung in eine größere Planung, der Bau der Schützenkaserne am Alaunplatz. Der damalige Kriegsminister, General Georg Friedrich Alfred von Fabrice, entwickelte die Konzeption für den Bau einer großartigen Kasernenstadt am Rande der Heide und setzte seine Planung bei der Staatsregierung sowie den Ständen durch. Beidseits der drei Kilometer langen Hauptachse – nach mehrmaligen Umbenennungen heißt die Heerstraße heute Stauffenbergallee – entstanden auf einer Fläche von 360 Hektar Kasernen und militärische Führungseinrichtungen für insgesamt 20 000 Soldaten.
1877 wurde die großartige Anlage nach König Albert benannt. Bereits im Jahr darauf konnten die letzten der veralteten Kasernen der Innenstadt geräumt werden. Das heutige Industriegelände war den Werkstätten des Arsenals vorbehalten. Auf dem Heller schlossen sich die die Schieß- und Exerzierplätze an.
Im Jahr 1900 wurde die Garnisonkirche mit einem evangelischen und einem katholischen Teil geweiht. Nach der Jahrhundertwende erfolgte die Komplettierung der Albertstadt u.a. durch den Bau der Artilleriekaserne, der Maschinengewehrkaserne, des Militärgerichtes und des Garnisonsfriedhofes.

Neue Spielstätten für Dresden

Auf Initiative Dresdner Bürger begann 1871 am Albertplatz der Bau des Schauspielhauses. Die Baukosten wurden über einen Aktienverein gesammelt, den Bauplatz stellte die Stadt unentgeltlich zur Verfügung. 1873 konnte der von Bernhard Schreiber entworfene Neorenaissancebau mit 1 500 Zuschauerplätzen mit Goethes „Iphigenie" eingeweiht werden. Bis zum Bau des „Großen Hauses" am Postplatz 1910 wurde das Alberttheater in der Neustadt als Königliches Schauspielhaus genutzt.
Zeitgleich mit dem Bau dieses Theaters begann 1871 die Errichtung des neuen Hoftheaters am Theaterplatz durch Gottfried Semper. Das nunmehr vierte Dresdner Operngebäude gilt als Höhepunkt der

Das zweite Hoftheater am Theaterplatz, rechts Helbigsches Etablissement

Theaterarchitektur im 19. Jahrhundert. Nach der leidvollen Branderfahrung mit dem Vorgängerbau wurde der Bauplatz ein Stück vom Galeriegebäude weggerückt. Der Zuschauerraum mit seinen fünf Rängen bot anfänglich über 2000 Plätze, davon entfielen 15 Prozent auf Stehplätze. Der von Semper favorisierte Stil der Hochrenaissance prägte die Architektur der Stadt bis ins 20. Jahrhundert hinein, als andernorts längst der Jugendstil vorherrschte.
Das heute volkstümlich als „Semperoper" bezeichnete Gebäude diente anfänglich auch dem Schauspiel. Legendär aber wurden die Opernaufführungen unter dem 1872 berufenen Musikdirektor Ernst von Schuch (1846–1914). Während die Kunstakademie an Bedeutung verlor, führte er die Musikensemble zu neuen Höhen. Richard Strauss bezeichnete die Opernstadt Dresden damals als „Dorado für Uraufführungen". In die über 40-jährige Wirkungszeit Schuchs fielen 51 Uraufführungen und 120 Erstaufführungen.

Wettinjubiläum

Mit großem Pomp beging die Residenzstadt im Juni 1889 das 800-jährige Jubiläum des Hauses Wettin. Die Feiern erinnerten daran, dass Heinrich I. von Eilenburg die Mark Meißen 1089 als Lehen erhielt. 300 000 Dresdner und Gäste verfolgten den Festumzug von 12 000 Darstellern durch die mit Ehrenpforten, Blumen und Fahnen geschmückte Stadt. Einen Höhepunkt der Feierlichkeiten bildete die Einweihung des von Johannes Schilling geschaffenen bronzenen Reiterstandbildes auf dem Theaterplatz. Das Denkmal ehrte König Johann. Längst war das Fürstenhaus die älteste und bisweilen antiquierte Dynastie in deutschen Landen. So war das Königshaus selbst unter seinen sächsischen Untertanen nicht unumstritten. Der marxistische Arbeiterbildungsverein der Dresdner Neustadt organisierte während des Festumzuges als Gegenveranstaltung eine Landpartie.
Das einmalige Fürstenjubiläum war von zahlreichen baulichen Vorhaben begleitet. Im Mittelpunkt stand der Umbau des in weiten Teilen mittelalterlichen Residenzschlosses. Bekanntermaßen waren die Pläne August des Starken für einen glanzvollen barocken Schlossneubau in der Schublade verblieben. Die Verarmung Sachsens durch den Siebenjährigen Krieg und sein Bedeutungsverlust nach dem Wiener Kongress 1815 taten ein übriges. So war das Residenzschloss in der zweiten Hälfte des 19. Jahrhunderts baulich wie auch vom zeitgenössischen Stilempfinden verschlissen.
Bereits 1872 bis 1876 wurde Stallgebäude als „Johanneum" für die Porzellansammlung und das historische Museum umgestaltet. Gleichzeitig erfolgte eine Verschönerung des anschließenden Langen Gangs durch eine Sgraffitomalerei. Im Ergebnis eines Wettbewerbes schuf hier Wilhelm Walther (1826–1913), Vertreter einer erfolgreichen Dresdner Künstlerfamilie, den berühmten Dresdner Fürstenzug. Verwitterungsschäden veranlassten die Übertragung des Werkes 1904–1907 auf 25 000 Fliesen Meißner Porzellans.
Im Zusammenhang mit dem Wettinjubiläum erfolgte die grundlegende und einheitliche Neugestaltung des Residenzschlosses im Sinne der Frührenaissance. Die Bauarbeiten begannen auf der Westseite. Das inzwischen als Archivhaus genutzte

Komödienhaus Klengels auf dem Theaterplatz musste 1889 weichen. Die Veränderungen an dem Baukörper brachten empfindliche Eingriffe in das Raumgefüge des Grünen Gewölbes wie in die barocke Paradestrecke August des Starken.
Im Zeichen des Wettinjubiläums wurde im April 1896 der Wettinobelisk auf dem Taschenberg eingeweiht. Die Nationalsozialisten beseitigten das Denkmal um 1940. Mit der neuen Nordfassade entstand 1899 die kupferverkleidete Brücke zur Kathedrale. Gustav Dunger und Gustav Frölich leiteten die erst 1901 mit dem weitgehenden Neubau des Georgentores vollendeten Arbeiten am Residenzschloss. 1902 konnten der alte König Albert und seine Gattin Carola ihr angestammtes Domizil in dem einstigen Stadttor beziehen.

Das Georgentor vor dem Umbau

Neues Gesicht für die Brühlsche Terrasse

Die Elbfront Dresdens galt seit dem 18. Jahrhundert als Filetstück der Altstadt. Im späten 19. Jahrhundert übte die expandierende Großstadt einen starken Investitionsdruck auf die Bauten und Festungswerke entlang der Elbe aus. Dem fielen letztlich alle Renaissance- und Barockgebäude entlang der Brühlschen Terrasse bis hin zur berühmten Elbbrücke Pöppelmanns zum Opfer. Gleichzeitig entwickelte sich aber ein Bewusstsein für die Werte der Baukunst in Dresden. Das war insbesondere dem Wirken des Nestors der deutschen Denkmalpflege, Cornelius Gurlitt (1850–1938), in der Stadt zu danken. Dadurch konnte wenigstens die Beseitigung der berühmten Brühl'schen Terrasse vereitelt werden.
Einen Eindruck von der früheren Bebauung zur Elbe bietet heute nur noch das 1897 an Stelle der Brühlschen Bibliothek errichtete neobarocke „Sekundogenitur“. Der Name des Gebäudes erklärt sich aus seiner Nutzung: Es beherbergte anfänglich die Bibliothek und Grafikensammlung des zweitgeborenen Prinzen. Für die Zwecke des Hauptarchives und der Skulpturensammlung gestaltete Carl Adolph Canzler 1884 bis 1887 das alte Zeughaus zum Albertinum um. Mit aller Wucht und Pracht des wilhelminischen Zeitalters veränderten 1885 bis 1894 der Neubau der Kunstakademie und des anschließenden Ausstellungsgebäudes des Kunstvereins durch Constantin Lipsius die Elbsilhouette. Das stadtgeschichtlich und städtebaulich so wichtige Palais Brühl musste 1900 dem dominanten Bau des

Das Palais Brühl zierte bis 1900 den Eingang der Brühlschen Terrasse

Landtagsgebäudes (Ständehaus) weichen. Auch die beiden rechtselbischen Ministerialbauten bedeuteten eine Abkehr von der Dresdner Architekturtradition, die doch die Qualität stets vor die Quantität stellte.

Spiegelreflexkameras, Mundwasser, Kondensmilch und vieles mehr

Das späte 19. Jahrhundert brachte eine weitere Bereicherung für die vielseitige Wirtschaftsstruktur Dresdens. Ganz bescheiden begann der Unternehmer Karl August Lingner (1861–1916) 1888 in der Wölfnitzstraße mit der Herstellung von Haushaltsartikeln. Vier Jahre später gründete er das „Chemische Laboratorium". Mit einer bis dahin beispiellosen Marketingkampagne sorgte er für den weltweiten Absatz des Mundwassers „Odol". Schon frühzeitig setzte er sich für die hygienische Aufklärung ein, die 1911 in der internationalen Hygiene-Ausstellung und im Folgejahr in der Gründung des Hygiene-Museums gipfeln sollte.

Erste Hinweise auf den Bau von Fotoapparaten in Dresden stammen aus dem Jahr 1839, als der Mechanikus Friedrich Wilhelm Enzmann in einer Verkaufsanzeige Platten und Apparate zur Darstellung von Lichtbildern feilbot. Der Zusammenschluss von sieben Herstellern zur ersten deutschen Aktiensgesellschaft der photographischen Industrie 1874 festigte Dresdens führende Position in der Herstellung fotografischer Papiere. Der 39-jährige Johann Heinrich Ernemann begann 1889 in der Güterbahnhofstraße mit der Montage von Fotoapparaten. Die Firma Richard Hüttig & Sohn stellte 1896 die erste einäugige Spiegelreflexkamera der Welt her. Aus seinem 1887 entstandenen Versandhandel für fotografische Artikel entwickelte der Kaufmann Emil Wünsche die dritte große Dresdner Kamerafabrik.

Zu den Großbetrieben der Stadt mit mehr als eintausend Beschäftigten gehörten ausgangs des 19. Jahrhunderts die Nähmaschinen- und Schreibmaschinenfabriken Seidel & Naumann, die Steingutfabrik Villeroy & Boch, die Eschebach-Werke und die Löbtauer Glasfabrik. Für die hohe Qualität der aus Dresden stammenden Industrieerzeugnisse standen zahlreiche Preise auf internationalen Messen und Ausstellungen.

Eine späte Würdigung erhielt Paul Pfund für einen seiner 32 Milchläden in der Stadt: Das 1892 von Villeroy & Boch mit prächtigen Fliesen ausgestattete Geschäft in der Bautzner Straße 79 wurde rund ein Jahrhundert später ins Guinessbuch der Rekorde eingetragen. Es würdigte dessen besondere Ausstattung, die Erich Kästner bereits 1957 in seinen Jugenderinnerungen als „schönsten Milchladen der Welt" bezeichnete. Schon zu Lebzeiten bescherte Pfund die Erfindung der Kaffeesahne unternehmerischen Erfolg.

Die wachsende Bevölkerung und Industrie Dresdens benötigte Energie: Im März 1881 wurde die neue Gasanstalt in Reick eröffnet. 1895 entstand an der Stiftsstraße das so genannte Lichtwerk. Die ersten elektrischen Straßenlaternen erhellten die See- und die Schlossstraße. Bald reichte die Energieproduktion nicht mehr aus, so dass schon 1899 am Wettiner Platz ein spiegelgleicher Anbau erfolgte. Otto Beutler, nach dem Tode Paul Alfred Stübels 1895 Dresdner Oberbürgermeister, betrieb wie sein Amtsvorgänger den Ausbau der Infrastruktur. Dennoch drang die Gas-, Trinkwasser- und Stromversorgung nur sehr

zögerlich in die Kleinwohnungen der armen Dresdner vor. In den Arbeitshaushalten funzelten damals überwiegend Petroleumlampen. Bis weit ins zwanzigste Jahrhundert hinein musste das Wasser von einem Auslass im Hausflur oder gar von einer Pumpe im Hof geholt werden.
1897 beschloss der sächsische Landtag die Errichtung des ersten deutschen Fernheizwerkes. Ab Dezember 1900 versorgte das Kraftwerk 14 historische Gebäude der Altstadt mit Wärme, darunter den Zwinger, das Opernhaus, die Hofkirche, das Albertinum und das Residenzschloss. Nicht minder bedeutend war die Einweihung des ersten städtischen Wasserwerkes „Saloppe" 1875 sowie der parallel betriebene Ausbau der Trinkwasserversorgung und des Kanalisationssystems.

Das Fernheizwerk hinter dem Hoftheater

Ausbau des Bildungswesens

Eine glückliche Rolle im wirtschaftlichen wie im geistigen Leben der Stadt spielte die 1871 in Polytechnikum umbenannte Technische Bildungsanstalt. Die Institution konnte 1875 einen Neubau südlich des Hauptbahnhofes beziehen. 1890 erhielt die Lehreinrichtung als Technische Hochschule Universitätsrang. Namhafte Wissenschaftler wie die Physiker August Toepler und Gustav Zeuner, die Chemiker Walter Hempel und Richard Möhlau sorgten für ihr internationales Renommee. Um 1900 entstanden im Stadtviertel zwischen der Münchner Straße und der Bergstraße die ersten Institutsbauten.
Schon ab 1870 hielt Hermann Krone an der Bildungsanstalt Vorlesungen zur Fotografie, wurde 1878 Dozent und 1895 Professor. Nicht zufällig wurde dem Dresdner Unternehmer Friedrich Siemens 1900 der erste Ehrendoktortitel verliehen. Er hatte 1867 nach dem Todes seines Bruders die Löbtauer Glasfabrik übernommen und entwickelte sie zum Branchenprimus in Sachsen.
1878 erließ die Stadt Dresden eine vorbildliche Lokalschulordnung. Der städtische Etat für das Schulwesen hatte sich 1887 gegenüber 1871 mehr als verdoppelt. Ungeachtet des stürmischen Anwachsens der Zahl schulpflichtiger Kinder gelang es, durch den Bau zahlreicher neuer Schulgebäude und einer tiefgreifenden Schulreform die Lehrbedingungen und damit das Bildungsniveau deutlich zu verbessern. Mit dem 1874 in der Neustadt gegründeten Königlichen Gymnasium und dem 1884 eingeweihten Wettiner Gymnasium bestanden nun neben der Kreuzschule drei Gymnasien in der Stadt.

Überall in der Stadt entstanden moderne Schulgebäude, im Bild die Neustädter Realschule

Sozialdemokratie in Dresden

Die rasche Industrialisierung ging durchaus nicht mit einem gleichmäßigen Wachstum des Lebensniveaus der Bevölkerung einher. Die Arbeitsbedingungen waren schwer – in den Fabriken wurden zwölf bis 14 Stunden am Tag gearbeitet, und nur der Sonntag war frei. Wenn zwölfjährige Kinder im Anschluss an die Schule sechs Stunden harte Fabrikarbeit verrichteten, so wurde das als vernünftig angesehen. Das Leben der sozial schwachen Schichten prägten auch in Dresden schlechte Wohnverhältnisse. So lebten in der Gründerzeit mehr als zehntausend Einwohner in Kellerwohnungen.
Unter diesen Bedingungen war es nicht verwunderlich, dass die Ideen der Sozialdemokratie in der Arbeiterschaft auf breite Zustimmung stießen. Unter schwierigen Bedingungen erschien ab April 1871 das linke Blatt „Dresdner Volksbote". 1878 als „Dresdner Volkszeitung" weitergeführt, wurde die Zeitung Rahmen des Sozialistengesetzes Bismarcks im gleichen Jahr verboten. Der Arbeiterführer August Bebel hatte seinen Wahlkreis in Dresden-Altstadt. Bei der Reichstagswahl 1877 konnte er in der Stichwahl den nationalliberalen Gegenkandidaten schlagen und zog als einer von zwölf Sozialdemokraten in das Parlament ein. Bei den sächsischen Landtagswahlen im selben Jahr konnte die Sozialdemokratie erstmals in den Landtag einziehen.
Nach dem Erlass des Sozialistengesetzes 1878 wurde nicht allein die linke Presse drangsaliert. Dutzende Dresdner Sozialdemokraten wurden wegen ihrer politischen Arbeit zu Gefängnis- oder Zuchthausstrafen verurteilt. Doch die Partei, deren Aktivitäten praktisch alle verboten und verfolgt wurden, lebte in der Stadt auf Sportveranstaltungen, in Gesangsvereinen, bei Wanderungen oder Begräbnisfeiern fort. 1884 zog August Bebel in den Dresdner Vorort Plauen. 1886 leitete er in der Pillnitzer Meixmühle eine illegale Landesdelegiertenkonferenz. Ebensowenig wie in den großen Arbeiterzentren Leipzig oder Berlin gelang Bismarck in Dresden die Zurückdrängung der Sozialdemokratie. Im Gegenteil: 1887, bei der letzten Reichstagswahl vor dem Fall des Sozialistengesetzes, steigerte die Partei ihre Stimmenzahl im Dresdner Raum gegenüber der Zeit vor ihrem Verbot um mehr als zwei Drittel.
Trotz königlichen Verbots begingen Parteiaktivisten, Gewerkschafter und Arbeiter den 1. Mai 1890 als Kampftag für den Achtstundentag. Doch die Zeiten hatten sich geändert. Nachdem Wilhelm II. Bismarck als Reichskanzler entlassen hatte, kam es nicht zur befürchteten Neuauflage des Sozialistengesetzes. Die nunmehr wieder legal arbeitende Sozialdemokratie prägte schon bald das politische Leben im „roten Sachsen". 1893 gewann die SPD bei der Reichstagswahl in Dresden 46 Prozent der Stimmen. Das entsprach dem doppelten Stimmenanteil gegenüber dem Reichsdurchschnitt. Fünf Jahre später setzten sich Sozialdemokraten in beiden Dresdner Wahlkreisen durch.
Im Landesparlament des Königreiches Sachsen herrschten andere Umstände. Nach preußischem Vorbild setzte die rechte Mehrheit im sächsischen Landtag 1896 ein so genanntes Dreiklassenwahlrecht durch. Damit gelang es ihr, die Sozialdemokratie vollständig aus dem Parlament zu vertreiben. Eine massiv anschwellende Unzufriedenheit schürte die Wahlrechtsbewegung, welche das

sonst so ruhige Dresden nach der Jahrhundertwende auf das heftigste erschüttern sollte.

Eingemeindungen

Zwischen 1871 und 1900 sprengte die Stadt ihre traditionellen Grenzen. Im Süden wuchs die Stadt an die Hänge des Elbtales heran. Die alten Vorstädte im Westen und Nordwesten entwickelten sich zu Fabrikbezirken. Auch im Osten verdichtete sich die Bebauung. Nach Aufhebung des Bauverbotes 1874 wurde die 1877 nach König Johann benannte Äußere Pirnaische Vorstadt bis zur Jahrhundertwende vollständig überbaut. Mehr und mehr vermischten sich die Vororte mit der eigentlichen Stadt. 1890 lebten in Striesen bereits über 11 000 Menschen. Zwei Jahre später wurde der Ort gemeinsam mit dem kleineren Strehlen nach Dresden eingemeindet. Um 1900 war die ein Jahrzehnt zuvor noch bestehende Baulücke zwischen der Blasewitzer und der Dürerstraße verschwunden. Aufgrund seiner schlechten Finanzsituation betrieb das einwohnerstarke Pieschen seine Eingemeindung zum wohlhabenden Dresden, die 1897 gemeinsam mit Trachenberge, Wilder Mann und den Hellerbergen erfolgte.

Binnen weniger Jahrzehnte wurde die nach König Johann benannte äußere Pirnaische Vorstadt überbaut. Im Bild der Sachsenplatz

Ausstellungsstandort Dresden

Im Großen Garten wurde 1887 die I. Internationale Gartenbauausstellung ausgerichtet. Die Spezialisierung der Dresdner Gartenbaubetriebe zu Kunst- und Handelsgärtnereien hatte bereits im frühen 19. Jahrhunderts eingesetzt. Das hohe gärtnerische Renommee der Elbestadt in jenen Jahren bezeugte die Teilnahme von Ausstellern aus Belgien, Holland und Österreich. Selbst Kaiser Wilhelm I. stiftete einen Ehrenpreis. Der große Erfolg veranlasste den Bau des Ausstellungspalastes am heutigen Straßburger Platz, der 1896 für die II. Internationale Gartenbauausstellung eingeweiht werden konnte.
Eine andere Tradition stellten die sächsischen Gewerbeausstellungen dar, die seit 1824 in Dresden veranstaltet wurden. 1896 fand im neuen Ausstellungspalast eine umfängliche Exposition statt: „Die alte Stadt" widmete sich der Entwicklung des Kunstgewerbes und des Handwerks in Sachsen. Seiner harmonischen Verknüpfung diente die 1875 im Zeichen der Kunstgewerbebewegung in der Residenzstadt gegründete „Königlich-Sächsische Kunstgewerbeschule".

Der Ausstellungspalast von 1896

Ungeachtet seiner Traditionen gingen von den bildenden Künsten in Dresden im späten 19. Jahrhunderts kaum Impulse aus. Die Kunstakademie war in naturalistischer Genremalerei erstarrt. Berlin und München hatten in Deutschland unangefochten das Kunstmonopol inne. Dem widersetzten sich die jungen Maler Eugen Bracht, Carl Bantzer und der 1895 zum Professor an der Kunstakademie berufene Impressionist Gotthardt Kuehl. Mit Erfolg konnten sie den alten Muff aus der Akademie vertreiben. Kuehls Initiative zur Ausrichtung einer Internationalen Kunstausstellung in Dresden erschien dennoch vielen Skeptikern vermessen. Die hohe Anerkennung für die Veranstaltung im Jahr 1897 veranlasste zwei Jahre später die Ausrichtung der 1. Deutschen Kunstausstellung. Mit einem Seitenhieb auf Berlin lobten Kritiker das Dresdner Prinzip „Klasse vor Masse".

Die Verlegung der Weißeritz führte zum Ausbau der Friedrichstadt

Die Chronik verzeichnet im vergangenen Jahrtausend zahlreiche verheerende Hochwasser der Weißeritz. Gerade die nördliche Friedrichstadt mit ihrer Höhenlage von 106 bis 109 Meter über dem Meeresspiegel wurde häufig von Überschwemmungen heimgesucht. Erwähnenswert sind die Fluten der Jahre 1445, 1498 und 1530. Im Jahr 1598 überschwemmte der Fluss auch die Wilsdruffer Vorstadt von Dresden, was sich im Jahr 1651 wiederholte. Nach dem Elbehochwasser von 1845 und der Weißeritzflut neun Jahre später begannen erste Arbeiten für den besseren Schutz der Großstadt.

Die neuerliche Weißeritzflut von 1890 leitete schließlich ein gigantisches Bauprogramm ein: 50 Meter neben der alten Marienbrücke von 1847 begann der Bau einer neuen Eisenbahnbrücke. Die Bahngleise führten von dort auf einer Viaduktkonstruktion hoch über dem Straßenniveau zum neuen Hauptbahnhof. In der Friedrichstadt markierte die Bahnstrecke das einstige Ostufer der Weißeritz, deren Mündungslauf zwischen 1891 und 1893 mehrere Kilometer stromabwärts nach Cotta verlegt worden war. Weiter westlich wurden der Verschiebebahnhof und die Eisenbahnwerkstätten errichtet. Die Erdmassen für Europas größten Rollberg zum Rangieren der Züge entstammten dem Neubau des Elbhafens im Ostragehege sowie dem Aushub des neuen Weißeritzbettes. Die Hauptmarkthalle an der Schäferstraße wurde auf dem alten Flussbett gebaut. Später entstanden im einstigen Verlauf der Weißeritz Kühlhallen und die im maurischen Stil gehaltene Zigarettenfabrik Yenidze.

Noch vor Abschluss des grandiosen Bauprogramms in der Friedrichstadt im Jahr 1900 wurde die Euphorie der Planer gedämpft: Bei einem schweren Hochwasser kehrte die Weißeritz am 30. und 31. Juli 1897 zu ihrem alten Verlauf zurück. Immerhin verzeichnete die Friedrichstadt geringere Schäden als sonst, wurde doch ein Teil der Wassermassen nach Cotta abgeleitet. Dort waren das Tanzlokal „Schusterhaus" und die Weißeritzbrücke zerstört worden. In Löbtau stürzte sogar das neu erbaute Rathaus zum allgemeinen Entsetzen in die Fluten …

Das Weißeritzhochwasser zerstörte 1897 das neue Löbtauer Rathaus

Der neue Hauptbahnhof

Dresden wies im 19. Jahrhundert fünf Fernbahnhöfe auf: Unweit des ersten Leipziger Bahnhofes war bereits 1845 der Schlesische Bahnhof in Betrieb genommen worden. Die Bahnstrecke nach Prag endete anfänglich interimsmäßig vor dem Dippoldiswalder Schlag. 1864 konnte der repräsentative Böhmische Bahnhof am Ende der Prager Straße in Betrieb genommen werden. In der Nähe der Freiberger Straße endete die 1855 eröffnete Albertbahn Richtung Tharandt. Schließlich entstand 1875 in der Friedrichstadt der Berliner Bahnhof. Den dezentralen Personenbahnhöfen waren jeweils noch Güterbahnhöfe zugeordnet. Durch den Bau der Marienbrücke wurde 1852 eine Verbindung der linkselbischen und rechtselbischen Bahnstrecken erreicht. Mehr und mehr kristallisierte sich der Böhmische Bahnhof als wichtigste Eisenbahnstation heraus. Mit einem Verkehrsbauprogramm, welches in der Stadtgeschichte ohne Beispiel ist, wurde der Eisenbahnknoten Dresden zwischen 1890 und 1901 für das 20. Jahrhundert vorbereitet. Das Konzept der beiden Ingenieure Otto Klette und Klaus Köpcke sah den Neubau eines Hauptbahnhofes an Stelle des bisherigen Böhmischen Bahnhofes vor.

Der neue Hauptbahnhof am Wiener Platz

Dort fuhren die letzten Züge im Juni 1895 ein, anschließend wurde der Verkehr über die neue Südhalle abgewickelt. Mit der Einfahrt des Nachtschnellzuges aus Bodenbach am frühen Morgen des 17. April 1897 konnte der repräsentative Hauptbahnhof endgültig eingeweiht werden. Zu seinem Wahrzeichen wurde die wappengeschmückte Kuppelhalle mit der Figurengruppe „Saxonia". Die Entwürfe für den kombinierten Durchgangs- und Kopfbahnhof unter einer dreischiffigen Stahlbogenhalle stammten von Ernst Giese und Paul Weidner. An der Nordhalle schloss sich zum Wiener Platz ein speziell dem König vorbehaltener Pavillon an. Der Dresdner Hauptbahnhof galt seinerzeit als modernster Bahnhof und war somit beispielgebend für Deutschland. Wenige Monate nach seiner Einweihung folgte die Einweihung der „Haltestelle Wettiner Straße" (Bahnhof Mitte).

Nach den Plänen von Klette und Köpcke wurden die Bahnstrecken innerhalb Dresdens in die erste Etage gehoben, damit der Verkehr auf der Straße bzw. Schiene sich nicht weiter gegenseitig störe. Gerade auf der Prager Straße hatten die oft geschlossenen Schranken häufig zu Klagen geführt. Die rechtselbischen Bahnhöfe wurden in der Folge zum Neustädter Bahnhof vereinigt. Zwischen Coswig und Pirna sollte der Bahnverkehr zukünftig vier- bis fünfgleisig rollen.

Brand der Kreuzkirche

Der Neubau der Kreuzkirche war 1764–92 nach ihrer Zerstörung infolge der preußischen Beschießung Dresdens während des Siebenjährigen Krieges erfolgt. Der gewandelte Zeitgeschmack veranlasste 1894 den Umbau im Sinne des Neoklassizismus. Er sollte auch zu einer Verbesserung der akustischen und Lichtverhältnisse führen. Die Arbeiten wurden jäh unterbrochen, als am Nachmittag des 16. Februar 1897 aus ungeklärter Ursache in der Kreuzkirche ein Brand ausbrach. Die Holzbalkendecke und eine darüber liegende Bleiverdachung machten eine Bekämpfung des Feuers aussichtlos. Erst am folgenden Morgen kam der Brand zum Erliegen. Die Bilanz war erschreckend: Alle kostbaren Ausstattungsgegenstände waren der Brandkatastrophe zum Opfer gefallen. Lediglich der Turm ragte nahezu unversehrt aus den Trümmern hervor.

Der Brand der Kreuzkirche von 1897

Der noch im selben Jahr beginnende Wiederaufbau wurde von Rudolph Schilling und Julius Gräbner geleitet. Selbst die beim Brand verglühten Sandsteinsäulen mussten zuvor abgebrochen werden. Die moderne Dachkonstruktion aus Eisenbeton sollte künftige Brandkatastrophen wirksam vereiteln. Am 7. März 1900 erfolgte die Glockenweihe der neuen Kreuzkirche. Die Wiedereinweihung der im Inneren in prachtvollem Neobarock mit Jugendstilelementen gehaltenen Kreuzkirche wurde am 10. September des gleichen Jahres festlich begangen. „Möge Gottes Segen immerdar über dem Hause walten. Das walte Gott !“ drückte Oberbürgermeister Gustav Otto Beutler als Vertreter des Kirchenpatronats den Wunsch tausender Anwesender aus.

Die Kreuzkirche war nach dem Brand bis auf die Grundmauern zerstört

Die Residenzstadt Dresden zu Beginn des 20. Jahrhunderts

Die stürmische Entwicklung Dresdens im auslaufenden 19. Jahrhundert verlangsamte sich nach der Jahrhundertwende. Die Wirtschaft, und dabei vor allem das Baugewerbe, lahmte. Die Arbeitslosigkeit nahm zu und in der Einkommensentwicklung blieb Dresden hinter Berlin oder Leipzig zurück. Das damalige Schlagwort „Fleischnot" wies auf eine Verschlechterung der Ernährungssituation unter den sozial schwachen Schichten hin. Über die Hälfte der Dresdner Haushalte lage mit ihrem Jahreseinkommen von weniger als eintausend Mark am Rande des Existenzminimums. Noch immer war das Wahlrecht an das für die Arbeiterschaft kaum erreichbare Bürgerrecht gekoppelt. Der Ruf nach einer demokratischen Wahlgesetzgebung für Sachsen und Dresden fand ständig neue Anhänger.
Später als in anderen Städten verdrängte der Jugendstil den hier von Semper und seinen Schülern favorisierten Renaissancestil. Es war vor allem Johann Jakob Erlwein, der die bauliche Entwicklung bis zum Ersten Weltkrieg prägte.

Betriebseröffnung des Neustädter Bahnhofs

Mit der Einfahrt des Bautzener Personenzuges um 6.05 Uhr auf dem Neustädter Bahnhof begann am Morgen des 1. März 1901 in Dresden das moderne Eisenbahnzeitalter. Die Neugestaltung des Eisenbahnsystems war nach elf Jahren intensiver Bautätigkeit vollendet.
Anders als in Leipzig setzten seine geistigen Väter dabei weitsichtig auf Durchgangsbahnhöfe.
Der Neustädter Bahnhof war seit 1898 nach Entwürfen von Osmar Dürichen gebaut worden. Der Architekt ließ das Empfangsgebäude mit der beeindruckenden 17 Meter hohen Halle parallel zu den acht hochliegenden Durchgangsgleisen anordnen. Der Neustädter Bahnhof ersetzte den bisherigen Leipziger und den benachbarten Schlesischen Bahnhof. Parallel mit der Inbetriebnahme der neuen Eisenbrücke ging die bisher für den Straßen- und Eisenbahnverkehr genutzte alte Marienbrücke in den Besitz der Stadt über und wurde umgestaltet. Zum Leidwesen der Dresdner mussten sie nunmehr auf der bis dahin zollfreien Brücke den üblichen Brückenzoll entrichten.

Der Neustädter Bahnhof Anfang des 20. Jahrhunderts

Dresden als viertgrößte Stadt des Reiches

Mit großem Engagement betrieb Oberbürgermeister Beutler die Eingemeindung von Vororten, die sich im Zuge der Industrialisierung dynamisch entwickelt hatten und um die Jahrhundertwende längst mit Dres-

den zusammengewachsen waren. Er stieß in der Stadt wie in den betroffenen Gemeinden selbst auf starke Widerstände.
1901 kam das zwischen den bereits eingemeindeten Orten Striesen und Strehlen gelegene eher ländliche Gruna zu Dresden. Im Jahr 1903 wurden neben Löbtau – mit mehr als 30 000 Bewohnern größtes Dorf Sachsens – Cotta, Kaditz, Mickten, Plauen, Trachau, Übigau und Wölfnitz von der Großstadt aufgesogen. Durch das Bevölkerungswachstum der Stadt und die Eingemeindungen hatte sich die Einwohnerzahl innerhalb von drei Jahrzehnten verdreifacht. Mit 514 000 Bewohnern lag Dresden 1905 – hinter Berlin, Hamburg und München – an vierter Position im Reich. Tausende Wohngebäude entstanden. Die drei- bis viergeschossigen Mietshäuser in offener Bauweise wurden hierzulande als „Kaffeemühle“ bezeichnet. Den Rahmen gaben der neue Generalbebauungsplan von 1901 und die Novelle der Bauordnung im Jahr 1905 vor. Beide übten Vorbildcharakter für das Deutsche Reich aus, was sich hierzulande in einer beispielhaften Qualität des Städtebaus ausdrückte.

Die offene und stark durchgrünte Bauweise der Zeit um 1900 unterschied Dresden von anderen deutschen Großstädten dieser Zeit. Im Bild Striesen

Die letzten Wettinerkönige

Am 19. Juni 1902 starb König Albert im schlesischen Schloß Sibyllenort. Der 1828 geborene Herrscher hatte Sachsen seit Oktober 1873 in einer Zeit stürmischer wirtschaftlicher Entwicklung regiert. Schon vor seiner Inthronisierung führte er die sächsischen Truppen 1866 bei Königgrätz gegen die Preußen in eine Niederlage und 1870/71 an der Seite der Preußen in den Sieg gegen Frankreich. Im Rahmen der konstitutionellen Verfassung und der eingeschränkten Befugnisse im preußisch-deutschen Kaiserreich übte Albert dann eine überwiegend zivile Politik aus. Vier Jahre nach seinem Tode wurde er mit einem Reiterstandbild des Bildhauers Max Baumbach vor dem Georgentor für seine Rolle im deutsch-französischen Krieg geehrt.

Alberts Ehe mit Karolina, Tochter des Prinzen Gustav von Wasa, blieb kinderlos. So folgte ihm sein 70-jähriger Bruder Georg auf dem Thron. Die Geschehnisse um die Flucht der Kronprinzessin Luise im Dezember 1902 überforderten den gestrengen und bigotten König: Die 1870 in Salzburg geborene kaiserliche Prinzessin und Erzherzogin Luise Antonia Maria hatte den sächsischen Kronprinzen Friedrich August von Sachsen 1891 in Wien geehelicht. Der Glanz der sächsischen Residenz gefiel ihr sehr wohl. Gern präsentierte sich Luise als volkstümliche Prinzessin, was ihre Beliebtheit im Lande – der Dresdner Luisenhof wurde beispielsweise nach ihr benannt – erklärte. Viel weniger passte der exzentrischen und instabilen Kronprinzessin die Einordnung in das starre Regime einer jahrhundertealten Dynastie. Immer fühlte sie sich beobachtet und gewann bei Hofe keinen Vertrauten. Sie fand ihn in dem intelligenten und charmanten Sprachlehrer ihrer Kinder, André Giron. Doch da drohte ihr die Abschiebung in ein Kloster. Ehebrüche waren in Fürstenkreisen gang und gäbe – für Männer. Im November 1902 verließ Luises Liebhaber Giron die Residenz.

Salut aus einem Feldgeschütz zum Geburtstag König Alberts von Sachsen

Die Flucht der Kronprinzessin am 9. Dezember 1902 nach Salzburg wurde in Dresden zunächst verheimlicht. Alsbald beschäftigte das Thema – noch immer gehörte die Stadt zu den glanzvollsten Residenzen in Deutschland – die Gazetten zwischen Berlin und Wien. Kurz vor Weihnachten sah sich König Georg gezwungen, die Flucht der Kronprinzessin im „Dresdner Journal" bekanntzugeben. Alle Feierlichkeiten zum Jahreswechsel bei Hofe wurden abgesagt. Am 11. Februar 1903 erfolgte die Scheidung von Kronprinz Friedrich August und Luise. Drei Monate danach wurde den beiden die Tochter Anna Monika geboren, die erst 1907 an den sächsischen Hof kam.

Nach dem Tode König Georgs im Oktober 1904 übernahm dessen Sohn Friedrich August III. die Geschäfte. In der mehr als acht Jahrhunderte währenden Dynastie der Wettiner sollte es der letzte Wechsel auf dem sächsischen Thron werden. Ganz im Gegensatz zu seinem Vater Georg zeichnete sich Friedrich August durch Volksnähe und gesunden Humor aus. Das sicherte ihm über das Jahr 1918 hinaus die Zuneigung seiner Landsleute und verschaffte ihm und seinem Geschlecht einen guten Abgang.

Wahlrechtsbewegung in Dresden

Die so genannten bürgerlichen Ordnungsparteien hatten 1896 das indirekte Dreiklassenwahlrecht für Sachsen durchgesetzt. Durch die völlig unterschiedliche Bewertung der jeweiligen Wahlstimmen gelangte bis 1907 kein Sozialdemokrat mehr in den sächsischen Landtag. Dem entgegen fanden die Reichstagswahlen unter demokratischen Bedingungen statt. Dadurch vermochte die SPD im Juni 1903 bereits im ersten Wahlgang in 18 von 23 sächsischen Wahlkreisen die absolute Mehrheit der Stimmen auf sich zu vereinen. Auch Dresden wählte in seinen drei Stimmbezirken „rot". Bei den Stichwahlen konnten bürgerliche Parteien einzig im Wahlbezirk Bautzen-Kamenz punkten. Aus dieser Zeit rührte der Beiname „Rotes Königreich".

Demonstrationszug der Wahlrechtsbewegung in der Altstadt

Das „Berliner Tageblatt" kommentierte die paradoxe Situation wie folgt: „Man hat dort (...) das Wahlrecht abgeändert und auch glücklich erreicht, daß kein Sozialdemokrat die heiligen Hallen des sächsischen Ständehauses entweiht. Ist damit die Sozialdemokratie aus Sachsen verschwunden ?" – „Die Erklärung ist einfach genug", meinten die „Leipziger Neuesten Nachrichten" und fuhren fort: „Es ist die Unzufriedenheit mit den bestehenden politischen Verhältnissen im engeren Vaterlande und im Reich, die hunderttausend Wähler aus ihrer Gleichgültigkeit emporgeschreckt und an die Wahlurne getrieben hat."

Stinkbomben im Dresdner Rathaus

Doch damit ließen es die Bürger nicht bewenden. Die 1905 von den Dresdner Stadtverordneten beschlossene undemokratische Gewichtung der Wahlstimmen nach sozialer Schicht und Dauer des Bürgerrechts stieß auf heftige Proteste. Die entscheidende Sitzung am 7. Juli war von heftigen Tumulten der sozialdemokratischen Arbeiterschaft begleitet. Nach Bekanntgabe des Abstimmungsergebnisses flogen von der überfüllten Zuschauertribüne mit Schwefelammonium gefüllte Glaskugeln in den Saal, die beim Aufplatzen heftig stanken.

Unter dem Eindruck der russischen Revolution spitzten sich die Auseinandersetzungen um das Dresdner Wahlrecht zum Jahresende weiter zu. Am 18. November 1905 fanden in den 17 größten Sälen der Stadt sozialdemokratische Protestversammlungen statt. Im Trianon geißelte der Reichstagsabgeordnete Bock die herrschenden Zustände in Dresden und Sachsen: „Die Menschen werden unfrei und mit ungleichen Rechten geboren und bleiben unfrei!" In einer Resolution forderten die Teilnehmer die Einführung des allgemeinen, gleichen, direkten und geheimen Wahlrechts für alle Staatsangehörigen ohne Unterschied des Geschlechts.

Arbeiterproteste in der Altstadt

Wegen des ungerechten Wahlsystems kamen bei den Wahlen am 29. und 30. November 1905 lediglich sechs Sozialdemokraten in das Stadtparlament. Nach Wahlrechtsversammlungen vereinigten sich am 3. Dezember

80 000 Menschen zu Demonstrationszügen. Erstmals seit dem Maiaufstand 1849 marschierten die aufgebrachten Bürger in die innere Altstadt, wo seit Jahrzehnten ein Verbot politischer Demonstrationen bestand. Im Angesicht der Bajonette von Polizei und Armee rief die Arbeiterschaft nach dem Generalstreik. Das ging der konservativen Dresdner Sozialdemokratie allerdings zu weit. Sie verlegte sich auf jahrelanges, parlamentarisches Verhandeln.
Doch die Verbitterung breiter, auch bürgerlicher Kreise, über den konservativen Klüngel in Sachsens Parlamenten wuchs. Ungeachtet des Klassenwahlrechts gelangte 1907 erstmals wieder ein Sozialdemokrat in den sächsischen Landtag. Heftige Proteste, beispielsweise am 1. November 1908 oder am 17. und 18. Januar des Folgejahres, bereiteten die Landtagswahlen 1909 vor. Neuerlich drangen die Demonstranten bis in die Schloßstraße, also in die unmittelbare Nähe des Residenzschlosses, vor. Die Wahlen brachten den Umschwung: Trotz aller Behinderungen wurde die Sozialdemokratie mit 25 Sitzen drittstärkste Kraft im sächsischen Parlament.

Soziale Spannungen

Die Fleischpreise waren 1905 gegenüber 1903 um ein Drittel gestiegen. Ursache waren hohe Zölle auf Einfuhren, die der zuständige Minister Victor von Podbielski, von Haus aus Schweinezüchter, für das Deutsche Reich durchgesetzt hatte. Folglich gelangte in den sozial schwachen Haushalten kaum noch Fleisch auf den Tisch. Der Fleischverbrauch in Dresden sank um ein Fünftel. Den heftigen Protesten in der Stadt schloss sich im Februar 1906 der Rat in einer Petition an den Reichstag an.
Hauptziele der Streiks waren in jenen Jahren die Verkürzung des Arbeitstages auf acht Stunden sowie angemessene Lohnerhöhungen angesichts der gestiegenen Lebenshaltungskosten. Im Mai 1905 sorgte der Arbeitskampf von 3 000 Dresdner Zigarettenarbeiterinnen für internationale Solidaritätsbekundungen. Im Folgejahr erschütterte ein heftiger Metallarbeiterstreik die Stadt. Die Aussperrung von 10 000 Arbeitern im April 1906 durch den Verband der Metallindustriellen musste nach einem siebenwöchigen heftigen Arbeitskampf zurückgenommen werden.

Erinnerung an die ausgesperrten Metallarbeiter der Firma Vogel & Schlegel 1906

Neuer Stadtbaurat

Am 17. November 1904 wählten die Dresdner Stadtverordneten Johann Jakob Erlwein zum Stadtbaurat. Der geniale Architekt und Städtebauer prägte das Stadtbild wie kein anderer nach ihm im 20. Jahrhundert. Hans Erlwein, wie er sich selbst nannte, wurde als Sohn eines Gastwirts am 13. Ju-

ni 1872 in Bad Reichenhall geboren. Einem Studium an der Technischen Hochschule München schlossen sich Studienreisen nach Italien an. Vor seiner Tätigkeit in Dresden wirkte er als Stadtbaurat in Bamberg. Dem fleißigen und befähigten Erlwein schlugen Missgunst und Neid entgegen. Mancherlei hatte er sich selbst zuzuschreiben: Der zuweilen grobe Stadtrat war allzu ehrgeizig. Sein Promotionsversuch 1899 mißlang, was ihn durchaus nicht hinderte, sich mit dem Doktortitel zu schmücken.
Die Dresdner Jahre waren äußerst fruchtbar. Das Italienische Dörfchen, der monumentale Speicher nahe der Marienbrücke, der Gasometer in Reick, die Löwenapotheke am Altmarkt, der Schlachthof, das Krematorium und mehrere Schulen – Erlweins Spuren sind bis heute im Stadtbild zu finden. Insgesamt 127 Bauwerke werden ihm in Dresden zugeschrieben. Zusätzlich versah der strebsame Baurat alle Pläne, die das Bauamt verließen, mit seinem Namenszug. Dieser Geltungsdrang, doch vor allem seine Unerbittlichkeit als Bauherr, ließ auch in Dresden die Gegner aufschäumen. 1908/09 spitzte sich der Streit mit einheimischen Künstlern zu.

Das neue „Italienische Dörfchen" stammt aus der Feder Erlweins

Gegen den Widerstand von Oberbürgermeister Beutler verpflichtete sich der Stadtbaurat zu Beginn des Ersten Weltkrieges zum Einsatz an der Front. Am 9. Oktober 1914 starb Erlwein als Beifahrer bei einem Autounfall im französischen Ort Rethel. Eine offizielle städtische Gedenkfeier in Dresden fand nicht statt, selbst die Überführungskosten in Höhe von 1 517 Mark waren der Stadt zu hoch.
Heutige Architekten loben die klare Linienführung und Funktionalität der Bauten Erlweins. Sie bedeuteten eine Abkehr vom bis dahin vorherrschenden tradierten Stil im Stadtbild Dresdens. Weniger erfolgreich war der Stadtrat mit der Wahl seiner Baumaterialien. Dem kiesreichen „Erlwein-Beton" fehlt es an Zement, so dass die Gebäude weit vor ihrer Zeit brüchig wurden.

Impulse für die Künste

Im Frühjahr des Jahres 1907 sorgte die Ausstellung von Künstlern aus der Friedrichstadt im etablierten Kunstsalon Richter für einen handfesten Skandal in Dresden. Zunächst noch unspektakulär hatten sich die vier Architekturstudenten Fritz Bleyl, Erich Heckel, Ernst Ludwig Kirchner und Karl Schmidt-Rotluff im Juni 1905 zur ersten deutschen expressionistischen Künstlergemeinschaft „Die Brücke" zusammengeschlossen. Später stießen Max Pechstein und Emil Nolde u. a. hinzu. Die von der konservativen Künstlerschaft sonst kaum wahrgenommene Friedrichstadt zählte zu ihren Lieblingsmotiven.
Wie passten die traditionsverhaftete Kunststadt Dresden und der Expressionis-

mus zusammen ? Es war vielleicht gerade dieser Widerspruch, der die jungen Künstler reizte und ihnen zugleich die erwünschte Aufmerksamkeit verschaffte. Die Brücke-Ausstellungen lösten in der Residenzstadt eine heftige Diskussion über Sinn und Zweck der Malerei aus. 1911 siedelten die Expressionisten nach Berlin über, wo sich die Gruppe zwei Jahre später auflöste.

Die Dresdner Hofoper machte vor dem Ersten Weltkrieg mit glanzvollen Premieren Furore. Ihr künstlerischer Ruf konnte mit den Uraufführungen der Strauss-Opern „Salome", „Elektra" und „Rosenkavalier" bestätigt werden. Auch das Ensemble des Schauspiels, welches 1913 mit dem Theaterbau am Zwinger eine neue Bühne erhielt, nahm eine deutsche Spitzenposition ein. Dem Gewerbehaus-Orchester als Vorläufer der Philharmonie wurde wachsendes Niveau bescheinigt. Emile Dalcroze gründete in Hellerau die Schule für Tanz und rhythmische Körperbildung. Zu seinen ersten Schülerinnen gehörte Mary Wigman, die später weltweite Berühmtheit erlangte.

Richard Strauß bei der Uraufführung der Oper „Der Rosenkavalier" am 26. Januar 1911 in Dresden

Der Bau des Neuen Rathauses

Die Statistiker verzeichneten für Dresden im Jahr 1910 eine Einwohnerzahl von 548 000. Das entsprach einem Wachstum von mehr als einem Drittel in nur einem Jahrzehnt. Verursacht wurde die Steigerung vor allem durch die Eingemeindungen der Jahre 1901 bis 1903. Die Ausdehnung des Stadtgebietes setzte sich auch weiter fort: 1912 gelangte Tolkewitz zu Dresden, im Folgejahr wurde Reick eingemeindet.

Nach jahrelanger Diskussion hatten die Stadtverordneten im März 1905 den Rathausneubau nach Plänen des weithin unbekannten Architekten Karl Roth beschlossen. Zuvor brachte ein erster Wettbewerb keine befriedigenden Ergebnisse. Für eine neuerliche Konkurrenz waren die Preisgelder wesentlich gemindert, was sich in einer weniger prominenten Teilnehmerschaft widerspiegelte. Das nunmehr vierte Dresdner Rathaus löste das so genannte Alte Rathaus am Altmarkt ab. Das war für die Bedürfnisse der seit dem 19. Jahrhundert rasch wachsenden Verwaltung längst zu eng geworden.

Alternativer Wettbewerbsentwurf für den Bau des Neuen Rathauses

Der Baufreimachung für das Neue Rathaus fiel neben Teilen der mittelalterlichen Stadtbefestigung das Palais Loß zum Opfer. In den 90 Zentner schweren Grundstein aus Granit wurde eine Bronzetafel eingelassen. Neben dem Stadtwappen berichtet ein lateinischer Text von dem komplizierten Planungsprozess. Das im Oktober 1910 fertig gestellte Verwaltungsgebäude kostete neun Millionen Reichsmark und bot nach damaligen Vorstellungen modernste Bedingungen. Die Presse hob die 25 Telefonanschlüsse sowie den ersten sächsischen Paternosteraufzug hervor. Große Aufmerksamkeit widmeten die Stadtväter der Kunst am Bau: Der Bacchus auf einem Esel von Georg Wrba sowie Richard Guhrs Plastik „Goldener Mann" auf dem Rathausturm entwickelten sich umgehend zu Dresdner Wahrzeichen.

Der Altmarkt zwischen Tradition und Neuzeit

Eine eigenwillige Auseinandersetzung über den Altmarkt erregte 1910 die Gemüter: Die ansässigen Gewerbetreibenden forderten das umfassende Verbot des Abhaltens von Märkten auf dem Platz. Ihrer Einschätzung nach würden derartige Veranstaltungen nicht zu einer Großstadt passen. Unterstützt wurden die Gewerbetreibenden von der Feuerwehr. Nach dem Großbrand auf der Dresdner Vogelwiese am 3. August 1909 störte sich diese an allen Großveranstaltungen. Der Rat der Stadt Dresden beschloss daraufhin die Verlagerung der Jahrmärkte vom Altmarkt.

Der traditionsreiche Striezelmarkt – damals Christmarkt genannt – wurde ausdrücklich in das Verbot eingeschlossen. Darüber waren wiederum die Einwohner der Residenz entsetzt. So einigten sich die Stadtverordneten im Februar 1911 auf einen Kompromiss. Jahrmärkte waren zukünftig auf dem Altmarkt verboten. Deutschlands ältester Weihnachtsmarkt hingegen durfte weiterhin auf dem Platz abgehalten werden.

Abbruch der historischen Löwenapotheke am Altmarkt

Besondere öffentliche Aufmerksamkeit erregte unter den Zeitgenossen die wohl wichtigste „Ecke" des bürgerlichen Dresden: Das historische Gebäude der bereits 1560 privilegierten Löwenapotheke an der Einmündung der Wilsdruffer Straße am Altmarkt. Das 1725 von Johann Gottfried Fehre errichtete Eckhaus schnürte die verkehrsreiche Wilsdruffer Straße auf zwölf Meter ein. Daher beschlossen die Stadtverordneten 1912 seinen Abbruch. Im September 1914 konnte an selber Stelle der Neubau mit dem wuchtigen Erker bezogen werden. Gleichzeitig unterzog die Stadt das anschließende Alte Rathaus einer Fassadenrenovierung.

Dominanten im Stadtbild

Dresden setzte um 1900 im Kirchenbau Maßstäbe. Bahnbrechend war der Neubau der Strehlener Christuskirche im Jugendstil durch Schilling und Gräbner (1905). 1907 fand in der Stadt ein Kirchenbaukongress

statt. Zwischen 1880 und dem Ersten Weltkrieg entstanden in Dresden 30 Sakralbauten. Angesichts der 350 000 Protestanten in der Stadt war es nicht verwunderlich, dass in der Mehrzahl evangelische Kirchen errichtet wurden. Stilistisch herrschte dabei die Neogotik und Neoromanik vor.
Neben dem Neuen Rathaus zeugte in den Jahren vor dem Ersten Weltkrieg die Einweihung weiterer stadtbildprägender Gebäude von der gewachsenen Bedeutung der Stadt: Dazu gehörten der Schlachthof (1910), das Städtische Krematorium (1911), das Zirkusgebäude von Sarrasani (1912), das Große Haus und der Beyerbau der damaligen Technischen Hochschule (1913) sowie das Stadthaus am Güntzplatz und der Speicher (1914).

Abbruch der berühmten Elbbrücke

Die 1728 nach Entwürfen von Pöppelmann entstandene Elbbrücke galt unter Zeitgenossen als schönste Brücke Dresdens. Nach jahrelanger Diskussion musste sie ab 1907 einem Neubau weichen: Ihre vielen Pfeiler behinderten die Schiffahrt. Im August 1910 wurde der Schlussstein der neuen Augustusbrücke – benannt nach dem letzten König Friedrich August III., gesetzt. Der Neubau war in denkmalpflegerischer Hinsicht wenig glücklich: Der Einbau von zwei breiten Öffnungen in der Stromrinne hätte, unter Beibehaltung des übrigen Brückenschlags, den verkehrlichen Anforderungen vollauf Genüge getan.
Im Zuge der Neugestaltung der Brückenköpfe wich „Helbigs Etablissement" 1913 dem Neubau des „Italienischen Dörfchens". Mit dem Kleinod gelang es Erlwein hervorragend, den Theaterplatz zur Elbe hin städtebaulich abzuschließen, ohne die Blickbeziehung in beiden Richtungen zu stören.

Modellentwurf für den Neubau der Friedrich-August-Brücke

Hellerau

Auf der Flur der Dresdner Vororte Klotzsche und Rähnitz wurde 1908 die erste deutsche Gartenstadt gegründet. Zehn Jahre zuvor hatte der Brite Ebenzer Howard mit seinem Werk „Garden-Cities of Tomorrow" höchstes Aufsehen erzielt. Die von ihm 1903 verwirklichte Gartenstadt Letchworth und das Engagement weitsichtiger Persönlichkeiten gaben die Impulse für Hellerau. Hervorzuheben ist hier die Initiative des Dresdner Möbelindustriellen Karl Schmidt. 1909 begann er mit dem Bau der Deutschen Werkstätten für Handwerkskunst. Gleichzeitig entstanden „Kleinwohnhäuser", von denen 26 noch im selben Jahr fertig gestellt wurden.
Die bis 1914 errichtete Gartenstadt Hellerau war eine Reaktion auf die unkontrolliert wuchernden, lichtlosen gründerzeitlichen Mietskasernen-Vor-

städte der Großstädte im Deutschen Reich. Richard Riemerschmid passte in seinem Bebauungsplan Verkehrs- und Wohnstraßen in malerisch gekrümmten Führungen dem Gelände an. Und doch bedeutete die Gartenstadt in gewisser Hinsicht die Fortsetzung einer Dresdner Tradition. Seit Jahrhunderten hatte die landschaftliche Schönheit des Elbtals die Bewohner zum Bau von Sommerhäusern oder zu Ausflügen ins Umland inspiriert.

Internationale Hygiene-Ausstellung

Auf dem Gelände am Großen Garten zogen beeindruckende Ausstellungen das Publikum in ihren Bann. 1911 zählte Dresden über 600 000 Touristen, eine für damalige Verhältnisse erstaunliche Zahl. Viele von ihnen kamen wegen der „Internationalen Hygiene-Ausstellung“. Die bedeutendste Schau in Dresdens Geschichte ging auf eine Idee des Dresdner Fabrikanten Karl August Lingner aus dem Jahr 1903 zurück. Seiner Initiative war es zu danken, dass bereits auf der ersten deutschen Städteausstellung eine spezielle Halle dem Thema Volkskrankheiten gewidmet war.

Internaionale Hygiene-Ausstellung 1911: Ballwerfer am Sportplatz

Dresden war seinerzeit führend in der Hygiene: Dafür standen bahnbrechende Entwicklungen, etwa das Odol-Mundwasser von Lingner. Aus der Fabrik des einstigen Apothekers Ottomar Heinsius von Mayenburg kam Chlorodont, die erste Zahnpasta überhaupt. Bis heute prägen Spuren der Hygiene-Ausstellung von 1911 Dresden: Auf dem damaligen Modellsportplatz und dem benachbarten Schwimmbad befinden sich heute das Rudolf-Harbig-Stadion und das Georg-Arnold-Bad. Die viel gerühmte Ausstellung „Der Mensch“ war Keimzelle des 1930 eingeweihten Hygiene-Museums.

Vor Ausbruch des Ersten Weltkrieges

In Dresden lebten Anfang des 20. Jahrhunderts mehrere zehntausend Ausländer. Es handelte sich oft um wohlhabende Engländer, Russen, Amerikaner, Tschechen, Polen, Franzosen oder Italiener. Sie gingen hier ihren Geschäften nach, andere wählten die Stadt zum Alterssitz. In Dresden wurden sogar englischsprachige Tageszeitungen herausgegeben.

Bereits seit dem Ende des 19. Jahrhunderts veränderte sich das Klima in der Stadt durch nationalistische Parolen. Vom konservativen Oberbürgermeister Beutler wohlwollend gefördert, wurden in Dresden Reichsgründungsfeiern, deutschnationale Parteitage, Weihen von Bismarckkultstätten oder Kaiserbesuche zelebriert. Ableger reichsdeutscher Organisationen wie des Deutschbunds, des Ostmarkenvereins, des Deutschen Flottenvereins oder des 1912 gebildeten Deutschen Wehrvereins, denen einflussreiche und geachtete Bürger der Stadt vorstanden, kämpften gegen alles „Undeutsche". Zunächst verfolgten sie dabei vorrangig antisemitische und antislawische Ziele. Osteuropäische Waren wurden boykottiert, die Verwendung von Fremdwörtern bekämpft und die Beschäftigung polnischer oder tschechischer Wanderarbeiter unterbunden. Nach über vier Jahrzehnten Frieden hatten viele Bürger den Schrecken des Krieges verdrängt. Bereits 1912 warb ein Sänger der Hofoper um Spenden für ein Flugzeug „Dresden". Gegen die westliche Bedrohung würde angeblich eine starke, deutsche Luftflotte gebraucht. Allerdings stieß der Aufruf in Dresden auf eine weitaus geringere Resonanz als etwa in Frankfurt/Main, Mannheim oder Leipzig. Dennoch wurde 1913 der Bau des Flughafens, einer Luftschiffhalle und der zugehörigen Kaserne der Luftschifferabteilung auf der Flur Kaditz energisch betrieben. Die Baumaßnahmen erlitten zwar im Juli einen herben Rückschlag, als der 37 Meter hohe Eisenbogen der Luftschiffhalle mit einer Spannweite von 58 Metern zusammenstürzte. Doch schon am 20. Oktober 1913 wurde der Flughafen Kaditz offiziell eingeweiht. Generalmajor Sachse erklärte während der Feiern zum fünfzigjährigen Bestehen des Deutschen Roten Kreuzes im April 1914 in Dresden: „Wer könnte daran zweifeln, dass Krieg eine Notwendigkeit, ein Naturgesetz ist?" Am 30. Juni beherrschte die Ermordung des österreichischen Thronfolgers und seiner Gemahlin in Sarajevo die Tageszeitungen. Hausfrauen starteten erste Hamsterkäufe. Im Kristallpalast, in der Reichskrone und im Dreikaiserhof trafen sich Sozialdemokraten zu Friedenskundgebungen. Am 31. Juli verhängte das Polizeipräsidium in Dresden ein Versammlungsverbot.

Luftschiffhalle in Dresden-Kaditz

Krieg

Am 1. August 1914 wurde die Mobilmachung des Heeres und der Flotte verkündet. Parallel erfolgte die Kriegserklärung gegen Russland. Mit Kriegsbeginn war die Presse patriotisch gleichgeschaltet. Ständig wiederholten sich Berichte über feindliche Gräueltaten. Große Schlagzeilen priesen die Erfolge der Deutschen und ihrer Verbündeten. Niederlagen standen im Kleingedruckten. Selbst die sozialdemokratischen Abgeordneten stimmen am 4. August im Reichstag den Kriegskrediten zu.

Nr. 208. 2. Ausgabe. Sonntag, 2. August 1914.

Dresdner Neueste Nachrichten

Unabhängige Tageszeitung.

Größte Verbreitung in Sachsen.

Ganz Deutschland in Waffen!

Heer und Flotte mobil!

Die Würfel sind gefallen!

1000 Mark

für den sächsischen Soldaten, der die erste feindliche Fahne, das erste feindliche Geschütz oder Maschinengewehr erobert,

zur Verfügung gestellt.

Redaktion und Verlag der Dresdner Neuesten Nachrichten.

Es lebe die Armee!

Heil dem König, dem Kaiser, dem Reich!

Die ersten Schüsse an der deutsch-russischen Grenze.

Titelausgabe der Dresdner Neuesten Nachrichten zu Kriegsbeginn

In der Erwartung von Siegesmeldungen versammelten sich die Bürger anfänglich auf dem Postplatz vor dem Telegraphenamt. In der Stadt lebende Bürger „feindlicher" Staaten, also Russen, Franzosen oder Engländer, wurden bedroht, Firmenschilder und fremdsprachige Aufschriften zertrümmert. Am 22. August jagte der Mob nach einer Siegesfeier englischsprachige Touristinnen durch die Schloßstraße. Erst die Polizei konnte den Irrtum aufklären: Bei den vermeintlichen Engländerinnen

handelte es sich um Bürgerinnen der zu diesem Zeitpunkt neutralen Vereinigten Staaten.
Am 17. November 1914 forderte eine polizeiliche Verordnung alle „feindlichen Ausländer" auf, Dresden innerhalb von zehn Tagen zu verlassen. Betroffen waren etwa 2000 Menschen. In der Adventszeit 1914 wurden auf dem Theaterplatz französische und belgische Kriegsgeräte als Siegestrophäen ausgestellt. Die anfängliche Kriegsbegeisterung schwand schnell dahin. Die Bürger sammelten „Liebesgaben" für die sächsischen Soldaten an der Front. Doch die Listen der Todesanzeigen in der Presse wurden immer länger. Unmittelbar nach Kriegsbeginn kam die städtische Entwicklung praktisch zum Erliegen.
In schwieriger Zeit übernahm 1915 der Jurist Bernhard Blüher das Amt des Oberbürgermeisters. Energie, Lebensmittel und Kleidung wurden rationiert, Metalle beschlagnahmt. Ungewohntes Papiergeld ersetzte das Silbergeld. Die Preise begannen zu steigen. Dagegen rührte sich bereits 1915 der Widerstand der Hausfrauen. Zu Weihnachten wurde ein allgemeines Stollenbackverbot erlassen. Inzwischen aber stieß der amtlich festgelegte Höchstpreis für Brot auf stärkeres Interesse.

Kohlrübenwinter

Kälte und Hunger kennzeichneten bis Anfang April 1917 den bitteren „Kohlrübenwinter". Die noch im August 1914 gegründete Kriegsorganisation Dresdner Vereine betrieb in der Stadt über 160 Volksküchen. Was zu Friedenszeiten vielleicht Freude auslöste, hatte für Kinder nun einen traurigen Beigeschmack: Bei hohem Schnee und 30 Grad Frost erhielten sie wochenlange Kälteferien. Doch auch daheim waren die Stuben kalt. Im dritten Kriegswinter waren die Kohlenvorräte aufgebraucht, die Stadt erhielt wochenlang keinen Nachschub. Elf Schulen wurden zu Wärmehallen umfunktioniert, die am Tag bis zu dreitausend Nutzer zählten. Theater, Lichtspielhäuser und Versammlungsräume blieben geschlossen. Der Straßenbahnbetrieb wurde ebenso wie die öffentliche Straßenbeleuchtung zeitweise völlig eingestellt.
Monatelang konnten an die Dresdner so gut wie keine Kartoffeln verkauft werden. Der Ersatz durch Kohlrüben brachte dem Winter seinen Beinamen „Kohlrübenwinter" ein. Da gleichzeitig die Brotration verkürzt wurde, setzte eine allgemeine Abmagerung der Bevölkerung ein. Das wenige Brot durfte nach einer Verordnung des Präsidenten des Kriegsernährungsamtes zu 60 Prozent aus Futterrüben bestehen. Am 16. April 1917 trat ein allgemeines Kuchenbackverbot für Bäckereien und Kaffeehäuser in Kraft. Anfang Mai wechselte sich die heftige Kälte mit einer trockenen Hitze ab. Das hatte eine Missernte bei Frühgemüse zur Folge.

Kirchenglocken für den Krieg

Im Frühjahr 1917 begann die Vernichtung von 60 vielfach historischen Kirchenglocken der Stadt. Sie wurden eingeschmolzen, um daraus Waffen „für das Vaterland" herzustellen. Selbst die Frauenkirche verlor zwei ihrer vier Glocken. Auch Blitzableiter und Türklinken wurden für die Rüstung requiriert. Waren Frauen im öffentlichen Dienst Anfang des Jahrhunderts noch ein pressetaugliches Novum, mussten sie nun im Hinterland neben ihrer Rolle als Haushaltsvorstand härteste Arbeit in Fabriken oder bei der Straßenbahn verrichten. Die Betriebe wurden für Rüstungsaufträge umgestellt, was den Mangel an Konsumgütern verschärfte. Zunehmend formierte sich in der Stadt der Widerstand gegen die Entbehrungen und den Krieg. Am 1. Mai 1917 demonstrierten hunderte Arbeiter im Plauen'schen Grund für Frieden. Linke Kräfte innerhalb der Dresdner SPD schlossen sich der Unabhängigen Sozialdemokratischen Partei an. Ende Januar 1918 traten Rüstungs- und Zigarettenarbeiter in den politischen Streik. Erst durch die Verhängung des verschärften Belagerungszustandes über Sachsen kam der Ausstand Anfang Februar zum Erliegen.

Erstmals wurden Frauen im Mai 1915 für den Schaffnerdienst eingesetzt

Das Ende

Nach dem Scheitern der deutschen Frühjahrsoffensive vom März 1918 ging die Entente zum Gegenangriff über. Im August wurde die deutsche Front durchbrochen. Dort – ebenso wie im deutschen Hinterland – breiteten sich allgemeine Auflösungstendenzen aus. Die noch immer von den nationalistischen und konservativen Kräften geschürte vaterländische Propaganda verhallte. Der wachsende Aufruhr läutete auch für Sachsen das Ende der über achthundertjährigen Monarchie ein.
Unmittelbar vor Kriegsende ereignete sich am 22. September 1918 im Dresdner Bahnhof Neustadt ein schweres Zugunglück. Der Führer eines Schnellzuges aus Leipzig hatte ein Haltesignal übersehen und prallte auf einen verspäteten Schnellzug aus Berlin. 40 Menschen, durch den Krieg handelte es sich überwiegend um Militärangehörige, verloren ihr Leben. Doch auf den Kriegsschauplätzen im Westen wie im Osten waren fast 14 000 Dresdner gefallen. Die Zahl der körperlich und seelisch Geschädigten überstieg diese Zahl um ein Vielfaches.

Die Weimarer Republik

Die rote Fahne auf dem Residenzschloss

Im Oktober 1918 wurden die beiden Sozialdemokraten Julius Fräßdorf und Max Heldt zu Ministern der königlich-sächsischen Regierung ernannt. Die mit dieser Geste gegenüber der SPD erhoffte Beruhigung der Bevölkerung blieb von kurzer Dauer. Die Revolution erreichte Dresden am 8. November, als Flieger der Großenhainer Garnison Flugblätter über der Stadt abwarfen. In den Abendstunden zogen Soldaten durch die Straßen und besetzten das

Generalkommando in der Neustadt. Der Provisorische Soldaten- und Arbeiterrat entstand.

Am 9. November 1918 musste der deutsche Kaiser seinen Thronverzicht erklären. Für die Bevölkerung war Wilhelm II. ein Symbol dieses Krieges, vor allem für die unerbittliche Weiterführung bis zum bitteren Ende. Doch auch in Sachsen hatten sich die Befürworter des Krieges um das Königshaus gesammelt. Gewaltige Demonstrationen in der ganzen Stadt brachten am 9. November die bestehende Ordnung zu Fall. Die konservative Sozialdemokratie bildete einen Arbeiterrat, der sich mit dem am Vortag vorrangig aus Soldaten gebildeten Gremium vereinigte. Die SPD setzte auf eine parlamentarische Neuordnung und rief zu Ruhe und Ordnung auf. Ebenfalls am 9. November bildeten Linksradikale und Spartakisten der USPD in Dresden einen „Revolutionären Arbeiter- und Soldatenrat". Noch am gleichen Tage schlossen sich die beiden Räte zum „Vereinigten Revolutionären Arbeiter- und Soldatenrat" zusammen.

Am 10. November 1918, einem Sonntag, flatterte über dem Residenzschloss die rote Fahne der Revolution. In der Nacht zuvor war die königliche Familie nach Moritzburg geflohen. Der sächsische König Friedrich August III. unterzeichnete am 13. November auf Schlos Guteborn/Niederlausitz nach 14-jähriger Regentschaft die Abdankungsurkunde. Der eher bürgerliche als militärische Potentat quittierte seinen Dienst mit dem legendären Ausspruch: „Macht doch Euren Dreck alleene!"

Mit König und Hofstaat verlor die Stadt jene Komponente, die ihre Bedeutung einst wesentlich hervorgebracht und bestimmt hatte. Als Sitz der sächsischen Landesregierung blieben ihr jedoch größere Einschnitte in der sozialen Struktur erspart. Obzwar Dresden eine der bedeutendsten Industriestädte des Deutschen Reiches war, prägten Ausstrahlung sowie Pflege der Baudenkmale und Kunstschätze auch zwischen den Weltkriegen das besondere Profil der deutschen Kunststadt.

Die Novemberrevolution brachte das Ende der über achthundertjährigen Herrschaft der Wettiner in Sachsen. Im Bild der König Friedrich August III.

Revolutionäre Auseinandersetzungen

In der am 15. November 1918 gebildeten sächsischen Revolutionsregierung erhielten die USPD-Vertreter Fleißner, Geyer und Lipinski wichtige Ministerposten. Die traditionell konservative Sozialdemokratie, die ebenfalls drei Minister stellte, strebte eine schnelle Konsolidierung der Lage, die Ankurbelung der Wirtschaft, die Verbesserung der Versorgungslage und ein demokratisches Wahlrecht an. Die sich aus linken USPD-Mitgliedern und Spartakisten formierenden Kommunisten forderten eine Entwaffnung der Polizei und Bewaffnung der Arbeiter, die Verhaftung der Spitzen aus Verwaltung und Wirtschaft als Bestrafung für die Kriegsschuld sowie die Enteignung der Banken. So verlor sich der Konsens der im Dresdner Arbeiter- und Soldatenrat vereinigten Kräfte schnell.

Am 13. Dezember zogen radikale Kräfte durch die Innenstadt. Nach Zerstörungen und Plünderungen von Gebäuden kam es vor dem Polizeipräsidium zu einem Schusswechsel, mit Verletzten auf beiden Seiten. Zwar distanzierten sich die Kommunisten von den Vorfällen, doch näherten sich in der Folge Sozialdemokraten und bürgerliche Kräfte einander an.

Im Januar 1919 spitzten sich die Auseinandersetzungen zu. In Dresdner Kasernen wurden am 10. Januar Flugblätter des Leib-Grenadierregiments verteilt. Darin wurden die Soldaten aufgefordert, bei nächster Gelegenheit die Kommunisten niederzuschlagen. Bei einer anschließenden Kundgebung des „Roten Soldatenbundes" im Zirkus Sarrasani machten die Teilnehmer die Druckerei der sozialdemokratischen „Dresdner Volkszeitung" als Urheber aus. Ein Demonstrationszug von 5 000 Menschen zum Wettiner Platz verlief überwiegend friedlich. Der Versuch einiger Aufrührer, in die militärisch gesicherte Druckerei einzudringen, wurde vom Druckereigebäude aus mit Maschinengewehrfeuer und Handgranaten beantwortet. Tausende flohen schreiend in die umliegenden Straßen, 14 tote und 50 verwundete Demonstranten blieben zurück. Nach dem Vorfall wurden Otto Rühle und andere Kommunistenführer verhaftet. Mit der Verhängung des Belagerungszustandes über Dresden wurden kommunistische Versammlungen verboten.

Die sächsischen USPD-Minister forderten am 11. Januar in einer Note an den Reichs-Volksbeauftragten Ebert sofortige Verhandlungen zur Vermeidung weiteren Blutvergießens. In Berlin wurden am 15. Januar die Kommunistenführer Karl Liebknecht und Rosa Luxemburg ermordet. Nachdem sich die mitregierenden Sozialdemokraten ihrer Forderung verweigerten, legten die USPD-Minister ihre Amtsgeschäfte am 17. Januar nieder.

Nach den Wahlen zur sächsischen Volkskammer am 2. Februar 1919 bildeten die Sozialdemokraten eine Minderheitsregierung und gingen Ende des Jahres eine Koalition mit den Demokraten ein. Bei der Abstimmung zur Dresdner Stadtverordnetenversammlung am 9. Februar erhielten SPD und USPD 43 der 84 Mandate, der bürgerliche Kandidat Bernhard Blüher blieb Oberbürgermeister. Erstmals aber dominierten die Arbeiterparteien im Stadtparlament.

Ermordung des sächsischen Kriegsministers Neuring

Am 12. April 1919 versammelten sich auf dem Theaterplatz rund eintausend Sanitäter, Krankenpfleger sowie Kriegsversehrte, um gegen die Verschlechterung ihrer sozialen Lage zu protestieren. Eine Abordnung der Demonstranten übergab dem sozialdemokratischen Kriegsminister Neuring die Forderungen. Dieser drohte eine Verhaftung wegen Hausfriedensbruchs an, worauf die Demonstranten gewaltsam in das Kriegsministerium eindrangen. Das Militär warf Handgranaten in die Menge. Unter den auf viele Tausend angewachsenen Demonstranten machten Gerüchte über den Anmarsch der Reichswehr die Runde.

Die Ermordung des sächsischen Kriegsministers Neuring im April 1919

Die aufgeheizte Menge brachte Kriegsminister Neuring unter Misshandlungen auf die Augustusbrücke, wo er in die Hochwasser führende Elbe geworfen wurde. Aus den Reihen der erregten Zuschauer wurde auf den sozialdemokratischen Minister geschossen, der schließlich in den Fluten versank. Weitere zwei Menschen wurden bei den Unruhen getötet, zehn verletzt. Noch am Abend verhängte die Reichsregierung den Belagerungszustand sowie das Standrecht über Dresden und Sachsen. Die Stadt wurde von sächsischen und preußischen Truppen besetzt.

Der Kapp-Putsch

Die vermeintlich „Goldenen Zwanziger" begannen in Dresden blutig: Generallandschaftsdirektor Wolfgang Kapp, einer der Gründer der nationalistischen Vaterlandspartei im Jahre 1917, führte am 13. März 1920 in Berlin die in Auflösung begriffenen Freiwilligenverbände zu einer Revolte gegen die Reichsregierung. Die Regierungsmannschaft flüchtete nach Dresden, von wo aus sie am 14. März mit dem Zug nach Stuttgart fuhr. Nach einem Generalstreik und deutschlandweiten Protesten brach der Putsch zusammen.

Während des Umsturzes herrschten in Dresden bürgerkriegsähnliche Zustände. Bereits am Vormittag des 14. März zogen Demonstrationszüge durch die Stadt. Dem Aufruf zum Generalstreik am Folgetag leisteten die Menschen uneingeschränkt Folge: In Dresden fuhren keine Züge und Straßenbahnen, die Schankstätten und Geschäfte blieben geschlossen.

Grabstein für Opfer des Kapp-Putsches auf dem Tolkewitzer Friedhof

Am Nachmittag des 15. März versammelten sich Zehntausende zu einer Kundgebung auf dem Postplatz. Als Demonstranten in das Telegraphenamt eindrangen, ließ die sächsische Regierung das strategisch wichtige Gebäude durch die Reichswehr besetzen. Die Attacke stieß auf heftige Gegenwehr der Demonstranten. Sie vermuteten in der Reichswehr Kapp-Putschisten. Durch das brutale Vorgehen des Militärs wuchs die Erregung der Massen. Heftiges Artilleriefeuer der Reichswehr zwang die Besetzer des Telegrafenamtes am Abend zur Aufgabe. 50 Demonstranten und sechs Soldaten starben auf dem Postplatz, etwa zweihundert Menschen wurden verletzt. Die umstehenden Gebäude, darunter der Zwinger und die Sophienkirche, wiesen zahlreiche Einschüsse auf.

Eingemeindungen

Am 1. April 1921 vergrößerte sich Dresden um 20 Vororte. Leuben, Laubegast, Briesnitz, Bühlau, Coschütz, Kemnitz, Leutewitz, Kleinzschachwitz und andere Gemeinden waren den Weg des freiwilligen Zusammenschlusses mit der Landeshauptstadt gegangen. Im Ergebnis erweiterte sich die Stadtfläche auf über 110 Quadratkilometer. Anfangs war eine Schreibweise mit Bindestrich üblich, z. B. Dresden-Loschwitz oder Dresden-Gorbitz.
Für großen Aufruhr sorgten damals Blasewitz, Loschwitz und Weißer Hirsch: Nach jahrelanger heftiger Gegenwehr wurde durch eine Verordnung des Ministeriums des Inneren vom 7. Januar 1921 die zwangsweise Eingemeindung der steuerkräftigen Vororte nach Dresden verfügt. Gegen den Zusammenschluss protestierten am 19. Januar hunderte Einwohner im Blasewitzer Goethe-Garten. Gleichzeitig zogen die Deutschnationalen und die Deutsche Volkspartei in einer Petition an den Landtag die Rechtmäßigkeit der Verfügung in Zweifel. Dem entgegen begrüßte Dresdens Stadtverordnetenvorsteher Nitzsche in der Sitzung am 21. Januar den Verwaltungsakt. „Die Stadt wird alles tun, um bald zu einem gedeihlichen Verhältnis mit den Bewohnern der drei Vororte zu kommen."
Drei Monate später vergrößerte sich die Landeshauptstadt erneut. Zum 1. Juni 1921 kamen Leubnitz-Neuostra, Prohlis und Torna nach Dresden. Die nächste Eingemeindungswelle erfolgte erst 1930, als Lockwitz, Omsewitz und Wachwitz an die Großstadt angegliedert wurden.

Die Einwohner der wohlhabenden Vororte Blasewitz, Loschwitz und Weißer Hirsch wehrten sich gegen die Eingemeindung nach Dresden

Teuerungsunruhen

Die Protestaktionen und Streiks setzten sich in Dresden auch nach dem Kapp-Putsch fort. Im Mittelpunkt stand die exorbitante Inflation: Gegenüber der Vorkriegszeit hatten sich die Lebenshaltungskosten verzehnfacht. Das erwies sich nur als ein Vorspiel: In den zwei Jahren bis November 1923 sollte beispielsweise der Straßenbahntarif auf das 200-Milliardenfache steigen! Da die Einkünfte der Inflation beständig hinterher hinkten, nahmen die Teuerungsunruhen an Schärfe zu. Ein Höhepunkt war der Streik in der Zigarettenindustrie im April 1921. Ende 1922 mussten die gerade abgeschafften Lebensmittelkarten wieder eingeführt werden. Am 18. November 1922 plünderten Demonstranten Dutzende Läden der Innenstadt. Derartige Vorfälle sollten sich bis Dezember 1923 fortsetzen.

Bürger der benachbarten Tschechoslowakei nutzten den Währungsverfall zum Kauf von hunderten Immobilien in der Stadt. 1922 erwarb ein tschechisches Konsortium die Aktienmehrheit der Sächsisch-Böhmischen Dampfschifffahrtsgesellschaft. Mit verschärften Grenzkontrollen versuchte Sachsen, den Ausverkauf von Konsumgütern und anderen Waren einzuschränken.
Die von Erich Zeigner aus Ministern der SPD und der KPD gebildete sächsische Arbeiterregierung wurde Anfang Oktober 1923 von der Berliner Regierung abgesetzt. Neuerlich marschierte die Reichswehr in die Stadt ein und besetzte die Ministerien. Die Lage in der Stadt beruhigte sich erst nach dem Ende der Inflation und einer raschen wirtschaftlichen Gesundung.
Eine kuriose Randerscheinung des Währungsverfalls war der so genannte Zirkuskrieg zwischen der Stadt Dresden und Hans Stosch-Sarrasani. Aus Protest gegen die städtische Lustbarkeitssteuer unterbrach der Unternehmer Anfang des Jahres 1921 die defizitären Aufführungen in der imposanten Arena am Carolaplatz. Der Zirkusdirektor drohte mit dem Weggang nach Paris und der Umwandlung des erst 1912 eingeweihten Zirkusgebäudes in eine Zigarettenfabrik. Nach einer Novelle der Reichs-Lustbarkeitssteuer ließ Stosch-Sarrasani das Haus Weihnachten 1921 wieder öffnen.

Bautätigkeit

Die leichte Belebung des Dresdner Bauwesens nach dem Ersten Weltkrieg kam durch die Inflation wieder zum Erliegen. Nach mehr als zehnjähriger Bauzeit wurde im Mai 1923 das erste Hochhaus der Stadt eingeweiht. Von dem 48 Meter hohen Turm versprach sich Heinrich Ernemann einen ähnlichen Werbeeffekt wie beim 1912 fertig gestellten Fabrikgebäude der Yenidze. Die Ernemann-Werke-A.-G. galten damals als größter Produzent optischer Geräte in Deutschland. Diese lange Bauzeit war kein Einzelfall: Der 1914 begonnene Bau der Heilandskirche in Cotta konnte erst 1927 abgeschlossen werden.

Das Hochhaus der Ernemann-Werke

Die Entstehung des Stadthauses in der Theaterstraße verdeutlicht die finanziellen Schwierigkeiten des Bauens. Dessen Baukosten waren trotz ständiger Abstriche an der Ausstattung von 16 Millionen auf 600 Milliarden Mark im Oktober 1923 gestiegen. Für diese Summe hätte man einen Monat später nicht einmal mehr ein Brot kaufen können.
Nach dem Ende der Inflation setzte in Dresden eine rege Bautätigkeit ein. 1925 wurde der Bau eines Hochhauses an der Waisenhausstraße noch mit Hinweis auf die Silhouette der Altstadt abgelehnt. 1929 stellte die Sächsische Staatsbank am Albertplatz ein elfgeschossiges Hochhaus fertig. Ein ganz anderer Superlativ sorgte im Jahr 1928 auf dem Ausstellungsgelände für Erstaunen: Nach Entwürfen des Münchner Architekten Professor Peter Birkenholz war hier anlässlich der Schau „Die Technische Stadt“ das erste Kugelhaus der Welt entstanden.
Die öffentliche Hand betätigte sich in diesen Jahren sehr aktiv als Bauherr. 1926 eröffnete die Technische Hochschule in der Mommsenstraße die Gebäude der Chemischen Abteilungen. Im gleichen Jahr wurden der Arbeitsnachweis

auf der Maternistraße und der Straßenbahnhof auf der Waltherstraße fertig gestellt. 1929 wurde das Sachsenbad als Städtisches Volksbad Pieschen eingeweiht. Ab Oktober 1931 verband die siebente Dresdner Elbbrücke Kaditz und die Friedrichstadt.

Das bedeutendste Projekt der zwanziger Jahre stellte der Neubau des Deutschen Hygienemuseums dar. Im Oktober 1927 legte der Reichsinnenminister Kendell den Grundstein. Der von Wilhelm Kreis entworfene Monumentalbau im Bauhausstil öffnete im Mai 1930 anlässlich der Internationalen Hygiene-Ausstellung seine Pforten.

Ein weiteres wichtiges Beispiel des „Neuen Bauens" in Dresden war die ab 1930 errichtete Trabantensiedlung Trachau. Im Volksmund „Neu-Marokko" genannt, wurde ihr Weiterbau von den Nationalsozialisten 1933 unterbunden.

Die Neubauten der chemischen Abteilungen in der Mommsenstraße

Neue Medien

Am 9. Dezember 1923 erlebten Tausende im städtischen Ausstellungspalast am Stübelplatz den ersten „Öffentlichen Radio-Unterhaltungsrundfunk". Der sich bei dieser Gelegenheit bildende Radioklub zielte auf die Errichtung einer Sendestation in Dresden ab. Im Februar 1925 konnte in der Großen Zwingerstraße ein Sendestudio, zunächst eine Außenstelle des Leipziger Senders, eröffnet werden.

Die ersten Filmvorführungen hatte Dresden bereits um die Jahrhundertwende auf der Vogelwiese und 1904 im Viktoriasaal erlebt. Der eigentliche Boom vollzog sich Mitte der zwanziger Jahre, als überall im Stadtgebiet großartige Filmtheater entstanden: So das Capitol an der Prager Straße (1925), die Gloria-Palast-Lichtspiele in der Schandauer Straße und das Theater am Bischofsplatz (beide 1926). Mit 1 000 Zuschauerplätzen größtes Kino der Neustadt wurde die Schauburg (1927). Eine besondere Attraktion war im Juli 1927 die Erstaufführung eines „sprechenden Films" im Capitol.

Die Kunst in der Auseinandersetzung ihrer Zeit

Zumeist aus Gründen der gegenseitigen Absicherung schlossen sich progressive Dresdner Künstler zu Gruppen zusammen. Die „Dresdner Sezession – Gruppe 1919" vereinte so namhafte Maler wie Otto Dix, Conrad Felixmüller und Lasar Segall. In der 1929 entstandenen, sehr aktiven linken „Assoziation revolutionärer bildender Künstler Deutschlands" arbeiteten in der Elbestadt u.a. Otto Griebel, Rudolf Bergander, Hans und Lea Grundig, Wilhelm Lachnit sowie Curt Querner.

Conrad Felixmüller gehörte zu den Initiatoren der Dresdner Sezession – Gruppe 1919

An den Theatern kamen expressionistische Dramen zur Aufführung. Einen regelrechten Skandal löste 1924 die Tragödie „Hinkemann" von Ernst Toller im Dresdner Staatstheater aus. Die kriegsfeindliche Inszenierung wurde von militaristischen und nationalsozialistischen Kräften gestört und daraufhin vom Spielplan abgesetzt. Die Tänzerinnen Mary Wigman und Gret Palucca kreierten in der Stadt eigene Schulen.

Die Staatskapelle konnte unter Fritz Busch ihren hervorragenden Ruf bewahren. Anfang März 1933 weigerte sich der Generalmusikdirektor, die jüdischen Mitglieder des Orchesters auf Geheiß der NSDAP zu entlassen. Daraufhin kaufte die Partei alle Eintrittskarten der Rigoletto-Aufführung am 7. März auf und organisierte einen „Entrüstungssturm des Volkes". Der erfolgreiche Leiter der Staatskapelle wurde seines Amtes enthoben.

Flugwesen

Nach den ersten Schritten der Luftfahrt vor dem Ersten Weltkrieg wurde Dresden 1924 in den Personenflugverkehr eingebunden. Auf der Strecke von Berlin nach Fürth bzw. Prag/Wien landeten die Flugzeuge in Kaditz zwischen. Weniger erfolgreich war die erste Wasserfluglinie der Welt, die im August 1925 den Betrieb zwischen Dresden-Johannstadt und Hamburg aufnahm. Nur ein halbes Jahr nach der Eröffnung des Flugplatzes auf dem Heller im April 1926 wurde sie mangels Rentabilität eingestellt. Doch auch dem neuen Landeplatz war keine lange Existenz beschieden: Ein schweres Flugzeugunglück im Oktober 1930 forderte acht Menschenleben und zog ein behördliches Landeverbot nach sich. Im Juli 1935 wurde in Klotzsche der neue Flugplatz eingeweiht.

Schwere Schäden an historischen Bauten

Durch problematische frühere Rekonstruktionsarbeiten oder auch nur wegen mangelnder Unterhaltung befanden sich Dresdens historische Bauwerke nach dem Ersten Weltkrieg in einem jämmerlichen Zustand. Die im Jahr 1924 beginnende vierte Restaurierungsperiode des Zwingers brachte endlich einen denkmalgerechten Umgang mit der Substanz des weltberühmten Gebäudes. 1927 bot sich den überraschten Dresdnern ein völlig ungewohntes Bild des Zwingerhofes: Hubert Ermisch hatte die romantisierende Gestaltung aus dem 19. Jahrhundert zugunsten der barocken Teppichbeete

beseitigt. Als glücklich erwies sich die Öffnung des 1822 zugeschütteten Zwingergrabens. Die Sanierung des Zwingers konnte 1936 abgeschlossen werden.
„Wer sein Dresden liebt, der wird ihm die Schmach nicht antun, daß seine edelsten Werke verfallen !" Cornelius Gurlitt, Nestor der sächsischen Denkmalpflege, wandte sich 1925 mit einem leidenschaftlichen Appell zur Rettung der Frauenkirche an die Öffentlichkeit. Die Frauenkirchgemeinde war unvermögend und konnte nur wenig zur Erhaltung der Kirche beitragen. Zudem hatten die 1887/92 und 1904/05 mit Zement vorgenommenen Reparaturen der Sandsteinkuppel bauphysikalisch katastrophale Folgen. Zu Kriegsbeginn 1914 waren die Unterhaltungsmaßnahmen ganz eingestellt worden. 1924 drohte die Bauaufsicht die Schließung der Kirche an. Sandsteinquader platzten aus der Fassade und von den Innenpfeilern. Die Laterne drohte aus 95 Meter Höhe in die Tiefe zu stürzen. Die im wesentlichen vom sächsischen Staat getragenen Sicherungsarbeiten unter Leitung von Stadtbaurat Paul Wolf dauerten bis 1942 an.

Dringliche Sanierungsarbeiten an der Dresdner Frauenkirche

Weltwirtschaftskrise

Die zweite Hälfte der 1920er Jahre brachte auch für Dresden eine kurze Blütezeit mit hohem Wirtschaftswachstum, steigendem Lebensniveau und niedriger Arbeitslosigkeit. Expandierende Großunternehmen lieferten Fotoapparate, Schreib- und Nähmaschinen, Elektromotoren oder auch Zigaretten und Schokoladen in alle Welt. Aber auch kleine Erfindungen wurden zum Symbol des Dresdner Fleißes: Ab 1920 wurden hier die „Melitta" Kaffeefilter gefertigt. In der Zwickauer Straße hatte das Unternehmen „Teekanne" seinen Sitz, während Wendlers Dominosteine an die Traditionen der Patisserie der Residenzstadt anknüpften.
Der schicksalschwere 24. Oktober ging 1929 als „schwarzer Freitag" an der New Yorker Börse in die Geschichte ein. Zahlreiche Bankenzusammenbrüche läuteten die Weltwirtschaftskrise ein. Der Schock war so gewaltig, dass auch Deutschland von einer Pleitewelle überrollt wurde. Allein in Dresden mussten etwa 700 Betriebe die Produktion einstellen. „Gab es je ein traurigeres Weihnachtsfest als dieses ?" so fragte die Dresdner Presse zum Jahresende 1929.
Das industrielle und exportabhängige Sachsen war von der Krise besonders betroffen. Schon im Februar 1930 wies Dresden eine Arbeitslosenrate von über einem Drittel auf. Die katastrophale soziale Situation vieler Dresdner führte zu einer Polarisierung der Gesellschaft und machte die Köpfe anfällig für das Gedankengut der Nationalsozialisten.

Arbeiterdemonstration gegen die Not der Weltwirtschaftskrise

Das Ende der Weimarer Republik

Das kurze Aufblühen der Demokratie in der Weimarer Republik hielt der Hoffnungslosigkeit unter den Dresdnern angesichts der wirtschaftlichen, sozialen und politischen Krise nicht stand. Dem namhaften Liberalen Dr. Wilhelm Külz, der 1931 die Amtsgeschäfte von Oberbürgermeister Blüher übernommen hatte, glitt die Macht aus den Händen. Sein Stellvertreter, der Sozialdemokrat Dr. Bührer, trat 1932 zu den Nationalsozialisten über.
Die beiden Arbeiterparteien SPD und KPD warfen sich gegenseitig Verrat vor und pflegten ihre Differenzen. Gewalttätige Auseinandersetzungen vor allem zwischen Nationalsozialisten und Kommunisten gehörten zum Alltag. Drei Personen mussten im Juni 1931 nach einer Schlägerei zwischen beiden Seiten im Löbtauer Bürgergarten ins Krankenhaus gebracht werden. Im Juli 1932 rief Ernst Thälmann die 80 000 Kundgebungsteilnehmer auf der Radrennbahn in Reick zum Kampf gegen die faschistische Gefahr auf. Der Stimmenanteil der NSDAP lag in Dresden bei etwa einem Drittel und damit unter dem sächsischen Niveau, also etwa auf der Höhe des Reichsdurchschnittes. In den Arbeiterwohngebieten hatten die Nationalsozialisten noch 1932 kaum Chancen. Hohe Stimmenanteile verbuchten sie in eher kleinbürgerlichen Stadtteilen wie Striesen, Strehlen oder in der Johannstadt.
Die gewaltsame Auflösung einer Versammlung des kommunistischen Kampfbundes gegen den Faschismus am 25. Januar 1933 durch die Polizei endete in einem Blutbad. Schauplatz war das Keglerheim in der Friedrichstraße 22. Neun der rund eintausend Kundgebungsteilnehmer verloren ihr Leben, zwölf wurden schwer verletzt. Ein Untersuchungsausschuss des Landtages bestätigte das polizeiliche Versagen. Zehntausende Kommunisten und Sozialisten beteiligten sich am 31. Januar an einem Demonstrationszug vom Stübelplatz zum Ort der Beisetzung der Opfer auf dem Johannisfriedhof Tolkewitz. Es sollte die letzte antifaschistische Massendemonstration in Dresden werden.

Dresden unter dem Hakenkreuz

Pluralität und Demokratie in Dresden brachen Anfang des Jahres 1933 binnen weniger Wochen in sich zusammen. Die parlamentarischen Gremien wurden von den Nationalsozialisten kaltgestellt, Betriebe, Institutionen und die Presse gleichgeschaltet. Nach dem inszenierten Reichstagsbrand vom 27. Februar erfolgte in Dresden wie anderswo auch die Verhaftung namhafter Kommunisten. Die Räume der Landtagsfraktion der KPD wurden unter Bruch der Immunität verwüstet. Anfang März stellte die sächsische Polizei 1 500 SA- und Stahlhelmleute ein.
Trotz erdrückender Propaganda erhielt die NSDAP bei den Reichstagswahlen vom 5. März in Dresden nur 42,3 Prozent der Stimmen (Reichsdurchschnitt 43,9 Prozent). Gegen den Protest des Oberbürgermeisters Wilhelm Külz hissten die Nationalsozialisten am 7. März die Hakenkreuzfahne auf dem Rathaus. Am Tag darauf wurden das sozialdemokratische Volkshaus und die Druckerei

der „Volkszeitung“ durchwühlt. Am Münchner Platz entstanden an diesem 8. März erste Folterzellen. Mitte des Monats wurde der liberale Oberbürgermeister Külz beurlaubt, Ratsmitglieder, Direktoren und Verleger ihrer Ämter enthoben. Die Installation des nationalsozialistischen Reichstags am 21. März 1933 in der Potsdamer Garnisonkirche wurde als Gründungstag des Dritten Reichs zum Feiertag deklariert.

Spätestens mit dem Ermächtigungsgesetz vom 24. März war die völlige Machtübernahme durch die NSDAP Tatsache. Hitler und Hindenburg wurden zu Dresdner Ehrenbürgern ernannt, ab 1. Mai trug der Theaterplatz den Namen des „Führers“. Zehn Tage später zelebrierten nationalsozialistische Studenten an der Bismarcksäule und auf dem Wettiner Platz die berüchtigte Bücherverbrennung. Zwar saß die SPD noch bis zu ihrem Verbot im Juni in der Stadtverordnetenversammlung. Allerdings hatte sie längst jeglichen Einfluss auf die Geschicke der Stadt verloren.

Bücherverbrennung auf dem Wettiner Platz

Im Juli wurde der Kaufmann Erich Zörner, seit 1922 Parteianhänger Hitlers, Oberbürgermeister von Dresden. Die Auflösung des Stadtrates nach siebenhundertjähriger Existenz war im März 1935 nur noch eine Formalität.

In der Nacht- und Nebelaktion vom 28. Juni 1934 wurde ein interner brauner Machtkampf blutig entschieden. Die von der SS festgesetzten Führer der sächsischen SA wurden zwei Tage später auf dem Heller hingerichtet. Deren Chef, der Gruppenführer Hans Hayn, wurde bei München exekutiert.

Unterdrückung und Widerstand

Schon im März 1933 hatte sich die gesamte Presselandschaft zum Sprachrohr der NSDAP gewandelt. Selbst in den eben noch liberalen Dresdner Tageszeitungen erschienen Aufrufe zum Boykott jüdischer Geschäfte, Warenhäuser, Ärzte oder Rechtsanwälte. Im November 1933 öffnete im Deutschen Hygienemuseum die Ausstellung „Volk und Familie“. Bei dieser Gelegenheit offerierten die Nationalsozialisten ihre Vorstellungen von der angeblichen Überlegenheit der arischen Rasse. Sie schloss die Verfolgung physisch oder psychisch behinderter deutscher Mitbürger durchaus mit ein. Im April 1934 öffnete im Komplex des Hygienemuseums die Staatsakademie für Rassenpflege.

Gelegentlich berichtete die Presse über die Aufdeckung sozialdemokratischer oder kommunistischer Aktivitäten und nachfolgende Schauprozesse. Unter Einsatz ihres Lebens hatten auch in Dresden Antifaschisten in der Illegalität den Kampf gegen die braune Diktatur aufgenommen, ohne dabei auf breite Akzeptanz in der Bevölkerung zu stoßen. Nach der Verhaftung von 300 Kommunisten im ersten Quartal 1934 erklärte die Polizei die KPD in der Stadt für vernichtet. Vor dem

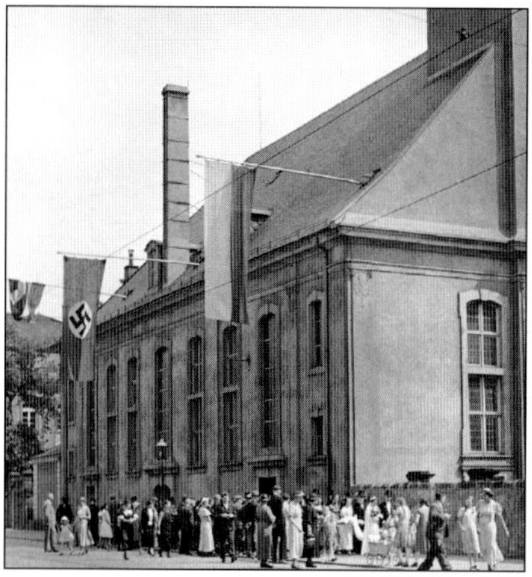

Die barocke Matthäuskirche in der Friedrichstadt mit der Hakenkreuzfahne

Sondergericht am Münchner Platz begann im März dieses Jahres der Prozess gegen 40 Sozialdemokraten.
Die nahe Sächsische Schweiz spielte im antifaschistischen Widerstand eine wichtige Rolle. Der Vorstand der SPD war nach Prag emigriert, wo sich auch die Abschnittsleitung Mitte der KPD befand. Über die schwer kontrollierbaren Felsentäler konnte der Widerstand die Verbindung mit dem Ausland halten. Mehrere Dresdner Kommunisten unterstützten 1936 die Internationalen Brigaden in Spanien im Kampf gegen das von regulären deutschen Truppen gestützte Franco-Regime.
Der Papst spielte im Dritten Reich ebenso wie einige Vertreter der evangelischen Kirche eine zwiespältige Rolle. So wurde im September 1933 unter dem hakenkreuzgeschmückten Altar der St. Petri-Kirche eine Massenhochzeit von 16 Paaren in SA-Kluft durchgeführt. Im März 1934 pries der von den Nationalsozialisten eingesetzte neue Landesbischof Coch in der Dreikönigskirche das Wunder der nationalen Erhebung. Zahlreiche Christen betätigten sich hingegen im Widerstand. Unter ihnen auch Hugo Hahn, der Führer der Bekennenden Kirche in Sachsen. Er wurde im Februar 1938 von der Gestapo verhaftet und später des Landes verwiesen.

Autobahnen und Luftschlösser

Im Dezember 1934 erfuhr die Öffentlichkeit von gigantischen Bauplänen im Umfeld des Hygienemuseums. Dresden sollte zu einer „deutschen Führerstadt" ausgebaut werden. Um den geplanten Adolf-Hitler-Platz waren u.a. ein Haus der deutschen Arbeit, eine „Halle der Dreißigtausend" und ein Neubau für das Reichsinstitut für Rassenhygiene-Forschung vorgesehen. Das von der jüdischen Bankiersfamilie Arnhold gestiftete Georg-Arnhold-Bad hätte den Bauten weichen müssen.
Vier Jahre später wurden die Vorhaben auf der Münchner Architekturausstellung konkretisiert. Vom Gauzentrum auf den Güntzwiesen zum Neuen Rathaus war der Durchbruch einer „gewaltigen Aufmarschstraße" mit einer Breite von 64 Metern geplant. Ein ganzes System raumgreifender Achsen sollte nach den Vorstellungen der NSDAP die dicht bebaute Dresdner Innenstadt durchziehen. Im Ostragehege war ein Sportforum vorgesehen, dessen Kern ein Stadion für 75 000 Zuschauer bilden sollte.
Im März 1939 vollzog der sächsische Gauleiter Martin Mutschmann anlässlich seines 60. Geburtstags den ersten Spatenstich für das Gauzentrum. Dabei sollte es allerdings auch bleiben. Auch der im April des Jahres angekündigte rückwärtige Erweiterungsbau der Semperoper kam nicht zustande.

Der kompetente Stadtbaurat Paul Wolf vermochte es, mit der Gestaltung des Neustädter Königsufers oder dem Ausbau der Krankenhäuser Friedrichstadt und Johannstadt wichtige städtische Vorhaben umzusetzen. Im Frohngassenviertel in der östlichen Altstadt sowie in der Oppellvorstadt wurden Sanierungsmaßnahmen begonnen. In Trachau, Leubnitz-Neuostra und am St.-Pauli-Friedhof entstanden neue Wohnbauten. Energisch wurde im Dritten Reich der Bau von Autobahnen betrieben. Im März 1934 erfolgte in Dresden-Kemnitz der erste Spatenstich für die Reichsautobahn Richtung Westen. Bereits im September 1936 konnte zwischen Wilsdruff und Dresden-Altstadt der erste Abschnitt der Reichsautobahn in Sachsen eingeweiht werden. Mit einer „Triumphfahrt des Führers" wurde die 101 Kilometer lange Gesamtstrecke bis Meerane im Juni 1937 freigegeben. Im Dezember des Jahres folgte der Abschnitt bis Dresden-Nord.

Das geplante Gauzentrum auf den Güntzwiesen

Reichspogromnacht

Der Antisemitismus gehörte zu den tragenden Säulen der nationalsozialistischen Ideologie. Beständig wurde die Bevölkerung propagandistisch bearbeitet. Im Juli 1935 prangerte die gleichgeschaltete Presse Fälle der so genannten "Rassenschande" an. Sie veröffentlichte eine Liste mit den Namen von 15 arischen Dresdnern, die eine Beziehung zu einem jüdischen Menschen unterhielten. Die Juden wurden in das Konzentrationslager Sachsenburg verschleppt, ihre Partner in Schutzhaft genommen.

Im April 1936 bezeichnete eine Ausstellung im Neuen Rathaus die Novemberrevolution 1918 als „Dolchstoß des Weltjudentums". Im Juni 1937 fand auf dem Altmarkt eine Schau „Der Weltfeind am Pranger" statt. Im Januar des Folgejahres forderten Kolonnen der SS und der SA während eines „Propagandamarsches gegen die Verjudung des Bades Weißer Hirsch" die Ausgrenzung der Juden. Mittlerweile stellte bereits der Einkauf in jüdischen Geschäften einen Entlassungsgrund für Staatsbedienstete dar.

Nationalsozialistischer Aufmarsch auf dem Adolf-Hitler-Platz (Theaterplatz)

Die antisemitischen Aktivitäten nahmen im Laufe der Jahre an Brutalität zu. Einen vorläufigen Höhepunkt fanden sie in der „Reichskristallnacht" am 9. November 1938. Nach einer Kundgebung vor dem Neuen Rathaus plünderten Braunhemden und fanatisierte Bürger hunderte jüdischer Geschäfte der Innenstadt. In derselben Nacht wurde Gottfried Sempers Synagoge in Brand gesteckt. Die Kosten für deren Abbruch gingen zynischerweise zu Lasten der jüdischen Gemeinde. Nach der Reichspogromnacht sank die Zahl der in Dresden lebenden Juden auf wenig über eintausend Menschen, was einem Viertel von 1932 entsprach. Zu den Flüchtlingen gehörte auch der namhafte Bankier und Wohltäter Kurt Arnhold, der im November 1938 vor den Demütigungen aus Dresden nach Holland floh.
Die verbliebenen Juden wurden weiter stigmatisiert: Im Jahr 1940 wurden sie in 32 so genannten Judenhäusern konzentriert. Ab 1941 mussten sie im Straßenbild sichtbar den gelben „Judenstern" tragen. Viele von ihnen kamen über das „Judenlager Hellerberge" in das Vernichtungslager Auschwitz. Nur 174 Juden überlebten in Dresden das Dritte Reich.

Der Nationalsozialismus und die Kunst

Im September 1933 öffnete im Lichthof des Neuen Rathauses die Ausstellung „Entartete Kunst". Die Werke stammten von namhaften Künstlern, deren Wirken eng mit Dresden verbunden war: Oskar Kokoschka, Hans Grundig, Conrad Felixmüller, Karl Schmidt-Rottluff, Peter August Böckstiegel u. a. Auch Otto Dix gehörte zu den Verfemten. Er war der erste Professor, den die Nationalsozialisten von der Akademie der Bildenden Künste jagten. Die Dresdner Kunstsammlungen verloren rund eintausend bedeutende Werke der Moderne. 1937 kamen die Bildwerke in die Münchner Propagandschau „Entartete Kunst". Anschließend erfolgte ihre Verbrennung. Manche der Bilder wurden im Juni 1939 im schweizerischen Luzern devisenbringend versteigert.
Die NSDAP versuchte gleichzeitig, berühmte Künstler für ihre Zwecke zu gebrauchen. So stand das Werk Richard Wagners im Mai 1934 im Mittelpunkt der „Ersten Reichs-Theaterwoche" in Dresden. „Er hatte das edle, große, heroische Pathos, das unsre Zeit durchzittert!" schrie Reichspropagandaminister Goebbels in die Zuschauerreihen der Semperoper. „Heil!"-Rufe ließen das ehrwürdige Gebäude in Anwesenheit Adolf Hitlers erbeben.
Große Anerkennung erwarb der Kreuzchor im Frühjahr 1935 auf seiner ersten Gastspielreise unter Rudolf Mauersberger in den Vereinigten Staaten.
Trotz der Vertreibung des anerkannten Generalmusikdirektors Fritz Busch im Frühjahr 1933 konnte die Oper ihr musikalisches Niveau unter Karl Böhm bis 1942 bewahren. So löste die Uraufführung von Richard Strauss' Stück „Die schweigsame Frau" 1935 Beifallsstürme aus. Doch nach der dritten Aufführung kam das „Aus". Das Libretto für die Oper stammte von Stefan Zweig, einem Juden.

Der Kreuzchor bewahrte sich seine Weltgeltung

Das Kino avancierte zur beliebten Freizeitbeschäftigung der Dresdner. Im Oktober 1938 eröffnete das „Ufa am Postplatz“ als Tageskino. Star des Eröffnungsstreifens „13 Stühle“ war Heinz Rühmann. Im März 1942 sahen Dresdner im Kino „Universum“ den ersten deutschen Farbfilm: „Frauen sind doch bessere Diplomaten“. Das Radio breitete sich mehr und mehr in den Haushalten aus. Im April 1939 verfügten 73 Prozent der Dresdner Haushalte über einen Empfänger. Ab Kriegsbeginn drohten für das Abhören feindlicher Sender Zuchthausstrafen.

Kriegsvorbereitung

Dresden stand in den dreißiger Jahren an sechster Stelle unter den deutschen Industriestädten. Die hochentwickelte mechanische, optische und elektronische Produktion wurde zunehmend in die Rüstungspläne des Dritten Reichs eingebunden. Zeiß-Ikon stellte Bombenzielgeräte her, das Sachsenwerk übernahm die Fertigung von Radargeräten. Die Firma Radio-Mende produzierte elektrische Zünder und Fernschreiber.
Der wirtschaftliche Aufschwung war auch in Dresden vom Abbau der Arbeitslosigkeit und einer spürbaren Erhöhung des Lebensniveaus breiter Bevölkerungsschichten begleitet. Er funktionierte allerdings nur über eine dramatische Staatsverschuldung, die zwangsläufig in den Krieg führen sollte.
Zielgerichtet wurde die Bevölkerung auf die bevorstehenden Kampfhandlungen vorbereitet. Schon im April 1933 hatte Hermann Göring den Reichsluftschutzbund gründen lassen. 1935 fanden in der Stadt die ersten Verdunklungsübungen statt. Ein imitierter Luftangriff auf Dresden sorgte am 21. Januar 1936 nach Presseberichten für das Ergötzen der Menschen. Im Folgejahr priesen die „Dresdner Neuesten Nachrichten“ die Volksgasmaske als sinnvolles Weihnachtsgeschenk an. Ab 1937 führte der Reichsluftschutzbund „Gerümpelrazzien“ auf den Dachböden durch.
Dresden wurde Hauptquartier des Luftkreises 3. Der gesamte mitteldeutsche Raum zwischen dem thüringischen Gotha, dem anhaltinischen Wittenberg und dem schlesischen Liegnitz war seinem Kommando unterstellt. Auch die zivile Bevölkerung wurde in zumeist stark wehrorientierte Organisationen eingegliedert. An ihrer Spitze standen die SS und SA. Das Stadtgebiet wurde – vom Hof des historischen Zwingers bis zum Weißen Hirsch – beständig von Aufmärschen überzogen. „Deutschland lebt, so lange es marschiert!“ lautete der Slogan anlässlich der Kundgebungen zum Tag der sächsischen SA am jeweiligen 26. Januar.

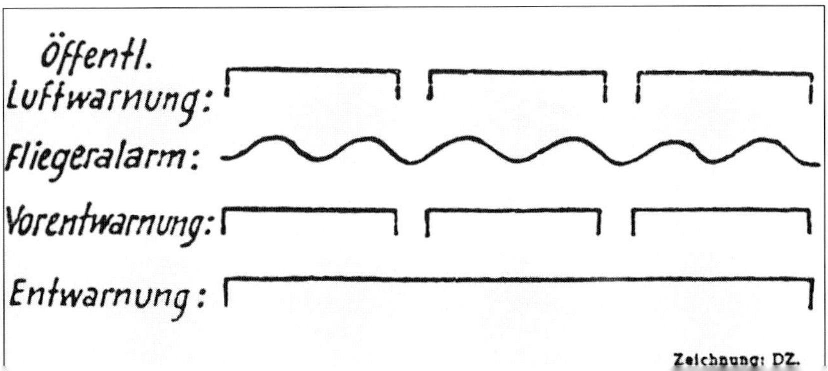

Sirenenzeichen

Als Lehre aus dem Ersten Weltkrieg stärkten die Nationalsozialisten die wirtschaftliche Autarkie des Landes. So wurden im Dezember 1937 Versuche durchgeführt, die Stahlräder der Straßenbahnen durch Holz zu ersetzen. Im Zuge der „Erringung der Ernährungsfreiheit" sammelten die Haushalte Küchenrückstände für die „Dresdner Patenschweine". Parallel wurde der Ausbau des Aufkaufsystems für Altrohstoffe der Haushalte betrieben.
Wie seinerzeit im Ersten Weltkrieg lösten bereits im Juli 1939 Schaffnerinnen die männlichen Kollegen bei der Straßenbahn ab. Im August erfolgte eine getarnte Mobilmachung: die verstärkte 4. Infanteriedivision wurde von der Elbe nach Oberschlesien verlegt. Wöchentlich wurde die Funktion der Luftschutzsirenen geprüft. Im Zuge der umfassenden Kriegsvorbereitungen wurden am 28. August, also wenige Tage vor dem angeblichen Überfall auf den Sender Gleiwitz, Bezugsscheine für Lebensmittel und Konsumgüter eingeführt.

Der Krieg

Nach dem inszenierten Zwischenfall in Gleiwitz drangen am 1. September 1939 deutsche Truppen ohne Kriegserklärung in Polen ein. In Dresden wurden die Kunstsammlungen geschlossen, historische Gebäude mit Sandsäcken gegen Luftangriffe geschützt. Im Januar 1940 durften Teile der Museen wieder geöffnet werden, wobei die herausragenden Exponate ausgelagert blieben.
Bis Mai 1945 erfolgte in der Tagespresse die tägliche Information über die vom Sonnenuntergang abhängigen Verdunklungszeiten. Im gesamten Stadtgebiet entstanden Deckungsgräben für Luftangriffe.
Die Kriegswirtschaftsverordnung vom 4. September 1939 brachte für die Bevölkerung empfindliche Einschnitte: Ein zusätzlicher Kriegszuschlag wurde auf die Einkommenssteuer, alkoholische Getränke und Tabak erhoben. Der Betrieb privater KFZ war an eine Sondergenehmigung gekoppelt. Pensionierte Beamte wurden aus dem Ruhestand geholt. Bei Zurückhaltung kriegswichtiger Rohstoffe drohte die Todesstrafe.

Wehrmachtsparade nach dem Frankreich-Feldzug

Am 10. September 1939 erschien in der Dresdner Presse die erste Todesanzeige eines Soldaten. Seit Kriegsbeginn präsentierte die „Wochenschau" hingegen Erfolgsstorys der deutschen Truppen. Nach dem Sieg über Frankreich im Juni 1940 entfachten die Nationalsozialisten eine beispiellose Siegeshysterie. Die zurückkehrenden Truppen wurden am 24. Juli auf dem Theaterplatz mit einer Siegesfeier begrüßt. Beutewaffen wurden im Heeresmuseum ausgestellt. Der Kontakt zu Kriegsgefangenen und Verschleppten, die eine immer wichtigere Rolle als billige Arbeitskraft in der Dresdner Wirtschaft erhielten, wurde hingegen unter Strafe gestellt.
Am frühen Morgen des 29. August 1940 erlebte Dresden seinen – folgenlosen – ersten Fliegeralarm. Der britische Luftangriff galt Leuna. Ab November durf-

ten Straßenbahnen, Krankenhäuser oder Hauseingänge nur noch mit blauem Licht beleuchtet werden. Im Folgejahr regelte eine Verordnung des Reichsluftfahrtministers, dass Fassadenrenovierungen nicht mehr in hellen Farben oder Putzen ausgeführt werden durften.

Kriegswirtschaft

Die jahrelange, intensive Kriegsvorbereitung hatte anfänglich für die Bevölkerung positive Effekte. Die dramatischen Versorgungsengpässe mit Beginn des Ersten Weltkrieges blieben in den ersten Jahren nach 1939 aus. Den Mangelerscheinungen, etwa für Kaffee, Schokolade oder Süßwaren, versuchte die sächsische Verwaltung mit der Verordnung einer täglichen Mindestöffnungszeit für die Spezialläden von drei Stunden zu begegnen. Im März 1940 wurde Papier einschließlich der Zeitungen kontingentiert.

Göring ruft zur Metallspende für den Führer auf

Reichsinnenminister Göring rief die Deutschen anlässlich des Führergeburtstages am 20. April 1940 zu einer Metallspende auf. Auch die Markmünzen aus Nickel wurden für die Rüstung benötigt und eingezogen. Die Deutsche Reichsbahn schränkte ihre Leistungen für die Bevölkerung zugunsten der Front ein. Reisenden wurde im Winterhalbjahr warme Bekleidung angeraten, weil die Wagenheizung eingeschränkt werden musste. Weihnachten 1942 waren nicht allein Zulassungsmarken für die Nutzung der Züge erforderlich. Auch die Zahl der Päckchen für die Soldaten an der Front wurde eingeschränkt. Im selben Jahr tauchten im Dresdner Stadtbild gasbetriebene Busse auf.

Die Rationen für Lebensmittel und Textilien sanken langsam, aber beständig. Ab 1942 wurde auch der Tabak rationiert, zeitweise brach die Gemüseversorgung zusammen. Die Verbitterung unter der Bevölkerung nahm zu, der Tauschhandel blühte.

Das städtische Leben im Krieg

Trotz zahlreicher Einschränkungen nahm das städtische Lebens während des Zweiten Weltkrieges zunächst seinen Fortgang. 1941 wurde das Elbufer innerhalb der Stadt und ganz Sachsens unter Landschaftsschutz gestellt. Im Dezember 1942 konnte die Sanierung der Frauenkirche nach fast zwei Jahrzehnten abgeschlossen werden. Ende des Jahres verließ Karl Böhm Dresden und wurde Direktor der Wiener Staatsoper. Zu seinem Nachfolger berief Joseph Goebbels den Mannheimer Karl Elmendorff.

Karl Böhm bewahrte als musikalischer Leiter der Staatskapelle von 1934 bis 1942 das hohe Niveau des Klangkörpers

Zur Unterdrückung jeglichen Widerstandes wurde die Präsenz der Gestapo verschärft. Beständige Propagandaausstellungen und -veranstaltungen sollten die Menschen auf Linie halten. Nach dem Überfall auf die Sowjetunion erfolgte die Verhaftung von mehr als eintausend Antifaschisten in der Stadt. Im Juni 1942 wurden die Dresdner Kommunisten Herbert Bochow, Fritz Schulze und Karl Stein in Berlin-Plötzensee hingerichtet. Alle im Hinterland verbliebenen Menschen wurden im Rahmen der verschiedenen nationalsozialistischen Organisationen zu Arbeitsleistungen für das Vaterland verpflichtet.

Künstler blieben in den Anfangsjahren weitgehend vom Fronteinsatz befreit. Im April 1940 erfolgte die Vereinigung der Akademie der Bildenden Künste und der Kunstgewerbeakademie zur Staatlichen Kunsthochschule Dresden. Erster Rektor war Wilhelm Kreis. Im Mai des Jahres öffnete eine Sonderausstellung anlässlich des hundertsten Todestages Caspar David Friedrichs. Im Winter 1942 erlebten einhunderttausend Dresdner im Zirkus Sarrasani den Komiker Charlie Rivel, bekannt als „Akrobat Schö-ö-ön". Noch im Juni 1944 wurde der achtzigste Geburtstag des Komponisten Richard Strauss mit einer Festwoche ansprechend begangen. Inzwischen wurde die Bevölkerung des Hinterlandes in der Wochenschau auf die bevorstehenden Kriegshandlungen innerhalb Deutschlands vorbereitet.

Totaler Krieg

Im Januar 1943 einigten sich die Vertreter der USA, der Sowjetunion und Großbritanniens auf der Konferenz von Casablanca darauf, den Krieg bis zur bedingungslosen Kapitulation Deutschlands zu führen. Als Reaktion erklärte Goebbels am 18. Februar 1943 auf einer Massenkundgebung im Berliner Sportplatz den totalen Krieg. Ende des Monats gelangte der berüchtigte Auftritt mit der Wochenschau in die Filmtheater. Trotz anhaltender Bombardements gelang es den Nationalsozialisten, die Rüstungsproduktion 1943 gegenüber dem Vorjahr um 56 Prozent zu steigern. Insbesondere aus dem schwer getroffenen Berlin wurden in diesem Rahmen elektrotechnische und feinmechanische Rüstungsbetriebe, aber auch Verwaltungsstellen nach Dresden verlagert. In den Fabriken leisteten Dresdner Frauen, Jugendliche und Alte sowie zehntausende Zwangsarbeiter und KZ-Häftlinge unter härtesten Bedingungen Schichtdienst.

Der totale Krieg brachte nun umfassende Einschränkungen des zivilen Lebens. Die „Dresdner Neueste Nachrichten" als größte Tageszeitung der Stadt sowie der „Dresdner Anzeiger" als ältestes Blatt mussten zum 15. Februar 1943 ihr

Erscheinen einstellen. Bauanträge wurden von den Behörden konsequent mit der Bemerkung „nach dem Krieg“ abgelehnt.
Im Juli 1943 traf der erste Umquartiererzug aus Köln in Dresden ein. Hunderte rheinische Bombengeschädigte, unter ihnen auch 90 Säuglinge, lebten nunmehr im vermeintlich sicheren Sachsen. Mit den intensivierten Bombenangriffen verstärkte sich im Folgejahr der Zuzug der Kriegsobdachlosen. Sie wurden als Untermieter in Dresdner Wohnungen und zunehmend in Schulen untergebracht. Ab August 1943 wurden die bei Bombenangriffen getroffenen deutschen Städte in Radio und Presse nicht mehr beim Namen genannt. In Schaufenstern auf der Prager Straße wurden stattdessen die Überreste eines abgeschossenen viermotorigen Bombers vom Typ „Short Stirling“ präsentiert.
Nicht alle Menschen ließen sich vom totalen Krieg mitreißen. Auf der Großkundgebung auf dem Dürerplatz erklärte der Kölner Reichseinsatzredner der NSDAP, Schneider, im August 1943: „Weder Terrorangriffe noch Gerüchte erschüttern unsere Haltung! Wer sich an der Einheit des deutschen Volkes versündigt, der ist ein Lump und ein Verbrecher!“ Zur Untermauerung veröffentlichte die nationalsozialistische Presse Gerichtsurteile, mit denen so genannte Gerüchtemacher zu mehrjährigen Zuchthausstrafen verurteilt wurden.
Im Gegensatz zu Leipzig war Dresden kein Zentrum der Bewegung des 20. Juli 1944. Zur Unterdrückung des Widerstandes wurde die bereits im Dezember 1943 verhaftete Führung der Dresdner KPD im August im Hof des Landgerichtes am Münchner Platz hingerichtet. Nach einer Verhaftungswelle im Anschluss an das Hitler-Attentat in Leipzig wurden mehrere Sozialdemokraten und Kommunisten in die Landeshauptstadt überführt. Im November 1944 wurde hier ein Scheinprozess durchgeführt. Im Januar 1945 erfolgte die Hinrichtung von elf Antifaschisten, unter denen sich auch der bekannte Sozialdemokrat Georg Schumann befand.

Zwischen 1934 und 1945 wurden auf dem Richthof am Münchner Platz 1343 Menschen hingerichtet

Nach Hitlers Verschärfung des „Totalen Krieges“ im Juli 1944 hob sich am 30. August in der Semperoper der Vorhang zur letzten Aufführung. Es wurde „Der Freischütz“ gegeben. Ab September wurden die Theater, Orchester und die Kunsthochschule geschlossen, Kulturschaffende in den „totalen Kriegseinsatz“ eingegliedert. Während sich die Versorgungslage nunmehr deutlich verschlechterte, erhöhte sich die Wochenarbeitszeit auf 60 Stunden.

Erste Angriffe

Im August 1944 fielen die ersten Bomben auf das Freitaler Mineralölwerk. Neugierige Dresdner betrachteten in der Nachbarstadt das Zerstörungswerk. Eher zufällig, weil Witterungsgründe das eigentliche Angriffsziel blockierten, erfolgte im Oktober des Jahres ein Angriff auf die dicht besiedelten Wohngebiete der Friedrichstadt und der Wilsdruffer Vorstadt.

Gauleiter Martin Mutschmann entblödete sich nicht, bei der Beisetzung den Opfern die Schuld an ihrem Tod zu geben, weil sie die Anordnungen zum Verhalten bei Bombenangriffen nicht befolgt hätten. Der sächsische Naziführer hatte in seiner Villa am Großen Garten einen Bunker errichten lassen. Den in anderen Städten praktizierten Bunkerbau für die Zivilbevölkerung unterband er in Dresden mit Hinweis auf die sichere deutsche Luftabwehr. Dabei wurden die Kräfte der Flugabwehr im Sommer 1944 völlig aus der Stadt abgezogen. Ein weiterer Angriff traf im Januar 1945 das Hechtviertel sowie neuerlich die Friedrichstadt. Noch ahnte niemand, dass diese Bombardements nur ein Vorspiel zu einem bis dahin ungekannten Schreckensszenario darstellen sollten.

Inferno Dresden

Anfang 1945 wies Dresden die geringsten Kriegsschäden unter den deutschen Großstädten auf. Unter der Bevölkerung kursierten Gerüchte, die die Menschen an eine Sonderrolle ihrer Stadt glauben ließen: Dresden würde nach dem Krieg Hauptquartier der Alliierten, würde zur offenen Lazarettstadt erklärt oder an die Tschechoslowakei abgetreten …

Blick über die Friedrichstadt auf die brennende Altstadt

Am Nachmittag des 13. Februar 1945 starteten von den südenglischen Flughäfen Bomber der Royal Air Force zur Aktion „Chevin". 21.39 Uhr wurde in Dresden Fliegeralarm ausgelöst. Eine halbe Stunden später fielen die ersten Bomben. Nach 20 Minuten war die erste Angriffswelle auf die historische Innenstadt abgeschlossen.
Nach der Planung des britischen Bomberkommandos unter dem später von Winston Churchill geadelten Arthur Harris sollten sich in der Zwischenzeit bis zum zweiten Angriff die Brände zum Feuersturm ausweiten. Die Bevölkerung hatte sich derweil in die vorgesehenen „Auffangräume" des Großen Gartens und am Elbufer begeben. Andere verharrten in den Luftschutzkellern. Niemand warnte sie vor dem zweiten Bombardement. Die Dresdner Feuerschutz-

polizei umfasste noch etwa 1 000 Personen. Getreu dem zynischen Szenario von „Bomber-Harris" erfolgte mit dem zweiten Angriff gegen 1.30 Uhr ihre „planmäßige" Vernichtung während der angelaufenen Löscharbeiten. Die Kunststadt brannte nun „ungestört" nieder.

Eine kilometerhohe Rauchwolke hing am Morgen des 14. Februar 1945 – Aschermittwoch – über der brennenden Stadt. Amerikanische Bomber begannen um 12.17 Uhr mit dem dritten Angriff, in dessen Mittelpunkt die Friedrichstadt stand. Ein neuerlicher US-Angriff traf die Stadt in der Mittagsstunde des 15. Februar. US-Bomber warfen tausende Sprengbomben ab. Sie trafen ein weites Territorium zwischen der Südvorstadt und Plauen im Süden, Blasewitz und Loschwitz im Osten und Laubegast im Südosten.

Drei Tage und Nächte brannte Dresden. Der Sog des rasenden Feuersturms riss ungezählte Flüchtende in den Flammentod. Mindestens 35 000 Dresdner verloren ihr Leben. Einmalige Zeugnisse von Kunst und Architektur aus sieben Jahrhunderten wurden durch die kalkulierte Doppelwirkung von Spreng- und Brandbomben vernichtet. Zurück blieben 15 Millionen Tonnen Trümmer – das waren je Einwohner etwa 30 Tonnen. Auf den 15 Quadratkilometern der historischen Innenstadt und ihrer Vorstädte stand kein einziges unbeschädigtes Haus mehr.

Nach dem Angriff

Aus den umliegenden Städten, selbst aus dem bereits schwer bedrängten Berlin, kämpften sich Unterstützungskräfte auf vereisten Straßen nach Dresden durch. Das Leben lief – im wesentlichen von außen dirigiert – wieder an. Bereits am 16. Februar erschien die erste Ausgabe des NSDAP-Blattes „Der Freiheitskampf" mit dem Aufmacher: „Trotz Terror: Wir bleiben hart". In der nächsten Ausgabe drohte der Gauleiter an, Gerüchtemacher und Plünderer erschießen zu lassen. Dutzende standrechtlicher Erschießungen folgten.

Unterdessen begann die Beräumung verschütteter Straßen, so dass in der Straßenmitte begehbare Pfade entstanden. Tagelang lag der Altmarkt im Dunst brennender Leichen. Ein SS-Kommando aus Treblinka stellte aus Eisenträgern zerstörter Häuser riesige Roste her, auf denen etwa 7 000 Leichen verbrannt wurden. Mehr als 28 000 Menschen wurden auf dem Heidefriedhof begraben.

Am 2. März richtete sich ein amerikanischer Bombenangriff gegen Bahnanlagen und bisher unzerstörte Viertel am Waldschlösschen, in Niedersedlitz und Leuben. Anfang April rückten die US-Armee von Westen her auf Thüringen und Sachsen zu. Mitte April begann die Sowjetarmee ihren Großangriff auf Berlin. Am 17. April lag Dresden in einem

Wochenlang lag über der Innenstadt der Geruch verbrannten Menschenfleischs: 7000 Bombenopfer wurden zur Seuchenvermeidung am Altmarkt auf riesigen Rosten den Flammen übergeben

rund 100 Kilometer breiten Schlauch zwischen Berlin und Prag. Die letzte funktionsfähige Nord-Süd-Verbindung lief durch die Stadt, die Bahnanlagen waren notdürftig wiederhergestellt worden. Sie waren das Ziel amerikanischer Bomben am Nachmittag des 17. April 1945.
In der weitgehend zerstörten Stadt – von den Nationalsozialisten zur „Festung Dresden“ erklärt – vegetierten nur noch 369 000 Menschen. Das war nicht viel mehr als die Hälfte der Bevölkerung der dreißiger Jahre. Ende April musste sich jeder Dresdner über 13 Jahren zum Stellungsbau oder zu Aufräumarbeiten zur Verfügung stellen. Selbst in der Ruine des Zwingers wurden Panzerabwehrgeschütze eingebaut und Munition gelagert.
Am 7. Mai erreichten erste sowjetische Truppen die Neustadt. Am selben Abend zerstörten Sprengkommandos der SS die Dresdner Elbbrücken. Schließlich erfolgte die Befreiung der Stadt. Der Arzt Dr. Rainer Fetscher ging der Sowjetarmee auf der Prager Straße mit der weißen Fahne entgegen. Er starb im Kugelhagel einer SS-Patrouille.

Der Wiederaufbau Dresdens als sozialistische Großstadt

Für nicht wenige Dresdner war die Einnahme durch die Sowjetarmee die schlimmste aller Varianten. Die jahrelange Nazipropaganda hatte sich im Bewusstsein verankert. Tatsächlich trat die Befreiungsmacht in sehr unterschiedlicher Weise in Erscheinung. Bereits im Mai 1945 forderte der sowjetische Stadtkommandant die Wiederbelebung des kulturellen Lebens in Dresden. In diesem Sinne gestaltete der Kunstwissenschaftler Will Grohmann im Juni einen „Entwurf für den Neuaufbau der Kunstpflege und Kunstverwaltung in Dresden“. Im Spätsommer des Jahres 1945 begannen am Zwinger die Vorbereitungen für den Wiederaufbau. Da hatten die Einwohner eigentlich ganz andere Sorgen. Angesichts der bitteren Not stellte die Sowjetarmee im Sommer 1945 Lebensmittel aus ihren beschränkten Heeresbeständen für die Dresdner Bevölkerung zur Verfügung.

Rauchabzug aus einem bewohnten Keller

Für die ersten Jahre nach der deutschen Kapitulation stehen allerdings auch Vergewaltigungen, Diebstähle, Verschleppungen sowie Demontage und Reparationen durch die Besatzungsmacht. In der sowjetischen Besatzungszone wurden nach 1945 über 120 000 Zivilisten verhaftet und in die Speziallager Mühlberg, Bautzen und Torgau gebracht. Wurden den Inhaftierten anfänglich vorrangig Verstrickungen mit dem Naziregime vorgeworfen, verlagerte sich um 1948 der Schwerpunkt auf Spionage und antisowjetische Propaganda.

Die schwierigen Wege der Integration

Aus gänzlich verschiedenen Motiven setzten sich die Dresdner nach 1945 mit der Integration von Menschen in die Gesellschaft auseinander. Beginnend im Frühjahr 1945, mussten neun Millionen Deutsche ihre angestammte ost- und südosteuropäische Heimat verlassen. Dresden und Sachsen waren nach Auffassung der Besatzungsmacht ausdrücklich keine bevorzugten Ansiedlungsgebiete. Doch zwangsläufig führte der Weg Hunderttausender durch das Elbtal und damit in die zerstörte Stadt. Oft war der Zustand der vertriebenen Deutschen so erbärmlich, dass sie nicht weitertransportiert werden konnten und in einem der sieben Dresdner Auffanglager untergebracht wurden. Welche Herausforderung diese Flüchtlinge an die völlig unvorbereitete Verwaltung und Besatzungsmacht stellten – allein in den zwei Monaten unmittelbar nach Kriegsende passierten einhunderttausend Sudetendeutsche Dresden – lässt sich kaum ermessen. Im Dezember 1946 waren in der Stadt 14700 Umsiedler gemeldet.

Sudetendeutsche im Lager Neuländer Straße

Durchaus nicht einfach verlief die Integration der aus der Kriegsgefangenschaft heimkehrenden Soldaten – das betraf im Mai 1945 elf Millionen. Nicht selten waren die Kriegsehen hastig geschlossen wurden. Nach bis zu 15 Jahren Trennung hatten sich die Paare auseinandergelebt, die Frauen die Rolle als Familienvorstand übernommen. Einige prominente Heimkehrer wählten Dresden zu ihrer neuen Heimat: 1953 zog Hitlers Generalfeldmarschall Friedrich Paulus in die Stadt. Zwei Jahre später baute der Wissenschaftler Manfred von Ardenne, aus Suchumi kommend, auf dem Weißen Hirsch sein neues Institut auf.

Die im Oktober 1946 beginnenden Sitzungen der Entnazifizierungskommissionen widmeten sich der Einordnung der mit dem nationalsozialistischen Regime verhafteten Personen in das Leben. Einfache NSDAP-Mitglieder wurden zumeist freigesprochen, zumal ein zunehmender Mangel an Fachkräften herrschte. Schwere Verbrechen in der Nazizeit wurden ungleich konsequenter als im Westen verfolgt. So wurde der in Euthanasieverbrechen verstrickte Prof. Paul Nitzsche im Juli 1947 vom Dresdner Landgericht zum Tode verurteilt.

Herausbildung der neuen Ordnung

Das politische und öffentliche Leben wurde ab 1945 von der sowjetischen Kommandantur bestimmt. Im Juni 1945 gründeten sich die KPD und die SPD neu. Die Demokratische Partei und die Christlich-Soziale Volkspartei folgten im Juli des Jahres. Schrittweise baute die Besatzungsmacht eine neue Verwaltung auf, in der neben Sozialdemokraten und Christen in zunehmendem Maße Kommunisten die Leitungsfunktionen einnahmen. Im April

1946 wurden die beiden Arbeiterparteien SPD und KPD zur Sozialistischen Einheitspartei Deutschlands (SED) vereinigt. Der von der Besatzungsmacht geförderte Zusammenschluss stieß unter den Sozialdemokraten sowohl auf Skepsis – die sich bald bestätigen sollte – aber angesichts der gemeinsamen Erfahrungen im Dritten Reich durchaus auch auf Unterstützung.
Im Juni 1946 stimmten beim Volksentscheid für die Übergabe von Betrieben von Kriegs- und Naziverbrechern in Volkseigentum 81 Prozent der Dresdner mit „Ja". Bei der Gemeindewahl im September konnte die SED über 48 Prozent der Stimmen auf sich vereinigen. Im Juni 1947 starb der vormals sozialdemokratische Ministerpräsident Sachsens, Rudolf Friedrichs (SED), an Herzversagen. Die vorausgegangenen heftigen Machtkämpfe mit dem kommunistischen Kontrahenten Kurt Fischer gaben und geben Anlass zu mancherlei Spekulation. Neuer Ministerpräsident wurde Max Seydewitz (SED).

Plakat zum Volksentscheid im Juni 1946

Obzwar missliebige Gegner nicht selten von der Besatzungsmacht verhaftet wurden und die Kommunisten durchaus von dieser protegiert wurden, erfolgten die anfänglichen Machtkämpfe überwiegend nach demokratischen Grundsätzen. Die Umwandlung der SED zu einer stalinistischen Partei neuen Typs vollzog sich erst um 1950. Mit ihrer Stimmenmehrheit setzte sich die Partei gegen Widerstände der CDU und LDP bei der Bodenreform und der Verstaatlichung der Wirtschaft durch. Die Auseinandersetzungen mit den beiden bürgerlichen Parteien spitzten sich Ende der vierziger Jahre zu. Wegen des Vorwurfs von Kontakten in die westlichen Besatzungszonen wurde 1949/50 führenden Liberaldemokraten vor dem sowjetischen Militärtribunal der Prozess gemacht. 17 Haftstrafen wurden ausgesprochen. Wolfgang Mischnick und andere Parteimitglieder verließen das Land.

Hunger

Jahrelange Kriegswirtschaft und Bombardements hatten das Land ausgezehrt. Die von den Nationalsozialisten ausgebeuteten Besatzungsgebiete standen nun nicht mehr als Nahrungsquelle zur Verfügung. Hunger und Elend erreichten ein ungeahntes Maß, wie es selbst in Kriegszeiten nicht gewesen war: Noch Anfang 1945 lag die Brotration in Dresden bei 1 700 Gramm in der Woche. Zum 20. Mai des Jahres standen für Erwachsene wöchentlich nur noch 250 bis 450 Gramm zur Verfügung. Seuchen breiteten sich aus. Im Sommer 1945 erreichte die Säuglingssterblichkeit 73 Prozent. Da war es ein Ereignis für die ganze Satdt, als die Volkssolidarität Riesa im November 1945 einen Elbdampfer mit Kartoffeln, Grieß, Brennholz und Gebrauchsgegenständen nach Dresden schickte. Mit Namen und Anschrift berichtete die Presse über Personen, die sich des Feld- oder Gartendiebstahls schuldig gemacht hatten.
Die schier unlösbare Aufgabe der neuen Verwaltung bestand darin, die angesichts Hunger, Kriegszerstörung und Niederlage in Lethargie verfallene Bevöl-

kerung für einen Neubeginn zu motivieren. Überall in der Stadt – sei es auf kleinsten Trümmerflächen, im Zwingerhof oder im Großen Garten – wurden ab 1945 Anbauflächen für Kartoffeln oder Gemüse urbar gemacht. In Hinterhöfen oder auf Balkonen hielten die Dresdner Karnickel und Hühner. Brennesseln, Löwenzahn und Kartoffelschalen kamen auf den Mittagstisch. Die Not erreichte ihren Höhepunkt zum Jahreswechsel 1946/47. Der kälteste Winter seit 1893 traf die ausgezehrte Stadtbevölkerung mit voller Härte. Razzien gegen Schieber und Wucherer gehörten zum Alltag – und waren erfolglos. Im Verlauf des Jahres verbesserte sich die Versorgungslage dann schrittweise. Im Herbst 1947 wurde in 82 Betrieben markenfreies Mittagessen gereicht. Langsam stabilisierte sich auch die Stromversorgung: Der 30. Jahrestag der russischen Oktoberrevolution wurde im November 1947 mit vier Tagen ohne Stromsperre „begangen". Im November des Folgejahres eröffnete auf der Kesselsdorfer Straße der erste „Freie Laden" der Volkseigenen Handelsorganisation. Obwohl die Preise zunächst exorbitant hoch waren, war dies ein wichtiger Schlag gegen die Schieber. Ein Stück Butter kostete bei der HO 32 Mark, auf dem Schwarzmarkt hatte er zuvor bei 400 Mark gelegen.

Inmitten der Trümmer wurden kleinste Flächen zum Anbau von Gemüse urbar gemacht

Enttrümmerung

Die schon im Februar 1945 einsetzenden Enttrümmerungsarbeiten wurden nach Kriegsende intensiviert. Die Besatzungsmacht und deutsche Kriegsgefangene sprengten einsturzgefährdete Gebäude. Die Freilegung von Straßenzügen geschah zumeist in freiwilligen Arbeitseinsätzen. Im Januar 1946 begann in der Johannstadt die großflächige Enttrümmerung. In Großeinsätzen bargen die Dresdner – zumeist die sprichwörtlichen Trümmerfrauen – aus den Ruinen Ziegel. Im Sommer 1946 waren die Hauptstraßen der Innenstadt passierbar. Die Vision des Stadtbaudirektors Herbert Conert ging im November 1945 noch von einer weitgehenden Wiederherstellung des alten Stadtbildes aus. Der wenig sensible Oberbürgermeister Walter Weidauer widersetzte sich einerseits der Errichtung von Hochhäusern, blockierte aber andererseits die Sicherung und Wiederherstellung der historischen Bausubstanz. Mit letzterem befand er sich durchaus im Einklang mit den seinerzeit gängigen Leitlinien des Städtebaus in Ost und West.

Die Konzeption des Wiederaufbaus vom Juni 1949 sah bereits ein stark verändertes Stadtbild vor. Zu dieser Zeit erreichte die Enttrümmerung die historische Innenstadt. Die Dresdner Denkmalpfleger um Hans Nadler und Fritz Löffler rangen beharrlich um die bauliche Sicherung denkmalwerter Ruinen. Bei der Frauenkirche war ihr Einsatz von Erfolg gekrönt. 1947 began-

Enttrümmerung der Altstadt – im Hintergrund die Ruine der Frauenkirche

nen Sicherungsarbeiten an der Ruine des Residenzschlosses. Das Japanische Palais konnte mit einer Zweckbestimmung als „Pionierklubhaus“ gerettet werden.
Oft aber unterlagen die Denkmalpfleger der Dynamik der Enttrümmerung und dem Unverständnis der städtischen Führung: So wurden 1950 die barocken Ruinen am Neustädter Markt und in der Großen Meißner Straße beseitigt. Die flächenhafte Enttrümmerung der Innenstadt wurde 1958 abgeschlossen.

Kultur und Bildung

Der kulturelle Aufbruch nach 1945 zeigte, dass das Ende des Dritten Reichs von der Bevölkerung auch als Chance begriffen wurde. Bereits am 15. Juni veranstaltete die Philharmonie im Strehlener Kirchgemeindesaal ein erstes Konzert. Im selben Monat wurde die Palucca Schule wieder eröffnet. Der Kreuzchor begann seine Konzerte am 1. Juli. Die ab Sommer 1945 veranstalteten Konzerte und Opernaufführungen unter Joseph Keilberth im Kurhaus Bühlau wurden gleichsam zur Legende. Ein bedeutender Fortschritt war die Einweihung des Sendesaals (Steinsaal) im Deutschen Hygiene-Museum. Dadurch verfügte die Innenstadt ab Dezember 1946 wieder über einen ersten Veranstaltungssaal.
Die überlebenden Dresdner wollten nach Kriegsende das Verpasste nachholen. Nach dem Verbot jeglichen Amüsements während des Totalen Krieges wurde nächtelang getanzt. Wie überall musste dabei improvisiert werden: Auf einen zwanzigjährigen Burschen kamen damals vier gleichaltrige Frauen.
Wesentliche Impulse für das Dresdner Theaterleben gingen von Erich Ponto aus, der ab Oktober 1945 als Generalintendant der Bühnen der Stadt wirkte. Sein Weggang Anfang 1950 stand im Zusammenhang mit der Formalismus-Diskussion, die nach der Aufführung von Carl Orffs „Antigonae“ im Januar 1950 begann. Sie versetzte der kulturellen Blüte der Stadt einen empfindlichen Schlag.
Für 85 000 Schüler begann im Oktober 1945 – oft unter abenteuerlichen Bedingungen – der reguläre Unterricht. Als im November plötzlich sämtliche Lehrer, die Mitglied einer nationalsozialistischen Organisation gewesen waren, entlassen wurden, kam der Unterricht

Der Schulunterricht lief wieder an

weitgehend zum Erliegen. Eilig wurden in Wachwitz in achtwöchigen Kursen Neulehrer ausgebildet. Zwei Jahre später konnten viele der gemaßregelten Lehrer in den Schuldienst zurückkehren.
Noch im Dezember 1945 zeigte eine Ausstellung in der teilzerstörten Kunstakademie an der Brühlschen Terrasse Werke freier Künstler. Im Folgejahr fand in der Stadthalle die Allgemeine Deutsche Kunstausstellung statt. Unter der Leitung von Prof. Victor Klemperer wurde im April 1946 die Volkshochschule gegründet. Im September nahm die Technische Hochschule ihren Betrieb wieder auf. Im Frühjahr 1947 wurde auch die Akademie für Bildende Künste und die Hochschule für Werkkunst eröffnet.

Bau auf, bau auf ...

Im Mittelpunkt des Baugeschehens stand anfänglich die Wiederherstellung der Verkehrswege und die Schaffung von Unterkünften. Bereits im Juni 1945 konnte die Augustusbrücke provisorisch wiederhergestellt werden, die Albertbrücke folgte im Januar 1946. Mühsam wurden die Straßenbahnen in Betrieb genommen. Ende 1945 waren drei Viertel des Straßenbahnnetzes wieder befahrbar. Allerdings war mehr als die Hälfte des Fahrzeugparks zerstört. Fehlende Ersatzteile und Stromsperren machten so einen normalen Betrieb unmöglich. Als Novität tauchte im November 1947 der elektrisch über Oberleitungen betriebene C-Bus im Stadtbild auf. Bereits 1948 nutzten 4,5 Millionen Fahrgäste das neue Verkehrsmittel. Als die HO im Februar 1951 das wieder aufgebaute Kaufhaus Knoop einweihte, richteten die Verkehrsbetriebe am Altmarkt wieder eine Straßenbahnhaltestelle ein.
Im Frühjahr 1948 stoppte die Besatzungsmacht die zügellose Demontage der Betriebe. Zwar musste auch weiterhin ein Großteil der Erzeugnisse als Reparation abgeliefert werden. Doch konnte die Arbeitslosigkeit in der Stadt deutlich vermindert werden. Beschäftigung schaffte auch die Enttrümmerung und Begrünung der Innenstadt. Allein für die Gestaltung der Freiräume stellte die Stadt im April 1947 eintausend Menschen ein.
Als erster Turm in Dresden konnte 1947 das rekonstruierte Kronentor am Zwinger eingeweiht werden. Noch fehlte es an Material für die Fertigstellung seiner Bekrönung: Doch die Dresdner spendeten Gold, so dass die Krone und die Adler 1952 in altem Glanz wiederhergestellt werden konnten.

Eingemeindungen und administrative Neugliederung

Bereits 1945 waren die Albertstadt, Dölzschen und Gittersee nach Dresden eingemeindet worden. Vier Jahre später wurde die Heide Teil des Stadtgebietes. Schließlich kamen im Juli 1950 Hellerau, Klotzsche, Wilschdorf, Hosterwitz, Niederpoyritz, Oberpoyritz, Pillnitz, Niedersedlitz, Zschachwitz und Zschieren zu Dresden. Nach dieser großen Eingemeindungswelle blieben die Stadtgrenzen über mehr als vier Jahrzehnte faktisch konstant.
Im April 1952 wurde die Zahl der Stadtbezirke von bisher zwanzig auf neun reduziert. Mit dem Landtagsbeschluss vom Juli 1952 verlor Dresden nach fast

fünf Jahrhunderten den Status der Landeshauptstadt und wurde zu einer von drei sächsischen Bezirksstädten.

Aufbau der Innenstadt

Im März 1950 erhielt Dresden den Status einer bevorzugten Aufbaustadt. Im April 1951 wurde in der Grunaer Straße die erste Großbaustelle für 350 Wohnungen eingerichtet. Weiterhin fehlten für die Innenstadt städtebauliche Konzepte. Als im Juli 1952 Walter Ulbricht den Aufbau des Altmarktes verkündete, wurde eilig ein Wettbewerb zur Gestaltung des Zentrums ausgeschrieben. Im Mai 1953 erfolgte die Grundsteinlegung durch den Parteiführer der SED, zum Jahresende konnten die ersten Wohnungen bezogen werden.

SED-Chef Walter Ulbricht vor Modellen für den neuen Kulturpalast am Altmarkt

Schnell wurde deutlich, dass der Bau von „Arbeiterpalästen“ die wirtschaftlichen Möglichkeiten bei weitem überstieg. Bereits in der zweiten Hälfte der fünfziger Jahre setzte eine Vereinfachung und zunehmende Industrialisierung des Bauwesens ein. Anschaulich ist das im Fassadenbild der östlichen Wilsdruffer Straße abzulesen. 1957 wurde die Verkehrsachse und Aufmarschstraße freigegeben. Der Wohnungsbau verlagerte sich danach in die Seevorstadt, wo 1959 das Fließstreckensystem zur Beschleunigung des Wohnungsbaus eingeführt wurde.

1962 beschlossen die Stadtverordneten die Grundsätze für den weiteren Aufbau der Innenstadt. Den nächsten Schwerpunkt stellte die Prager Straße dar, für deren Gestaltung ein Wettbewerb ausgeschrieben wurde.

Die Wohnungssituation blieb zwiespältig: Einerseits wurden die Mieten durch umfangreiche Subventionen auf dem Vorkriegsstand gehalten. Andererseits fehlte es bis 1971 an massivem Wohnungsneubau, um die auch hierzulande steigenden Bedürfnisse der Bevölkerung zu befriedigen. Stetig wuchs auch der Sanierungsrückstau der Altbausubstanz.

Zwiespältige Politik gegenüber der jüdischen Gemeinde

Die Akzeptanz der jüdischen Gemeinden war in der DDR großen Schwankungen unterlegen. Bereits Ende der vierziger Jahre waren in Polen und Ungarn antisemtische Ausschreitungen zu beklagen. Bis Mitte 1952 beteuerte die Parteiführung der SED ihre Unterstützung für Juden im Lande. Diese Haltung kippte nach dem Prozess gegen den früheren jüdischen Generalsekretär der KP der Tschechoslowakei, Rudolf Slansky. In einem Schauprozess wurde er im November 1952 zum Tode verurteilt. Daraufhin erfolgten auch in der DDR zahlreiche Verhaftungen von Juden. Unter ihnen befand sich auch Leon

Löwenkopf, der prominente Vorsitzende der Dresdner jüdischen Gemeinde. Anfang 1953 wurde er aus der Haft entlassen. Doch nach neuerlichen antisemitischen Vorkommnissen in Moskau verließen in der Nacht zum 15. Januar die Vorstände der jüdischen Gemeinden und ein Drittel ihrer Mitglieder das Land. Der SED war das sehr peinlich. Nach dem Tode Stalins im März 1953 wurden die jüdischen Gemeinden mit erheblichen finanziellen Mitteln für das Gemeindeleben und die Pflege der Friedhöfe und Synagogen unterstützt.

Die Tage um den 17. Juni 1953

Anfang 1953 verschärfte sich die Stimmung in der DDR. Im Bestreben, neben den zu leistenden Reparationen finanzielle Ressourcen für den Aufbau der Grundstoff- und Schwerindustrie zu erwirtschaften, wurden die Normen in den Betrieben willkürlich um zehn Prozent erhöht. Die Organisation Freie Deutsche Jugend schürte Kampagnen gegen christliche Einrichtungen. Rigoros wurden Steuerrückstände von Gewerbetreibenden und Handwerkern eingetrieben. Die Konzentration der Investitionen auf ausgewählte Industriezweige erhöhte insbesondere bei Konsumgütern die Versorgungslücken.
Obwohl die Berliner SED-Führung Anfang Juni 1953 eine Reihe der Festlegungen zurücknahm, beruhigte sich die Lage im Lande nicht. In vielen Städten der DDR, vor allem im Süden und Berlin, legten Beschäftigte die Arbeit nieder. Mancherorts kam es zu Fällen von Lynchjustiz (Rathenow) oder zur Freilassung nationalsozialistischer Verbrecher aus Gefängnissen (Halle).
Rolle und Ziele der Alliierten in den Tagen des Juni 1953 sind noch nicht endgültig geklärt. So stellte der RIAS auf amerikanische Weisung mitten während des Aufstandes die Aufrufe zum Streik ein. Zugleich befand sich SED-Parteichef Ulbricht mit seiner harten Innenpolitik nachweislich im Widerspruch zur sowjetischen Linie nach Stalins Tod. Zu verschiedenartigen Deutungen veranlasste auch die Beteiligung der westsächsischen Wismutkumpel an den Demonstrationen in Gera. Die Sowjetisch-Deutsche AG Wismut unterstand direkt dem sowjetischen Sicherheitschef Berija. Ohne dessen Duldung hätten die Arbeiter die zu Hochsicherheitsbereichen ausgebauten Uran-Betriebe keinesfalls mit schwerer Technik verlassen können.
Zu den Schwerpunkten des Widerstands in Dresden gehörten u. a. der Brücken- und Stahlhochbau sowie das Sachsenwerk. Hier wie in zahlreichen anderen Betrieben bildeten sich Streikkomitees. Über ökonomische Forderungen hinaus wurde der Ruf nach dem Rücktritt der Regierung laut. Am Vormittag des 17. Juni zogen 10 000 Demonstranten zum traditionellen Dresdner Kundgebungsplatz, den Postplatz. Auf Weisung des Garnisonschefs der Sowjetarmee verhängte die SED den Ausnahmezustand. Mit dem Aufmarsch sowjetischer Panzer wurde die Demonstration am Postplatz gewaltsam beendet.

Gedenktafel für den 17. Juni am Postplatz

Gegen die Aktivisten des Aufstandes wurden anschließend 173 Prozesse geführt. Das Bezirksgericht Dresden verurteilte mehr als einhundert Personen zu Freiheitsstrafen zwischen drei Monaten und – in einem Fall – lebenslänglich. Für die SED war der 17. Juni ein Ausdruck der Konterrevolution. Entsprechend wurden die Verantwortlichen öffentlich als Verräter dargestellt. Als eine „Lehre" des Aufstandes ließ die Partei im Juli 1953 in den ersten Dresdner Betrieben Kampfgruppen aufstellen.
Der 17. Juni machte der sowjetischen Besatzungsmacht deutlich, dass die Reparationen in der bisherigen Höhe zwangsläufig den wirtschaftlichen Untergang der DDR bedeuten würden. So übergab die Sowjetunion das Sachsenwerk im Januar 1954 in Volkseigentum. Auch der Umfang der Reparationsleistungen nach Osteuropa wurde spürbar reduziert.

Historische Bauwerke

Ungeachtet der schwierigen wirtschaftlichen Lage und bedeutenden Substanzverluste durch den rigorosen Abbruch von Ruinen denkmalwerter Gebäude machte der Wiederaufbau historischer Bauwerke spürbare Fortschritte. Als sich im September 1948 der Vorhang im Großen Haus hob, waren die Dresdner stolz auf den ersten abgeschlossenen Wiederaufbau eines Theaters in Deutschland. Noch 1949 konnte Oberbürgermeister Weidauer sein Büro im Neuen Rathaus beziehen. Auch nach dem Tod des verdienstvollen Leiters der Zwingerbauhütte, Hubert Ermisch, im Jahr 1951 schritt die Rekonstruktion des Zwingers voran. 1953 waren die Arbeiten im nördlichen Teil des Barockbaus weitgehend abgeschlossen, so dass hier erstmals die Zwingerserenade erklingen konnte. Als glücklich erwies sich die Öffnung der Verbindung zwischen Zwingerteich und Zwingergraben. Der Wiederaufbau des Barockbaus wurde 1963 abgeschlossen.

Bis zu ihrem umstrittenen Abbruch 1962 prägte die Ruine der gotischen Sophienkirche den Postplatz

Am 13. Februar 1955 konnte der Landesbischof die wieder aufgebaute Kreuzkirche weihen. Das Innere der Kirche wurde in zeitgemäßer Sachlichkeit als Rauhputz gestaltet. Nur wenige Fragmente der bildhauerischen Jugendstil-Ausstattung von 1897 blieben erhalten.
Anfang der sechziger Jahre spitzten sich die Auseinandersetzungen über die weitere städtebauliche Entwicklung Dresdens zu. Im Mittelpunkt standen der geplante Bau eines Kulturpalastes als Hochhaus sowie das Schicksal der Sophienkirche. Am Altmarkt konnten weitsichtige Architekten und Denkmalpfleger eine Dominante verhindern. Der 1966 bis 1969 im Sinne der Moderne errichtete Kulturpalast sprengte wohl die Maßstäbe des Platzes. Die als „Canalettoblick" gefeierte historische Stadtsilhouette blieb jedoch ungestört. Gegen den eindringlichen

Widerstand namhafter Persönlichkeiten wurden dagegen 1962/63 die Überreste der gotischen Sophienkirche für den Bau einer Großgaststätte beseitigt.

Rückkehr der Madonna

Die Dresdner Kunstschätze waren 1945 von sowjetischen Spezialeinheiten aus Bunkern und Schächten geborgen und in Depots verschiedener Museen der UdSSR gebracht worden. Dort wurden akute Schäden in Restaurierungsstätten behoben. Der Ministerrat der UdSSR entschied sich 1955 für eine Rückgabe der Dresdner Kunstschätze. Zu den Objekten gehörte auch das berühmteste Werk der Sammlung, Raffaelo Santis „Sixtinische Madonna". Nach einer symbolischen Übergabe von 750 Gemälden im August an eine DDR-Regierungsdelegation wurden die Stücke zunächst im Moskauer Puschkin-Museum präsentiert. Aus dieser Zeit rührt der legendäre Ruf der Dresdner Museen in der Bevölkerung der damaligen Sowjetunion.

Die für die Kunststadt so glückliche Rückgabe kam sehr überraschend. In Dresdens Zentrum mangelte es an angemessenen Ausstellungsräumen. Von November 1955 an wurden die Kunstschätze für ein halbes Jahr in der Berliner Nationalgalerie gezeigt. Die DDR-Regierung stellte umgehend Mittel für den forcierten Wiederaufbau der Sempergalerie am Zwinger zur Verfügung.

Rückkehr der Dresdner Kunstschätze

Als ein Höhepunkt der Feierlichkeiten zum 750. Jahrestag der Ersterwähnung der Stadt erfolgte im Juni 1956 die Wiedereröffnung der weltberühmten Gemäldegalerie. Generaldirektor Max Seydewitz vereinigte die Werke des 19. und 20. Jahrhunderts in der Galerie „Neue Meister". Im Zusammenhang mit der Rückgabe weiterer Kunstschätze zeigte das Albertinum 1959 die legendäre Ausstellung „Der Menschheit bewahrt". Anlässlich des 400-jährigen Jubiläums der Kunstsammlung wurde 1960 der zweite Bauabschnitt der Sempergalerie eingeweiht.

Die Staatlichen Kunstsammlungen Dresden verfügten fortan wieder über bedeutende Museen: die Gemäldesammlungen der Alten und Neuen Meister, die Porzellansammlung, das Grüne Gewölbe, das Museum für Kunsthandwerk, das Kupferstichkabinett, das Münzkabinett, die Skulpturensammlung sowie das Historische Museum (Rüstkammer). Auch andere Beutegüter kehrten schrittweise ins nunmehrige Bruderland zurück. So erhielt die Sächsische Landesbibliothek im Oktober 1957 die etwa 5 000 Handschriften zählende Sammlung „Manuskripta Dresdensia" wieder.

Wirtschaftlicher Aufbau

Nach der Beendigung der umfassenden Demontage der Industriebetriebe und Infrastruktur, die die Zerstörungen des Zweiten Weltkrieges prak-

tisch weiterführte, setzte eine erfolgreiche wirtschaftliche Entwicklung ein. Ende der vierziger Jahre begann die massive Verstaatlichung der Industriebetriebe, wobei bis 1971 ein nennenswerter privater Sektor fortbestand. 1958 konnte in der DDR die Lebensmittelrationierung aufgehoben werden. Die Ausgabe von Butterkarten und der beschränkte Verkauf von Kondensmilch oder Fleisch dauerte noch ein weiteres Jahrzehnt an. Mit regelmäßigen Kampagnen versuchte die SED, der Marktwirtschaft im anderen Teil Deutschlands Paroli zu bieten. So ging vom Radebeuler VEB „Steckenpferd" die Steckenpferd-Bewegung aus.
Dresden konnte in seiner Entwicklung an alte Stärken anknüpfen. 1953 ging die einäugige Spiegelreflexkamera Praktina FX in Produktion, die als Systemkamera in ihrer Zeit Maßstäbe setzte. 1955 begann Manfred von Ardenne auf dem Weißen Hirsch mit dem Aufbau seines Forschungsinstitutes, welches sich schnell zum Leitinstitut für Elektronenstrahltechnologie in der DDR entwickelte. Die Entwicklung des ersten Rechenautomaten 1956 war der Beginn des Ausbaus der Stadt zum Zentrum der Datenverarbeitung. Am Rande Dresdens wurde im Dezember 1957 in Rossendorf der erste Atomreaktor des Landes in Betrieb genommen. Das im Transformatoren- und Röntgenwerk entwickelte „Betatron" erlaubte die Beschleunigung von Elektronen fast auf Lichtgeschwindigkeit. Es wurde 1959 der Technischen Hochschule übergeben und diente der Prüfung starkwandiger Werkstücke wie Schiffswellen und Turbinen auf Materialfehler.
Nach dem erfolgreichen Testflug des ersten deutschen Strahlenverkehrsflugzeuges vom Typ 152 im Dezember 1958 wollte die DDR-Regierung Dresden zum Zentrum der Luftfahrtindustrie ausbauen. Die kurze Erfolgsstory fand im März 1959 mit dem tragischen Absturz eines Prototyps bei Ottendorf-Okrilla ein schnelles Ende. Die VEB Flugzeugwerke wurden 1961 aufgelöst. Das 1966 in Betrieb genommene Heizkraftwerk Nossener Brücke führte zu einer entscheidenden Stabilisierung der Versorgung der Stadt mit Heiz- und Elektroenergie.

Die Situation in den sechziger Jahren

Um 1960 spitzte sich die Lage innerhalb der DDR – wie weltweit überhaupt – zu. Die SED verstärkte erneut den Druck auf die Christen und setzte die Kollektivierung in der Landwirtschaft durch. Das „Wirtschaftswunder" der Bundesrepublik sorgte für einen dramatischen Aderlass unter den jungen und qualifizierten Bevölkerungsschichten. Gerade Dresden als Zentrum der Kunst und Wissenschaft verzeichnete empfindliche Verluste von Fachkräften.
Der Mauerbau im August 1961 war von einer agitatorischen Offensive sowie von Verhaftungen so genannter Provokateure begleitet. Die Bevölkerung blieb jedoch skeptisch, obwohl nicht wenige die Abschottung als zeitweiliges Übel tolerierten.

Nach dem Mauerbau wurde im Januar 1962 die Wehrpflicht eingeführt

In der Folge verzeichnete das Land eine Stabilisierung der Wirtschaftsentwicklung. Ein neues Planungssystem schuf Anreize, die sich auch in einem wachsenden Lebensniveau niederschlugen. Die Gründung des VEB Robotron diente dem Ausbau Dresdens als Computerzentrum. Doch bereits Ende der sechziger Jahre sollten sich die krisenhaften Erscheinungen in der Wirtschaft wieder verstärken. Interessiert verfolgte die Bevölkerung Anfang des Jahres 1968 das demokratische Tauwetter in der benachbarten Tschechoslowakei. Ein Gipfeltreffen der Repräsentanten des Ostblocks in Dresden, von Rumänien boykottiert, brachte im März keine Ergebnisse. Dennoch wurde der Druck auf die Reformer im Nachbarland verstärkt. Im August 1968 marschierten Truppen der Warschauer Vertragsstaaten in die Tschechoslowakei ein und bereiteten dem Prager Frühling ein gewaltsames Ende. Das militärische Hauptquartier wurde im Tharandter Wald eingerichtet. Von Dresden aus verbreitete der Radiosender Moldau propagandistische Sendungen.
Einhunderttausend Dresdner standen im November 1968 bei der Rückkehr der sowjetischen Interventionstruppen zur Begrüßung auf dem Altmarkt. Einzelne Proteste gab es durchaus. Sie waren jedoch in keiner Weise mit dem Ausmaß der 68er-Bewegung in Westeuropa vergleichbar.

Fertigstellung von stadtbildprägenden Gebäuden

Im Herbst 1969 freuten sich die Dresdner über die Einweihung wichtiger Gebäude in ihrer Stadt. Mit dem Kulturpalast erhielt die Innenstadt einen repräsentativen und multifunktionalen Saal, in dem anfangs sogar Kinovorführungen stattfanden. Der erste Bauabschnitt der Prager Straße mit zunächst drei Hotels, Geschäften und Restaurants bewies noch einmal die Kraft des sozialistischen Städtebaus. In der Steinstraße und der Freiberger Straße wurden Schwimmhallen fertig gestellt, wobei letztere den Leistungssportlern des SC Einheit vorbehalten waren. Auf den Wachwitzer Höhen wurde der 252 Meter hohe Fernsehturm eingeweiht. In langen Schlangen warteten die Dresdner und ihre Gäste auf eine Fahrstuhlauffahrt zur Aussichtsplattform und zu dem zweigeschossigen Restaurant. Von da aus bot sich bis 1990 ein spektakulärer Blick aus 150 Metern Höhe. Fortan konnten im Dresdner Raum die zwei Kanäle des DDR-Fernsehens in Farbe empfangen werden. Das Dynamo-Stadion verfügte ab September 1969 über eine Flutlichtanlage. Sie erlaubte erstmals bei Dunkelheit die Fernsehübertragung von Fußballspielen. Als Kleinod wurde der historische Türkenbrunnen auf dem Jüdenhof restauriert.

Fertigstellung des ersten Bauabschnittes der Prager Straße

Obwohl 1969 der Baustart für 2500 Wohnungen in der von Trümmern geräumten südlichen Johannstadt erfolgte, entspannte sich die Wohnungssituation in Dresden nicht. Von dem Tiefststand mit schätzungsweise 360 000 Einwohnern nach der Zerstörung im Jahr 1945 war die Bevölkerung der Stadt inzwischen wieder auf über eine halbe Million angestiegen. In Dresden zu wohnen war begehrt. Nicht der Arbeitsplatz war für die Wahl des Wohnortes entscheidend, sondern die Verfügbarkeit einer Wohnung.

Ära Honecker

Die erste Hälfte der siebziger Jahre brachte nach der Kaltstellung Walter Ulbrichts auf dem VIII. Parteitag der SED im Jahr 1971 und dessen Tod 1973 eine gewisse Liberalisierung. Die von dem neuen Parteichef Erich Honecker beschworene Einheit von Wirtschafts- und Sozialpolitik bedeutete eine spürbare Erhöhung des Lebensniveaus. Beinahe wichtiger waren die rasch wachsenden Investitionen in den Wohnungsbau. Endlich wurde die Zuweisung einer der begehrten Neubauwohnungen für die Einwohner realistisch. Dort zu wohnen verhieß Komfort bei niedrigsten Mieten. 1974 wurde auf der Comeniusstraße der erste Block der „Wohnungsbauserie 70“ errichtet, die später das Bild der Neubaugebiete bestimmen sollte. Durch zinsgünstige Kredite vor allem für kinderreiche Familien wurde der Bau von Eigenheimen Befördert, ohne je die Rolle wie in der Bundesrepublik zu spielen.

Der Experimentalbau der Wohnungsbauserie 70 an der Comeniusstraße

Honecker war im Gegensatz zum Sachsen Ulbricht nie ein Förderer der Stadt Dresden. In allen investiven Kennziffern stand die Elbestadt an hinterster Position unter den Bezirksstädten im Land. Wirtschaftlich aber arbeiteten die Betriebe hierzulande effektiver als anderswo in der DDR. Das veranlasste vor allem im Dresdner Norden erhebliche Investitionen in den Ausbau der Mikroelektronik.

Obwohl Mitte der siebziger Jahre in der Friedrichstadt und Johannstadt Sanierungsarbeiten an der Altbausubstanz starteten, nahm der Verfall der historischen Bauten immer schlimmere Ausmaße an. Beispielsweise wurden 1975 mehr als 5 000 Wohnungen neu errichtet. Im selben Jahr erfuhren ganze 760 Wohnungen Instandsetzungs- und Modernisierungsarbeiten. Altbau bedeutete in jenen Jahren Verfall und mangelnden Komfort, eine Erfahrung, die ältere Bürger bis heute prägt.

Verkehrsentwicklung

Obwohl die DDR im Motorisierungsgrad stetig hinter Westeuropa zurückblieb, berücksichtigte der Städtebau die Belange des Autoverkehrs meist umfassender als anderswo. In der Art einer Stadtautobahn wurde 1967 der Straßenzug der Budapester Straße eröffnet. Der Zellesche Weg, die Radeburger, die

Grunaer und die Köpckestraße wurden auf vier bis sechs Fahrspuren verbreitert. Nach siebenjähriger Bauzeit wurde 1971 die Dr.-Rudolf-Friedrichs-Brücke (Neue Carolabücke) als Spannbetonbrücke eingeweiht. Damit war die letzte der 1945 zerstörten Verbindungen über die Elbe wiederhergestellt. Sie wurde Teil der seit 1945 geplanten großzügigen Nord-Süd-Achse zwischen dem Hauptbahnhof und Platz der Einheit (Albertplatz).

Der Neubau der Dr.Rudolf-Friedrichs-Brücke wurde 1971 fertig gestellt

Nachdem die Elektrifizierung der Bahnstrecke nach Leipzig 1970 eine verbesserte Verbindung mit der Messestadt brachte, wurde 1971 das letzte Teilstück der Autobahn nach Leipzig fertig gestellt. Auch die Anbindung der Stadt an den Luftverkehr verbesserte sich: Ab 1974 verfügte der Flughafen Klotzsche über eine 2500 Meter lange Rollbahn und diente fortan als Ausweichflughafen für den Zentralflughafen in Berlin-Schönefeld. Linienflüge bestanden zunächst nach Budapest und Moskau, Charterflüge auch in die bulgarischen Urlaubsorte Burgas und Warna. Das internationale Liniennetz ab Dresden wurde beständig ausgeweitet und erreichte Ende der achtziger Jahre seine maximale Ausdehnung.
Bis Mitte der siebziger Jahre lösten die tschechischen Tatrabahnen die Vorkriegswagen der Straßenbahn ab. Diese waren gegenüber ihren Vorgängern wesentlich komfortabler und schneller. Allerdings sorgte das Gewicht der Tatrabahnen für eine rasante Verschlechterung des Gleiszustandes. Nach einem beständigen Rückbau des Straßenbahnnetzes in den Nachkriegsjahrzehnten wurde 1976 die Trasse ins Neubaugebiet Zschertnitz wiederhergestellt und verlängert. Nicht zuletzt infolge der weltweiten Ölkrise wurde die Anbindung der Neubaugebiete Prohlis und Gorbitz an das Streckennetz energisch betrieben.

Kunstausstellungen und musikalische Höhepunkte

Die frühen siebziger Jahre ließen dem Wirken der Künstler mehr Freiräume. Die Biermann-Affäre bedeutete dann im November 1976 einen herben Einschnitt in die bis dahin geübte Toleranz für die Künste. Die Ära der „knisternden Idylle" war vorbei.
Alle fünf Jahre verführten die DDR-Kunstausstellungen zu regelrechten Wallfahrten nach Dresden. Die VII. Exposition dieser Art erzielte 1972/73 mit 650000 Besuchern einen neuen Rekord. Die Werke entsprachen durchaus nicht mehr durchgängig dem früheren Parteiideal des sozialistischen Realismus; sie widmeten sich in stärkerem Maße den Schattenseiten des Systems. Das hatte seinen Grund: Das Auswahlprocedere in den Gremien des Verbandes der bildenden Künstler ging weitgehend nach demokratischen Prinzipien vor sich, was die Kunstausstellungen von vergleichbaren Veranstaltungen in West und Ost unterschied.

Die Stahlplastik „Mast mit zwei Faltungen“ des Dresdner Konstruktivisten Hermann Glöckner wurde 1984 vor der neuen TU-Mensa aufgestellt

Ansprechende Sonderausstellungen waren Albrecht Dürer (1971), Caspar David Friedrich (1974), Conrad Felixmüller (1975) und Wilhelm Rudolph (1979) gewidmet. 1976 wurde endlich auch der Dresdner Konstruktivist Hermann Glöckner mit einer Exposition im Pretiosensaal des Schlosses geehrt. 1978 wurden 700 Meisterwerke der Staatlichen Kunstsammlungen in Washington, New York und San Francisco präsentiert. Die Sonderausstellung „Die Pracht Dresdens“ wurde in der US-Presse in höchsten Tönen gelobt.

In der Musik wurden nunmehr westliche Stilrichtungen toleriert und erfuhren in der Rockmusik eine erfolgreiche Eigendynamik. Das 1971 erstmals veranstaltete Dixielandfestival feierte spektakuläre Triumphe. Der „westliche“ Jazz wurde gesellschaftsfähig und fand im Jazzklub Tonne ein Podium. Die von der Kulturpolitik der DDR hochsubventionierten Klangkörper – vom christlichen Kreuzchor über die Staatskapelle, die Philharmonie bis hin zum Opernensemble – wurden bei Auslandsreisen gefeiert. Die im Mai 1978 erstmals veranstalteten Dresdner Musikfestspiele machten mit einem Gastspiel des legendären Herbert von Karajan und den Berliner Philharmonikern Furore.

Neue Glanzpunkte in der Innenstadt

Das Wohnungsbauprogramm brachte den Wiederaufbau der Dresdner Innenstadt nahezu zum Erliegen. 1972 wurde auf der Prager Straße der ansprechende Neubau des Rundkinos eingeweiht. Die Entwürfe stammten von den Architekten Gerhard Landgraf und Waltraud Heischkel. 1978 wurde das Centrum-Warenhaus an der Prager Straße eröffnet. Schwierigkeuten in der Abstimmung mit den ungarischen Partnern und mehrere Baustopps hatten eine achtjährige Bauzeit verursacht. Eine neue Qualität des Städtebaus zeigte die 1979 eingeweihte Fußgängerzone der „Straße der Befreiung“ (Hauptstraße) in der Neustadt. Die Neubauten ordneten sich in der Firsthöhe und Fluchtlinie in das historische Ensemble ein. Die barocken Bürgerhäuser wurden ansprechend saniert und die Freiräume aufwändig gestaltet. In der Altstadt erfuhr der Fürstenzug eine Restaurierung, während

Der Neubau des Centrum-Warenhauses an der Prager Straße

die Denkmalpflege parallel den Stallhof nach Vorlagen des 16. Jahrhunderts wiederherstellte.
Die höchste Aufmerksamkeit zollten die Dresdner jedoch einem anderen Bauwerk: Nach jahrzehntelanger Diskussion über das wie und wann begann 1977 der Wiederaufbau des Opernhauses, welches im Volksmund als Semperoper bezeichnet wird. Das abgestimmte Konzept sah die denkmalgerechte Rekonstruktion des alten Baukörpers und seine rückwärtige Erweiterung durch die notwendigen Zweckbauten vor. Die Einweihung am 13. Februar 1985 gestaltete sich zu einem Weltereignis und wurde live in 19 Staaten übertragen. Bei bitterem Frost trafen sich auf dem Theaterplatz 200 000 Dresdner im Gedenken an die Zerstörung und feierten den Wiederaufbau.
Im Zusammenhang mit der Einweihung der Oper tauchten an der Ruine des Residenzschlosses Gerüste auf. Nach jahrzehntelangen Auseinandersetzungen war damit der Erhalt des historischen Bauwerks gesichert. Ernsthaft begannen die Sicherungs- und Wiederaufbauarbeiten am Schloss im Jahr 1986. Im Oktober 1988 verfolgten viele Dresdner, wie dem 47 Meter hohen Südwestturm die am Boden vormontierte Haube aufgesetzt wurde.

Zurück in die Innenstadt

In den siebziger Jahren entstand im Südosten der Stadt für rund 30 000 Einwohner das Neubaugebiet Prohlis. 1981 erfolgte die Grundsteinlegung für die am Westrand gelegene Satellitensiedlung Gorbitz. Hier entstanden 15 000 Wohnungen. Die weiteren Planungen der SED zur Lösung der Wohnungsfrage sahen für Dresden die Errichtung eines noch wesentlich größeren Plattenbaugebietes im Gebiet von Langebrück vor. Das stieß auf erhebliche Widerstände der Stadtplaner in der Dresdner Verwaltung wie an der Technischen Universität. Ihre Bedenken galten einerseits den zu erwartenden Verkehrsengpässen zwischen dem Zentrum und dem Norden der Stadt. Andererseits verwiesen sie auf die zahlreichen Baulücken in der Innenstadt.
Mit ihrer Initiative lösten die Dresdner Städtebauer einen Umdenkprozess aus, der Mitte der achtziger Jahre die Rückkehr des DDR-Wohnungsbaus in die Innenstädte veranlasste. 1983 begann am Martin-Luther-Platz die Errichtung von drei Experimentalbauten, mit denen die Anforderungen des Bauens im Bestand ausgelotet werden sollten. Parallel versuchte die SED mit dem Programm „Dächer dicht“ dem jahrzehntelangen Sanierungsrückstau an der Altbausubstanz zu begegnen. Der Erfolg war begrenzt, mangelte es doch sowohl an versierten Handwerkern für die Instandhaltungsmaßnahmen als auch an der wirtschaftlichen Leistungskraft.

Auf der Straße der Befreiung entstanden modifizierte Plattenbauten

1986 begann am Nordende der Straße der Befreiung (Hauptstraße) die Montage von Plattenbauten der Wohnungsbauserie 70, die für die innerstädtischen Belange erfreulich modifiziert worden waren. Im selben Jahr erfolgte der Baustart für die Verlängerung der Prager Straße nach Süden. Als Oberbürgermeister Wolfgang Berghofer im Oktober 1987 am Neumarkt den Grundstein für den Hotelneubau des „Dresdner Hofs" (Hilton) legte, erhoffte sich die Sächsische Zeitung den „Beginn einer Wende zum Besseren für die Dresdner Innenstadt". Das waren ungewohnte Töne in der sonst kritiklosen Presse.

Dresden in der Zeit der Perestroika

In der zweiten Hälfte der achtziger Jahre richteten sich die Blicke vieler unzufriedener DDR-Bürger auf Dresden. Mit SED-Bezirkschef Hans Modrow und Oberbürgermeister Wolfgang Berghofer (SED) waren hier zwei Reformer an der Macht, die in Zeiten von Gorbatschows Perestroika und Glasnost für eigene Akzente sorgten. Noch 1988 verneinten bundesdeutsche Politologen für die DDR die Chance der Entstehung einer breiten Bürgerbewegung wie in der Tschechoslowakei. Mit Blick auf Dresden hofften sie vielmehr auf einen Wandel aus der herrschenden Partei heraus, so wie es Gorbatoschow vormachte. Die Berliner SED-Führung übte sich derweil in Ausgrenzung. Auf dem letzten SED-Parteitag 1986 erhielt Modrow als einziger Bezirkschef kein Rederecht.

Dresden wurde in der zweiten Hälfte der achtziger Jahre zu einem Wallfahrtsort von Theaterenthusiasten, weil an der Elbe Stücke wie Samuel Beckets „Warten auf Godot" inszeniert wurden, die anderswo in der DDR keine Chance hatten. 85 000 Rockbegeisterte erlebten im Sommer 1988 am Hygiene-Museum das Konzert Joe Cockers. Das Meinungsbild der Zeitungen war hierzulande etwas breiter. Lange vor der Wende ließ Berghofer den provozierenden Schriftzug „Der Sozialismus siegt" vom Hochhaus am Pirnaischen Platz entfernen. 1987 setzte er sich für die vielbeachtete Städtepartnerschaft mit Hamburg ein.

Bereits seit Anfang der achtziger Jahre festigte sich die oppositionelle Bewegung in kirchlichen Kreisen und in der Künstlerschaft. Im Februar 1982 vereinte ein Jugendforum in der Kreuzkirche 5 000 Friedenswillige unter dem Motto „Schwerter zu Pflugscharen". Massenhaft nutzten die Einwohner ihr Auto für politische Meinungsbekundungen. Mit den witzigen Stickern „786 Jahre Dresden" lehnten sie den Berlin-Kult um die 750-Jahrfeier ab. Ein weißer Stoffstreifen an der Autoantenne verwies auf den Ausreisewunsch aus der DDR. Erstmals flüchteten im Frühjahr 1984 in größerer Zahl DDR-Bürger in osteuropäische Botschaften der Bundesrepublik. Unter ihnen waren Dresdner besonders zahlreich vertreten. Längst sahen sich die Machthaber außerstande, der Dynamik der Ausreisebewegung, die hierzulande wohl wegen des fehlenden „Westfernsehens" bestand, Herr der Situation zu werden. Die Verhaftungen nach dem stillen Demonstrationszug tausender Ausreisewilliger am 13. Februar 1988 erwiesen sich angesichts von 30 000 Ausreiseantragstellern als wirkungslos.

Zahlreiche Dresdner nutzten im Mai 1989 die Gelegenheit der Kommunalwahlen, ihre Ablehnung der Reformunwilligkeit und Agonie der Berliner

SED-Führung auf dem Wahlzettel zu dokumentieren. Als nach der Wahl die Gegenstimmen für den Bezirk Dresden mit 1,95 Prozent angegeben wurden, war den meisten Bürgern klar, dass die Ergebnisse frisiert worden waren.

Von der Wende in die Bundesrepublik

Ausreisewelle

Im Frühjahr 1989 nahm die Ausreisewelle aus der DDR Ausmaße an, die ihre Existenz in Frage stellte und für SED und Staatssicherheit nicht mehr beherrschbar war. Bis März des Jahres hatten 800 DDR-Bürger in westlichen Botschaften Osteuropas Zuflucht gesucht. Am 11. September 1989 öffnete Ungarn die Grenzen zu Österreich. Nachdem der Strom der Flüchtlinge nicht abriss, schloss die DDR am 3. Oktober die Grenze zur Tschechoslowakei. Am 4. Oktober passierte der Zug mit den Prager Botschaftsflüchtlingen den Dresdner Hauptbahnhof. Etwa zehntausend Menschen versammelten sich vor dem Bahnhof. Die Gewalt eskalierte. Die Polizei setzte Wasserwerfer und Tränengas gegen die Versammelten ein, die Demonstranten warfen Pflastersteine gegen Polizei und Bahnhofsgebäude und zündeten Polizeiautos an. Zahlreiche Dresdner wurden „zugeführt". Zur Abschreckung zeigte die Presse nach den „antisozialistischen Ausschreitungen von Rowdys" Bilder von den Zerstörungen auf dem Hauptbahnhof.

Gewaltsame Auseinandersetzungen zwischen Demonstranten und der Volkspolizei am Hauptbahnhof (Foto Adam)

Der Weg der Demonstrationen

Auf den Höhen oberhalb des Elbtalkessels war 1989 in Gittersee der Bau eines Reinstsiliziumwerkes geplant. Viele Einwohner fürchteten Risiken der Produktion, die im Falle eines größeren Störfalls im darunterliegenden Dresden katastrophale Auswirkungen gehabt hätten. Umwelt- und christliche Gruppen, aber auch andere Bürger beteiligten sich im Sommer und Herbst 1989 an zahlreichen Protestaktionen gegen das Werk. Als das Projekt offiziell ad acta gelegt worden worden war fand am 5. November 1989 in der Kreuzkirche ein Dankgottesdienst statt. Danach vereinten sich tausende Bürger zur ersten genehmigten Demonstration.

Schon vorher gab es eine Reihe von Kundgebungen in Dresden. Am 8. Oktober 1989 bildete sich aus einer Demonstration heraus die Dresdner „Gruppe der 20". Zu ihnen gehörte Herbert Wagner, der spätere Dresdner Oberbürgermeister.

Nach Plauen traten nun auch in Dresden Demonstranten in den Dialog mit der SED-Führung. Den Weg dazu bahnten wesentlich Landesbischof Johannes Hempel und Superintendent Christof Ziemer. Die Vertreter der Demonstranten sprachen im Rathaus mit Oberbürgermeister Berghofer. Zu ihren Forderungen gehörten Reise-, Presse- und Demonstrationsfreiheit, freie Wahlen und die Legalisierung des Neuen Forums. Am 10. Oktober erschien in der Dresdner „Union" erstmals in einer offiziellen DDR-Zeitung ein offen kritischer Artikel.
Am 26. Oktober demonstrierten an der Lingnerallee mehr als 100 000 Menschen. Im Anschluss wurden 14 zeitweilige Arbeitsgruppen aus Vertretern der Parteien mit Bürgern und Mitgliedern der „Gruppe der 20" gebildet. In Anlehnung an Leipzig trafen sich die Bürger am 5. November erstmals zur „Montagsdemo". Diese war zuvor zwischen der „Gruppe der 20" und dem Rat der Stadt abgestimmt worden. „Wir sind das Volk" war die beherrschende Losung.
Die Ereignisse überschlugen sich: Am 7. November trat die DDR-Regierung zurück. In den Abendstunden des 9. November wurden die Grenzen zur Bundesrepublik geöffnet. Am 13. November wurde Hans Modrow, der SED-Chef des Bezirkes Dresden, DDR-Ministerpräsident. Den Höhepunkt der Dresdner Demonstrationen stellte die „Künstlerdemo" am Sonntag, dem 19. November, auf dem Theaterplatz dar.
In der Mittagsstunde des 5. Dezember 1989 berichtete der Sender Dresden über eine für den Nachmittag geplante Demonstration gegen die Stasi. um 17.00 Uhr wurde die Dresdner Bezirkszentrale der Staatssicherheit, inzwischen Amt für Nationale Sicherheit genannt, auf der Bautzner Straße gestürmt. Über die Rolle westlicher und östlicher Geheimdienste kann nur spekuliert werden: Eine kleine Gruppe der Demonstranten stieß zielgerichtet zum Stasi-Archiv vor, während sich die Masse der Teilnehmer über die zahlreichen Gebäude des weitläufigen Geländes verteilte.

Kohl-Besuch

Am 19. Dezember 1989 besuchte Bundeskanzler Helmut Kohl Dresden. Im Hotel Bellevue fanden Gespräche zwischen Kanzler und Ministerpräsident Hans Modrow statt. Für Frühjahr 1990 wurde die Verabschiedung eines Vertrages über Zusammenarbeit und gute Nachbarschaft zwischen der Bundesrepublik und der DDR vereinbart.
Vor der Frauenkirche wurde Kohl von vielen Dresdnern enthusiastisch mit „Helmut"-Rufen gefeiert. Später sollte sich der Bundeskanzler erinnern, ihm wäre im Jubel klar geworden, dass die deutsche Einheit gelaufen sei. Nach Jahren des Stillstandes und der Reformunwilligkeit im Lande ergriffen Euphorie und ein oft träumerischer Optimismus die Massen. Beides wurde genährt von Versprechungen nach der Art von Kohls kühner Prophezeihung: „Keinem wird es schlechter gehen ...!"
Während die SED-Führung längst jede Initiative verloren hatte, bröckelte am Jahresende 1989 die Front der Oppositionellen. Aus der Bundesrepublik wurde der Slogan „Wir sind ein Volk" in die Demonstrationen hereingetragen und hunderttausende gleichlautender Sticker verteilt. Nationalistische For-

derungen mischten sich mit dem Ruf nach der D-Mark. Die Reformer der Bürgerbewegung fühlten sich plötzlich an den Rand gedrängt.
Während der Wende etablierte sich die Äußere Neustadt zum Zentrum der Jugend, Künstler und Opposition. Hier fand im Juni 1990 das erste alternative Stadtteilfest „Bunte Republik Neustadt" statt. Allabendlich trafen sich Jugendliche beidseits der Alaunstraße in einer rasch wachsenden Zahl von Szenekneipen.

Freie Wahlen

Das politische Stimmungsbild verschob sich in den Monaten der Wende erdrutschartig. Im Januar 1990 erklärten 40 prominente Dresdner Mitglieder der eben noch allmächtigen SED ihren Austritt aus der Partei. Zu den Initiatoren gehörte der charismatische Dresdner Oberbürgermeister Wolfgang Berghofer. Meinungsumfragen sahen in dieser Zeit eine absolute Mehrheit für die SPD voraus. Bei der ersten freien Volkskammerwahl im März 1990 votierten die Dresdner jedoch vor allem für den raschen Beitritt des Landes zur Bundesrepublik. Sie trauten Kohls Versprechungen von den blühenden Landschaften mehr als Oskar Lafontaines Plan einer schrittweisen, wirtschaftlichen und politischen Annäherung. Die CDU erhielt in Dresden 45 Prozent der Stimmen (DDR 41 Prozent), die SPD lediglich 9,7 Prozent (22), die PDS 14,8 Prozent (16,3) und die Liberalen 5,6 Prozent (5,3). Für die Initiatoren der Wende, Bündnis 90, votierten lediglich 3,6 Prozent (2,9) der Bürger.
Bei den Wahlen zur Stadtverordnetenversammlung am 6. Mai 1990 gaben 39 Prozent der Dresdner ihre Stimme der CDU. Am 23. Mai wurde der Kandidat der CDU, Dr. Herbert Wagner, zum Oberbürgermeister der Stadt Dresden gewählt. Ohne Rücksprache mit den Mitgliedern der Bürgerbewegung „Gruppe der 20" war er im Februar 1990 zusammen mit Arno Vaatz der CDU beigetreten. „Haben wir jetzt noch die Kraft, eigene Perspektiven zu entwickeln ?" fragte Bärbel Bohley vom Neuen Forum angesichts der unkritischen Übernahme des westdeutschen Systems.

Werbung zur Landtagswahl im Oktober 1990

Am 3. Oktober 1990 erfolgte der Beitritt der DDR zur Bundesrepublik. Im selben Monat wählten die Sachsen Kurt Biedenkopf mit absoluter Mehrheit zu ihrem Ministerpräsidenten. Nach vier Jahrzehnten Pause wurde Dresden wieder sächsische Landeshauptstadt. Über ein Jahrzehnt führte der charismatische wie autoritäre Präsident unangefochten das Land. Es gelang ihm – dank alter Beziehungen sowie durch die Verhinderung von Skandalen – Sachsen zum ostdeutschen Musterstaat zu gestalten.
Systematisch wurden nunmehr die alten (Partei-)Eliten von ihren Positionen abgelöst. An den Schaltstellen der Macht folgten ihnen zumeist Bürger der

alten Bundesländer. So gab es im Freistaat nicht einen einzigen ostdeutschen Staatssekretär. In der sächsischen Landesvertretung in Bonn waren unter den 15 Mitarbeitern auch zwei Sachsen beschäftigt: Die Putzfrau und der Hausmeister. Selbst an der Technischen Universität ersetzten Zugereiste systematisch die Einheimischen. Die Dynamik der Verdrängung erfasste nicht allein jene Ostdeutschen, die besonders mit dem SED-Staat verhaftetet waren. Sie betraf ebenso unangepasste Bürgerrechtler wie sonstige Bürger. Immerhin zog Dresden dank seiner Ausstrahlung und Lebensqualität – im Gegensatz zur weiten ostdeutschen Provinz – nicht nur drittrangige Kader an.

Währungsreform

Mit der Währungsreform am 1. Juli 1990 schnellte die Arbeitslosenzahl in Dresden von 2 986 Beschäftigungslosen im Juni auf über 8 100 im August in die Höhe. Als erster nennenswerter DDR-Betrieb stellten die Dresdner Schokoladenfabriken „Elbflorenz" am 1. Juli 1990 die Produktion ein. Das sorgte seinerzeit noch DDR-weit für Schlagzeilen.
Am 6. August öffnete der erste große Lebensmittel-Verbrauchermarkt in Bannewitz und sorgte auf der F 170 für Verkehrschaos. Als Einzelfall in den neuen Bundesländern konnte sich in der Folge die Dresdner Konsumgenossenschaft gegen die westdeutschen Vertriebsketten behaupten und blieb marktführender Lebensmittler. Durch die Listung ostdeutscher Produkte erwarb sich der Konsum nachhaltige Verdienste. Eine weitere gern genutzte Einkaufsmöglichkeit von Ostprodukten bot der Markt an der Lignerallee, der von Interessenten aus ganz Sachsen besucht wurde.

Finanzspritzen für historische Bausubstanz

Unmittelbar nach der Wende setze ein Geldsegen für die in den siebziger und achtziger Jahren vernachlässigte Stadt ein. Ministerpräsident Kurt Biedenkopf konnte im November 1990 nach eilig durchgeführten Sanierungsarbeiten den ersten Abschnitt der Brühl'schen Terrasse freigeben. Ein Jahr darauf wurden die Arbeiten an den Festungswerken abgeschlossen. Durch Planungs- und Baufehler traten sehr schnell Bauschäden auf. Im Dezember 1990 erstrahlte die aus Mitteln der Körberstiftung sanierte Fassade des Landhauses in altem Glanz. Nach fünfjährigen Instandsetzungs- und Modernisierungsarbeiten wurde die Sempergalerie im Dezember 1992 neu eröffnet. Die Verlagerung des Depots in die Kellerräume sollte sich allerdings beim Hochwasser 2002 als verhängnisvoll erweisen.

Ministerpräsident Biedenkopf eröffnete einen Teilabschnitt der Brühlschen Terrasse

Durch umfangreiche Mittel des Freistaates konnten die Wiederaufbauarbeiten am Residenzschloss stark beschleunigt werden. Im Oktober 1991 erhielt der Schlossturm – und damit Dresdens Silhouette – die Spitze zurück. Nebenan begann im November 1992 der Ausbau der Ruine des Taschenbergpalais zum Luxushotel. Um die Jahrtausendwende kam der Wiederaufbau des Residenzschlosses ins Stocken. Gründe waren Auseinandersetzungen über die Fortführung des von sächsischen Denkmalpflegern erstellten Wiederaufbaukonzeptes sowie finanzielle Engpässe. Für Entsetzen sorgten die Pläne des Freistaates, Teile der weltberühmten Museenlandschaft über andere Städte Sachsens zu verteilen.

Frauenkirche

Zu einer phantastischen Erfolgsstory wurde eine in den Wendetagen geborene Idee von Dresdner Bürgern und Künstlern um Ludwig Güttler: Mit dem „Ruf aus Dresden" baten sie die Mitbürger in aller Welt um Spenden und Unterstützung für die Rekonstruktion der Frauenkirche. Nach heftigen Auseinandersetzungen beschloss der Stadtrat im Februar 1992 den Wiederaufbau. Mit der Bergung des ersten Trümmersteins begannen im Folgejahr die Arbeiten.

In zweierlei Hinsicht war der Wiederaufbau der Frauenkirche beispiellos in der Welt: Einerseits wurden die Ruinenreste konsequent in den Wiederaufbau einbezogen. Bei keinem Vorhaben dieser Größenordnung in der Welt wurde bisher ein archäologischer Wiederaufbau betrieben. Die Finanzierung erfolgte weitgehend aus Spendenmitteln. Auch hier setzte die Frauenkirche Zeichen: Noch nie wurden für die Verwirklichung einer Idee Spenden in dieser Höhe gesammelt.

Der Wiederaufbau der Frauenkirche förderte auch die Versöhnung zwischen den Völkern. So übergab der Herzog von Kent im Februar 2000 das mit britischen Geldern wiederhergestellte Turmkreuz des Sakralbaus. Der Sandstein der 1993 abgebrochenen Torgauer Elbbrücke – auf ihr trafen sich erstmals auf deutschem Boden im April 1945 amerikanische und sowjetische Soldaten – fand ebenfalls beim Wiederaufbau Verwendung. Ab 2005 krönt der bedeutendste protestantische Kirchenbau Deutschlands wieder die Dresdner Stadtansicht.

„Brücken bauen – Versöhnung leben" – dank internationaler Unterstützung schritt der Wiederaufbau der Frauenkirche voran. Im Jahr 2000 stand vor dem Baukörper das aus Spenden englischer Bürger restaurierte Kuppelkreuz

Rechtsradikalismus

Anfang der neunziger Jahre versuchten rechtsradikale und neonazistische Kräfte, Dresden zu einem Zentrum ihrer Bewegung zu entwickeln. Der umstrittene britische Historiker David Irving hielt im Juni 1990 im Kulturpalast vor rechten Kräften einen Vortrag, bei dem er u. a. den Holocaust

leugnete. Zum Jahreswechsel überfielen Skindheads systematisch Szenelokale in der Neustadt. Am 1. April 1991 ermordeten sie am Albertplatz den Mosambikaner Jorge Gomondai. Im Mai erschoss ein Mann aus dem Zuhältermilieu auf der Leipziger Straße den Neonaziführer Rainer Sonntag. In der Folge kam es in der Stadt zu mehreren Nazi-Aufmärschen. Namhafte Künstler drohten Dresden mit einem Auftritts-Boykott.
Nach ausländerfeindlichen Aktivitäten musste der Stadtkämmerer Günther Rühlemann (CDU) im Dezmber 1992 seinen Amtssessel räumen. Ganz andere Ziele hatte die Reise der Ausländerbeauftragten Marita Schieferdecker-Adolph mit einer Gruppe von Skinheads und Juden im Oktober 1993 nach Israel. Durch das praktische Kennenlernen der lebendigen jüdischen Kultur versuchte sie, antisemitische Feindbilder abzubauen. Der Aufenthalt geriet in die Schlagzeilen, als eine israelische Fotografin die Gruppe provozierte und für einen Eklat sorgte.

Wirtschaftliche Entwicklung

In den ersten Jahren nach der Wende gingen zahlreiche traditionsreiche Betriebe in die Insolvenz. Oft waren die Unternehmen nicht konkurrenzfähig. In anderen Fällen wurden Mitbewerber über eine problematische Gesetzgebung (Altschulden) und Lobbystrukturen (Treuhand) zielgerichtet vom Markt gedrängt. Mit „Elbflorenz“ endete die Ära der Schokoladenindustrie in der Stadt. Pentacon als größter Kamerabetrieb der Welt stellte 1990 die Produktion ein, ebenso die traditionsreichen Schreibmaschinenwerke in der Friedrichstadt. Wichtige wirtschaftliche Potenziale gingen der Stadt so verloren.
Gewerbliche Investitionen erfolgten in den Anfangsjahren in Automärkte, Videotheken und Lager des Großhandels zur Verteilung der aus den Altbundesländern gelieferten Erzeugnisse. Im Unterschied zu den meisten anderen Regionen in den neuen Bundesländern gelang es in der Stadt, bestimmte Wirtschaftsstrukturen zu erhalten: Der VEB Komplette Chemieanlagen wurde vom Unternehmen Linde übernommen und erfolgreich entwickelt. Mit der pharmazeutischen und der Tabakindustrie blieben traditionelle Zweige bestehen. Die in Dresden nunmehr vom Philip-Morris-Konzern hergestellte Zigarettensorte „F 6“ blieb unangefochtener Marktführer in den neuen Bundesländern.

Siemens/Infineon investierte in der Dresdner Heide zwei Milliarden Euro in den Bau einer Chipfabrik

Die in der Stadt vorhandenen Agglomerationseffekte in der Elektronik – zurückzuführen z. B. auf die Technische Universität, die aus dem Zentrum für Technologie der Mikroelektronik (ZfTM) hervorgegangene Chipfabrik Zentrum für Mikroelektronik Dresden (ZMD) und qualifizierte sowie hoch motivierte Arbeitskräfte – zogen sehr früh internationale Konzerne an. Die Investitions-

absichten von Tadicom und Texas Instruments schlugen 1993 noch fehl. 1994 startete der Siemens-Konzern mit dem Bau der Chipfabrik (heute Infineon) die bedeutendste Industrie-Neuansiedlung nach der Wende. Im Folgejahr kündigte der amerikanische Konzern Advanced Micro Devices (AMD) eine weitere Milliardeninvestition für den Dresdner Norden an. 2003 urteilte Hans Deppe, der General Manager des Unternehmens, über den Standort: „Unsere Erwartungen sind im Silicon Saxony sogar noch übertroffen worden!"
Eine ganz andere, typisch deutsche Investition kündigte der damalige Chef des Volkswagenkonzerns, Ferdinand Piech, im Jahr 1998 an: Vier Jahre später begann Europas größter Automobilkonzern in der Gläsernen Manufaktur am Straßburger Platz die Montage des „Phaeton". Die erfolgreichen Ansiedlungen waren einerseits dem positiven Image der Stadt Dresden zu danken. Einen wesentlichen Beitrag leistete die aktive Ansiedlungspolitik der Riege um den sächsischen Ministerpräsidenten Biedenkopf.

Sonderabschreibung

Mitte des Jahres 1993 zeigten sich die ersten Auswirkungen der von der Kohlregierung beschlossenen steuerlichen Sonderabschreibung für die neuen Bundesländer. Nachdem Investitionen anfangs durch über 47 000 Restitutionsverfahren erschwert wurden, drängte das Kapital nunmehr mit Macht nach Dresden. Die Innenstadt mit Zentrum zwischen Altmarkt und Prager Straße füllte sich mit gläsernen Konsumtempeln. Binnen weniger Jahre verdreifachte sich die Bettenkapazität der Hotels. An Stelle der Süßwarenfabrik Elbflorenz entstand das gigantische World Trade Center. Am Wiener Platz wurde die zweitgrößte innerstädtische Baustelle der Bundesrepublik prophezeit.

Der Bürokomplex des World Trade Centers an der Freiberger Straße sprengte Dresdner Maßstäbe

Die Einwohner machten sich angesichts des Bauvolumens berechtigte Hoffnungen, dass Dresdens Innenstadt bis zur 800-Jahrfeier 2006 den Anschein der Nachkriegsära verlieren würde. Architektonisch war überwiegend Dutzendware zu verzeichnen. Die Neubauten des Landtags von Peter Kulka (1994), des Benno-Gymnasiums von Günter Behnisch (1996) und des Kristallpalastes vom Wiener Architekturbüro Coop Himmelblau (1998) fanden allerdings auch international positive Aufnahme. Überall im Stadtgebiet tauchten Kräne auf und hinterließen Bürobauten und Wohnungen. In Erwartung einer Entwicklung im Sinne des viel beschworenen „Aufschwungs Ost" plante die Stadt in Kaditz-Mickten einen neuen Stadtteil. Außer dem sich zu Lasten der Innenstadt ständig ausweitenden Einkaufsmarkt blieb das Vorhaben jedoch in den Anfängen stecken.

Die Königstraße mauserte sich zur Pachtmeile

Bedeutende Investitionen kamen auch der jahrelang vernachlässigten Altbausubstanz zugute. Mit unterschiedlicher Sensibilität wurden historische Häuser in den Vorstädten instandgesetzt und modernisiert. Erhebliche Fördermittel flossen in Sanierungsgebiete der Neustadt, der Friedrichstadt, nach Pieschen und Löbtau. Das rechtselbische Barockquartier um die Königstraße mauserte sich zum Nobelviertel.

Arbeitslosigkeit und Abwanderung

Die wirtschaftliche Entwicklung Dresdens galt nach der Wende als beispielhaft für die neuen Bundesländer. In der Tat lag das erwirtschaftete Bruttosozialprodukt in der Stadt im Jahr 2002 deutlich über dem von Leipzig. Die offizielle Arbeitslosenrate erreichte hierzulande die niedrigsten Werte. Dennoch war etwa ein Drittel der Bevölkerung im arbeitsfähigen Alter auf Jobsuche.

Als Folge der starken Einwohnerverluste begann 2001 in Gorbitz der Abbruch von Wohnungen

Mangelnde berufliche Perspektiven sorgten für einen empfindlichen Aderlass der Bevölkerung. Zahlungskräftige Städter bauten sich im Umland ein Eigenheim. Bereits 1990 unterschritt Dresden die Schwelle von einer halben Million Einwohner. Bis zum Jahr 2003 verlor die Stadt mehr als ein Fünftel ihrer Bevölkerung von 1988. Statistisch konnte Dresden die Verluste zumindest teilweise durch die große Eingemeindungswelle von 1999 wettmachen, als u. a. Schönfeld-Weißig, Weixdorf, Langebrück und Gompitz das Stadtgebiet erweiterten.

Gründerkrach

Anfang des neuen Jahrtausends verkehrten sich die Wachstumshoffnungen in den neuen Bundesländern ins Gegenteil. Der ausbleibende wirtschaftliche Aufschwung verstärkte die Abwanderung der jungen und qualifizierten Bevölkerung. Die planlos getätigten Investitionen sorgten auf dem Wohnungs- und Büromarkt für einmalige Zustände in der deutschen Geschichte: Neben dem Leerstand von hunderttausenden Quadratmetern an Büroflächen galten bereits mehr als 40 000 Wohnungen wegen mangelnder Nachfrage als dauerhaft unvermietbar. In manchen Stadtvierteln, so in der Friedrichstadt, betraf das ein Drittel der Wohnfläche. Obwohl die Zustände auf dem Dresdner Wohnungsmarkt (noch) nicht die Dramatik von Leipzig oder anderen Städten erreichten, wurde 2001 im Rahmen des Stadtumbaus in Gorbitz mit dem Abbruch von Wohnungen begonnen.

Zeitgleich mit dem sinkenden Investitionsbedarf verschlechterten sich auch die Finanzierungsbedingungen. Die kommunale Haushaltssituation gestaltete sich nach den Steuerreformen der SPD-Bundesregierung unter Gerhard Schröder schlichtweg katastrophal. Die Förderangebote des Bundes oder der Europäischen Union brachen weg. So geriet das Baugewerbe in die schwerste Krise seiner Geschichte. Der hoffnungsvolle Schwung der neunziger Jahre bei der Gestaltung der Innenstadt kam zum Stillstand. Die milliardenschweren Investitionen am Wiener Platz blieben aus und sorgten für zusätzliche Belastungen des städtischen Haushaltes. Hier wie anderswo war die Stadt bei der Erschließung in Vorleistung gegangen.

Im Jahr 2001 gelang es der Opposition, den bisherigen Oberbürgermeister Herbert Wagner (CDU) durch den jungen und tatkräftigen Liberalen Ingolf Roßberg zu ersetzen. Die durch die zugespitzte Haushaltslage beschränkten Gestaltungsmöglichkeiten der Rathausführung wurden durch die Blockadepolitik der konservativen Mehrheit gegen das neue Stadtoberhaupt weiter eingeschränkt. Dresden kam bundesweit in den Ruf, eine Stadt des Stillstandes zu sein. Den Zankapfel schlechthin bildete über Jahre die Art und Weise des Neubaus der Waldschlösschenbrücke.

Die Flut

Am 12. August 2002 verzeichnete Zinnwald mit mehr als 340 Litern pro Quadratmeter die höchste je an einem Tag gemessene Niederschlagsmenge in Deutschland. In der Folge überschwemmte die Weißeritz als Sammler des Niederschlagswassers im Osterzgebirge weite Teile der Dresdner Innenstadt, Löbtaus und der Friedrichstadt. Mitten in der Nacht mussten die weltberühmten Gemälde aus dem Depot im Kellergeschoss der Sempergalerie geborgen werden.
Tage später erreichte die Elbe mit einem Pegelstand von 9,40 Metern ihren historischen Höchststand. Nunmehr waren zwischen Pillnitz und Gohlis die niedriger gelegenen Ortsteile im gesamten Talkessel von den Wassermassen betroffen. Weltweit sorgte die Erklärung: „Der Zwinger und die Semperoper

Mit der Flut kehrte die Weißeritz zu ihrem alten Verlauf zurück: Im Bild die Weißeritzstraße in der Friedrichstadt im August 2002

sind aufgegeben!“ für Erschütterung. Alle Elbbrücken im Freistaat wurden gesperrt. Die Eisenbahnverbindungen von Dresden nach Leipzig, Chemnitz, Prag und ins Erzgebirge wurden weggeschwemmt und blieben teilweise mehr als ein Jahr unterbrochen.
Eine Welle der Solidarität erfasste die Bundesrepublik. Menschen, die den Osten bis dahin noch nie gesehen hatten, kamen in die Stadt, um zu helfen. Nach der Flut stellte der Bund umfangreiche Finanzmittel für private Flutopfer und für die Wiederherstellung der öffentlichen Infrastruktur bereit.
Und es wären wohl keine Sachsen, wenn die Dresdner nach der Katastrophe nicht den raschen Neubeginn gewagt hätten. Die Arbeitslosenrate sank, weil

überall in der Stadt fleißig gebaut wurde. Dresdens Tourismuswerber starteten eine Kampagne, um den zusammengebrochenen Tourismus neu zu beleben. Schrittweise eröffneten die flutgeschädigten Hotels, Museen, Theater und die Semperoper nach der notwendigen Sanierung ihre Pforten.
Im Jahr 2003 begannen um die Frauenkirche die Arbeiten zum eingepassten Wiederaufbau des Neumarktes. An dieser Stelle, so hoffen die Dresdner, wird sich bis zum Stadtjubiläum 2006 das Flair des alten Dresden neu beleben …

Nach dem Wunsch vieler Einwohner soll um den Neumarkt das Flair des alten Dresden neu belebt werden. Blick in den restaurierten Großen Hof des Residenzschlosses

- Abschied vom alten Dresden / Matthias Lerm / Hinstorff Verlag 2000
- Architekturführer DDR, Bezirk Dresden / Walter May, Werner Pampel und Hans Konrad / Verlag für Bauwesen 1979
- Architekturführer Dresden / Gilbert Lupfer, Bernhard Sterra und Martin Wörner / Dietrich Reimer Verlag / Berlin 1997
- Das alte Dresden. Bilder und Dokumente aus zwei Jahrhunderten / Erich Haenel, Kalkschmidt/3. Auflage Leipzig 1941
- Das alte Dresden / Fritz Löffler / Sachsenverlag 1955
- Denkmalpflege, Heimatschutz, Naturschutz/Dresden 1936
- Der Dresdner Zwinger / Hubert Ermisch / Sachsenverlag 1953
- Der Dresdner Maiaufstand von 1849 / Dresdner Hefte / Heft 43
- Die Dresdner Frauenkirche, ihre Entstehung und Erneuerung/ Dresden 1933
- Die Sudetendeutschen in Nordböhmen / Manfred Jahn / Sächsisches Druck- und Verlagshaus 1993
- Dresden als Garnisonstadt / Dresdner Hefte / Heft 53
- Dresden – Das Jahr 1945 / Dresdner Hefte / Heft 41
- Dresden, Die Geschichte der Stadt / Hg. Dresdner Geschichtsverein e.V. /Junius Verlag / Dresden 2002
- Dresden, Geschichte der Stadt in Wort und Bild / Rudolf Förster / Deutscher Verlag der Wissenschaften 1985
- Dresden im Luftkrieg / Götz Bergander / Flechsig-Buchvertrieb 1998
- Dresden und die Anfänge der Romantik / Dresdner Hefte / Heft 58
- Dresden, Werte unserer Heimat / Alfred Hahn und Ernst Neef / Akademie-Verlag / Berlin 1984
- Deutschland seit 1945, Chronik und Bilder / Wolfgang Benz / Deutscher Taschenbuchverlag 1999
- Die Dresdner Philharmonie / Dieter Härtwig / Altis-Verlag 1992
- Handbuch der historischen Stätten Deutschlands, Sachsen / Hg. Walter Schlesinger / Alfred Kröner Verlag Stuttgart 1965
- Hinterlassenschaft und Neubeginn / Wolfgang Kil / Fotokinoverlag 1989
- Hoffnung zwischen Trümmern / Hansjörg Schneider / Hellerau-Verlag 1999
- In Dresden 1945 / Institut und Museum für Geschichte der Stadt Dresden / Dresden 1970
- Kleine Dresden Chronik, 1949–1969 / Institut und Museum für Geschichte der Stadt Dresden / Dresden 1969
- Leben im Flüchtlingslager, Ein Kapitel deutscher Nachkriegsgeschichte /Uwe Carstens / Husum 1994
- ... oder Dresden / Fotos, Dokumente und Texte einer Ausstellung 40 Jahre nach der Zerstörung der Stadt / Frank Fischer Buchhandlung 1991
- Phosphor und Flieder / Max Zimmering / Dietz Verlag 1954
- Sachsens Markgrafen, Kurfürsten und Könige / Ingo Zimmermann / Koehler & Amelang 1997
- Sachsen und Dresden im Siebenjährigen Krieg / Dresdner Hefte / Heft 68
- Sächsische Geschichte in Daten / Günter Naumann / Koehler & Amelang 1998
- Schicksale deutscher Baudenkmale im zweiten Weltkrieg / Götz Eckardt /Henschelverlag 1978
- Stadtlexikon Dresden / Folke Stimmel, Reinhardt Eigenwill, Heinz Glodschei u. a. / Verlag der Kunst 1998
- Streifzüge durch die Dresdner Justiz / Dresdner Hefte / Heft 60
- Das war das 20. Jahrhundert in Dresden / Uwe Schieferdecker / Wartberg Verlag 2000
- Wiederaufbau und Dogma / Dresdner Hefte / Heft 28